나는 오늘도
교사이고
싶다

나는 오늘도 교사이고 싶다

내면이 단단한 교사로
살기 위한 7인의 분투기

교육센터 마음의씨앗 기획
김찬호 엮음

푸른숲

일러두기

1. 이 책은 총 7장으로 구성되어 있다. 각 장의 글은 손연일, 심선화, 우소연, 위지영, 조춘애, 최신옥, 최현미 등 전·현직 교사 7인이 썼다. 서문과 각 장의 내용을 여는 글은 김찬호가 썼다.

2. 책에 등장하는 학생 이름은 모두 가명으로 표기됐다.

3. 인명과 지명을 비롯한 외국어 표기는 국립국어원 외래어표기법을 따랐다.

4. 단행본은《 》로, 신문, 잡지, 정부발표문건, 법안, 정책, 영화, 노래, 드라마, 온라인 커뮤니티 이름 등은 〈 〉로 표기했다.

한 걸음 앞으로 나아갈 수 있도록

교육은 양동이를 채우는 것이 아니라, 불을 밝히는 것이다.

_예이츠

교사들이 자신의 상태를 이야기할 때 가장 자주 등장하는 단어는 '소진'이다. 교직은 버겁고 때로 고통스러운 짐으로 여겨질 때가 많다. 배움의 동기와 삶을 향한 의욕이 꺾인 아이들, 사소한 문제를 꼬투리 삼아 교사에게 갑질을 하는 부모들, 만연한 선행 학습, 빈번히 터져 나오는 학교 폭력, 과도한 행정 업무, 권위주의적인 교무실 문화와 교육 시스템. 이런 가운데 체력이 고갈되고 정서가 피폐해져 직무는 물론 일상생활을 지속하기 어려운 교사가 늘어나고 있다.

하지만 교사가 처한 현실은 잘 알려지지 않았다. 교육열이 그토록 뜨거우면서도, 국가 예산에서 교육 예산이 가장 큰 비중을 차지할 만큼 공적 투자를 막대하게 하면서도, 교사에 대한 처우는 정책의 중심 의제로 떠오르지 않는다. 미디어에서는 성희롱 사건이나 학교 폭력 등 불미스러운 일과 관련되어 교사를 다루는 정도다. 해마다 스승의 날에 몇몇 훌륭한 교사를 조명하는 언론은 있지만, 스승의 날을 폐지해달라고 청원을 넣는 교사들의 심정과 처지를 진지하게 취재하는 언론은 별로 없다.

교사가 겪는 문제를 직시하고 그 상황을 돌파해보려는 교사들이 있다. 나는 지난 10년 동안 교직의 본령을 헤아리고 기르침의 가치와 소중함을 성찰하는 교사들을 여럿 만났다. 학교 현장에서 씨름하는 그들과 대화를 나누다 보면, 한 가지 중대한 질문이 떠오른다.

교사에게 요구되는 전문성은 무엇인가? 교사의 전문성이란 수업을 잘 하는 것, 즉 교과 내용을 깊고 폭넓게 숙달하고 그것을 학생들에게 효과적으로 전달하는 것인가? 물론 모두 중요하지만 보다 근본적인 무엇이 있을 듯하다. 교사들은 수업보다 훨씬 어려운 것이 관계 맺기라고 입을 모은다.

교육은 본질적으로 소통을 하는 행위인 만큼 관계 맺기가 무엇보다도 중요하다. 커리큘럼이 아무리 훌륭하게 짜여 있더라도 교사와 학생 사이가 절연되어 있다면 무용지물이 되고 만다.

유감스럽게도 지금 많은 교실이 그런 형편에 놓여 있다. 학생들이 교사를 무의미한 타자로 받아들이는 교실과 학교에서 수업과 생활지도를 하기란 어려울 수밖에 없다. 학생들과 유대감을 형성하는 것은 교사에게 요구되는 핵심 역량 가운데 하나지만, 점점 어려운 일이 되고 있다. 단절이 깊어지는 사회 분위기가 교육 현장에서 더욱 첨예하게 표출되기 때문이다.

그런데 관계 맺기는 기술 이상의 것을 포함한다. 학생을 교권과 규칙과 훈계로 통제할 수 있다거나 업무 처리의 대상 정도로만 생각하는 오류에 빠지지 않으려면, 인간의 변화와 성장에 대한 깊은 믿음이 있어야 한다. 아이들이 입버릇처럼 '왜요? 몰라요, 그냥요'라고 말하면서 자기방어를 하거나 의욕 없이 타성에 젖어 살아가거나, 느닷없이 분노를 폭발하는 상황에서도 아이들과 연결될 수 있는 지점을 포착하려면, 교사 자신이 내면의 중심을 든든하게 잡고 있어야 한다.

미국의 교육사상가이자 사회운동가인 파커 J. 파머^{Parker J. Palmer}는 《가르칠 수 있는 용기》에서 다음과 같은 질문을 던진다.

- 우리가 흔하게 묻는 것은 '무엇'이라는 질문이다. 우리는 어떤 내용을 가르칠 것인가?
- 논의가 약간 깊어지면, 그 다음에는 '어떻게'라는 질문이 나온다. 잘 가르치려면 어떤 방법과 기술이 동원되어야

하는가?

- 논의의 단계가 더 깊어지면, '왜'라는 질문이 제기된다.

  우리는 어떤 목적과 목표를 위해 가르치는가?

- 하지만 우리는 '누구'라는 질문은 거의 하지 않는다.

  가르치는 사람은 누구인가? 그의 자아는? 그의

  자아의식은 그가 학생, 학과, 세상에 연결되는 방식에

  어떤 영향을 미치는가? 교육제도는 어떻게 하면 훌륭한

  가르침의 원천인 자아의식을 유지, 발전시킬 수 있는가?

  _파머,《가르칠 수 있는 용기》(2016, 한문화)

교육공학이라는 영역이 있을 정도로 수업 기법이 다양하고 정교하게 개발되고 있다. 교육 환경을 개선하기 위한 시도도 다각적으로 이뤄지고 있다. 그러나 '교사의 교사'로 불리는 파머는 교수법과 외형적 여건이 아무리 잘 갖춰져 있어도 교사가 자신의 존재를 자각하지 못한다면, 진정한 변화를 기대할 수 없다고 말한다. 학생에게 인격적으로 다가가고 수업에 자아를 담아내며 일과 삶을 긴밀하게 연결하려면, 교사가 자신의 정체성을 탐구해야 한다는 것이다.

파머에 따르면, 정체성이란 삶을 구성하는 여러 힘들이 자아를 통해 수렴되는 연결축이다. 그 속에서 온전함^{wholeness}을 발견해야 하는데, 이는 자신의 전부를 있는 그대로 인정함으로써 보다 생생해지는 힘인 생명력을 얻는 것을 뜻한다. 파머는 '내면의 교사inner teacher'에 귀 기울임으로써 온전함에 이를 수 있다고 말한다. '내면의 교사'란 내 안에 있으면서도 나를 넘어서는 존재로, 자신의 진실을 일깨우는 목소리다. 그를 통해 내적 자아와 외부 세계가 교차하는 지점을 확인하고, 거기에 가르침이라는 직분이 자리하고 있는지 점검할 수 있다.

파머는 교사들이 '내면의 교사'를 탐구할 수 있도록 1998년 '용기와 회복센터Center for Courage and Renewal'에서 교사가 서로의 목소리를 깊이 듣고 마음을 나눔으로써 '가르칠 수 있는 용기'를 회복할 수 있는 커뮤니티 '신뢰 서클circle of trust'을 만들기 위해 '가르칠 수 있는 용기 피정Courage To Teach Retreat' 프로그램을 만들었다. 피정避靜은 쉼과 성찰을 뜻하는 말이다.

2005년 무렵 교사 운동에 뜻을 둔 사람들이 서울시대안교육센터를 중심으로 《가르칠 수 있는 용기》를 읽고 공부했다. 그중 나를 포함한 몇몇이 2007년 가을부터 1년에 걸쳐 하와이에서 열린 '가르칠 수 있는 용기 피정'에 참석했고, 이를 한국 실정에 맞게 도입하기로 했다. 2008년 우리는 '교육센터 마음의씨앗'이라는 비영리 민간단체를 설립하고, 미국의 '가르칠 수 있는 용기 피정'의 자매 프로그램인 '마음비추기 사계절 피정'을 시작했다.

교육센터 마음의씨앗에서는 교사들에게 맞춤한 교사 신뢰 서클을 별도로 마련했다. '내면의 교사', '커뮤니티', '리더십'이라는 세 개의 주제로 2박 3일 동안 진행되는데, 초·중·고등학교 교사들이 참석해 학교 현장에서 겪는 일을 되새기고 거기에서 드러나는 마음을 비춰보는 시간을 갖는다. 또한 교사 이전에 한 인간으로서 자신의 생애를 돌아보면서 내면을 찬찬히 응시한다.

　'가르침'의 근본이 흔들리고 '배움'의 바탕이 무너지는 상황에서 교사가 그냥 하나의 기능적 직업인이 되지 않으려면 마음의 뿌리를 살피면서 영혼을 되살리는 일은 점점 더 절실하다. 교사의 정체성과 존재 이유에 대해 교사 스스로 끊임없이 되물어야 한다. 교사 자신의 성장이 따르지 않으면 아이들에게 영향을 줄 수 없기 때문이다. 철학자 도널드 숀^{Donald Schön}의 표현을 빌어 교사는 "기술적 전문가^{technical expert}'가 아닌 '성찰적 실천가^{reflective practitioner}'가 되어야 하는 것 아닐까. 이 책에서는 그러한 전환이 어떻게 이뤄지는지 교사들의 구체적인 경험을 통해 짚어보려 한다.

　이 책은 교육센터 마음의씨앗 창립 10주년을 맞이해 기획했다. 2017년 마음의씨앗에서는 사계절 피정과 교사 신뢰 서클에 참여한 교사 열한 명을 인터뷰해 한 명 한 명의 이야기를 깊이 경청했다. 그 가운데 일곱 명이 글을 썼고 그들은 자신이 교사로서 어떤 여정을 걸어왔으며 무엇을 통해 어떻게 성장했는지, 그리고 지금 어떤 질문을 가슴에 품고 있는지 글에 담았다. 교사들에게 던진 질문은 다음과 같았다.

- 소명의 씨앗: 교사가 되기까지 어떤 인생의 여정을 걸어왔나?
- 마음속에 품고 있는 바람직한 교사상은 무엇이고, 그것은 어떻게 만들어졌나?
- 내면의 힘으로 아이들을 만나거나 교실을 변화시킨 경험이 있었나?
- 전환과 성장 또는 좌절과 도약의 계기: 교사로서 좌절한 경험은 무엇이었나? 좌절을 딛고 다시 일어서기까지의 과정은 어떠했나? 어떻게 다시 한 계단 뛰어올랐나?
- 교사의 정체성을 흔들리게 하거나 자신의 내면을 일깨워준 학생이 있었나?
- 동료 교사들과의 관계에서 느끼는 어려움은 무엇이었나?
- 교사로 성장하기 위해 무엇에 힘을 기울이나?

이 책의 글쓴이들은 방황과 고통의 긴 터널을 지나며 자기 자신과 치열하게 대면했다. 그리고 그 과정에서 어느 순간 내적인 소명을 발견하면서 교사로서의 삶이 새로운 국면으로 들어서기도 했다.

교사들이 전환을 맞이한 지점에는 무엇이 있는가. '교사'인 자신의 존재를 발견하는 것이다. 열린 가슴으로 다가가 아이들의 마음을 두드리며 만나는 것이다. 불확실성을 두려워하지 않고 나아가는 용기, 시행착오를 우연의 예술로 승화시키는 창의성, 실패를 기꺼이 받아들이며 배움과 성장의 씨앗으로 삼는 지성이다. 자신의 취약함을 진솔하게 드러낼 때 안전한 공간이 만들어지고 교사와 아이들은 새로운 존재로 깨어난다.

가르친다는 것이 진중한 사명이면서도 경쾌한 놀이가 될 수 있을까. 교사들은 사물에 대한 경이로움, 발견과 깨달음의 기쁨, 지성의 힘에 매료되는 교실에 서고 싶다. 물론 순탄하지 않다. 모두가 좌충우돌, 암중모색, 고군분투하는 가운데 교사들은 문제에 매몰되지 않고 자신과 아이들을 투명하게 응시하기 위해 마음을 모으고 의기를 북돋우려 한다. 그렇게 할 때 서로에게 자신의 진솔한 마음을 선물로 내어주면서 상대방을 있는 그대로 맞이하는 환대의 자리를 마련할 수 있을 것이다.

이 책에서는 그 가능성을 경험적으로 타진하려 한다. 많은 교사들에게 오랫동안 울림을 준 파머의 《가르칠 수 있는 용기》는 교사들에게 구체적으로 어떤 변화를 불러일으켰을까. 이 책은 그 결실을 증언하는 기록이다.

교직이 흔들리고 위협받는 가운데서도 의연하게 교단을 지키고 싶은 교사들, 희망의 끈을 놓지 않고 내적인 힘을 갈망하면서 교실의 변화를 위해 한 걸음 내딛는 교사들에게 이 책이 작은 디딤돌이 되었으면 한다. 학교 현장에서 펼쳐지는 이 이야기들이 매일 아이들과 부대끼며 분투하는 교사들의 마음을 비춰주는 거울이 되길 바란다.

아울러 교육의 혁신을 꾀하면서 공공성을 실현하고자 하는 사회운동가들, 교육정책을 고민하는 정치인과 관료 그리고 연구자들, 교단의 실제 상황과 교사됨의 의미를 알고 싶어 하는 교사 지망생들이 이 책을 읽어주길 바란다. 인터뷰와 집필에 기꺼이 응해준 선생님들에게 깊이 감사드린다. 오랜 시간 동안 원고를 꼼꼼히 검토하고 글쓴이들과 긴밀하게 소통하면서 짜임새 있는 책으로 완성해준 푸른숲 출판사의 조한나에게 고마움을 전한다.

2018년 11월

김찬호

**폭력과
싸우기**

중학교 사회 교사
심선화

누군가를 인정해주는 단 한 사람이 되고 싶다

중학교 진로상담 교사
최현미

계속
교사이고 싶은
마음

전 음악교사
최신옥

나는 그런 선생님이 되고 싶었다

중학교 도덕 교사
손연일

아직도 내 꿈은 아이들의 좋은 선생님 되는 거예요

물을 건너지 못하는 아이들 징검다리 되고 싶어요.

길을 묻는 아이들 지팡이 되고 싶어요.

헐벗은 아이들 언 살을 싸안는 옷 한 자락 되고 싶어요.

푸른 보리처럼 아이들이 쑥쑥 자라는 동안

가슴에 거름을 얹고 따뜻하게 썩어가는 봄 흙이 되고 싶어요.

_도종환, 〈어릴 때 내 꿈은〉 중에서

어릴 적부터 교사를 꿈꾼 사람이 커서 교사가 되었다면,

즉 어릴 적 꿈이 직업으로 이어진다면

과연 천직이라고 할 수 있다. 그렇게 교사를

천직으로 삼은 사람은 '좋은 교사'란 무엇인지를

끊임없이 자문한다. 교사가 되었을 때 첫 마음은

지금 어떤 모양으로 살아 움직이는가?

자신의 북극성이 되어준 초등학교 시절의

담임 선생님을 다시 만난다면 어떤 대화가 오갈까?

초등학교 4학년 때 담임 선생님

지구가 태양 주위를 돌듯, 어린아이가 엄마 주변을 맴돌 듯 자신을 어떤 방향으로 이끄는 보이지 않는 힘의 존재를 인정할 수밖에 없는 순간이 있다.

한 교사 연수 프로그램에서 '기억에 남은 학창 시절 선생님은 누구인가? 자신에게 어떤 영향을 주었나?'를 주제로 대화를 나눌 기회가 있었다. 바로 초등학교 4학년 때 담임 선생님이 떠올랐다. 30대 후반의 남자 선생님이었는데 열정적이고 헌신적인, 지금까지도 교사로서 롤모델로 삼는 분이다.

선생님은 초여름 밤, 학교 운동장에 학생들을 모아놓고 별자리 수업을 했다. 학교에서 멀리 떨어진 곳에 살던 아이들은 밤

길을 걸어 학교까지 왔다. 캄캄한 밤에 학교를 가니 느낌이 색달랐고 넓은 운동장 한가운데 서서 밤하늘을 바라보는 경험은 특별했다. 선생님은 손전등을 밝혀 다섯 개로 반짝이는 W 모양의 카시오페이아 별 무더기를 찾아주고 별자리에 얽힌 전설을 이야기해주었다. 북두칠성과 북극성을 찾는 법도, 은하수에 얽힌 전설도 알려주었다. 손전등 빛은 밤하늘의 별들 사이로 사라졌지만 나의 상상의 나래는 거기서부터 펼쳐졌던 것 같다. 별이 된 왕비와 왕녀 이야기, 괴물과 괴물을 물리친 영웅 이야기는 너무나도 신비롭고 흥미로웠다.

여름방학 전에 선생님은 반 아이들과 함께 학급문고를 만들었다. 학교 도서관이나 도서실이 없던 때라 나를 비롯한 아이들은 동화책을 접한 적이 없었다. 학급문고를 마련하려고 아이들은 돈을 조금씩 모았고 돈을 낼 수 없는 아이들은 쌀을 가져왔다. 드디어 계몽사에서 나온 《소년소녀 세계문학전집》 50권이 비치되었고, 나는 여름방학 내내 《소공자》, 《플란다스의 개》, 《톰 소여의 모험》, 《빨간 머리 앤》 등의 책을 하루에 한두 권씩 읽었다.

책을 읽다 보면 밥 먹을 때를 넘기기 일쑤였고 글씨가 안 보이면 그제야 해가 저물었음을 알게 된 날도 많았다. 그러다 어느 날은 빨간 머리 앤처럼 마을의 나무와 길에 이름을 붙이기도 하고, 어느 날은 허클베리 핀처럼 나무 위에 집을 지을까 궁리도 하며 꿈과 현실이 뒤섞인 채로 그해 여름을 보냈다.

2학기 개학을 하고 나서는 신기한 경험을 했다. 갑자기 수업 시간에 선생님 말이 귀에 쏙쏙 들어오는 거다. 그러다가 월말고사를 보았는데 성적이 올라 반에서 1, 2등을 다투게 되었다. 나는 초등학교 입학할 때 이름도 쓸 줄 몰랐고 구구단을 못 외어 매일 남아 나머지 공부를 하기도 했다. 그러던 내가 갑자기 우등생이 된 것이다. 독서의 힘이었다. 여름방학 때 매일 읽은 책들 덕분에 배경지식이 많아져 선생님 이야기가 잘 이해되었고, 질문에 답을 할 때면 다른 아이들이 감탄의 눈길로 보는 것 같아 으쓱하기도 했다.

어느새 문장력이 좋아졌고, 글쓰기 대회에서도 상을 자주 받게 되었다. 책 읽기가 습관이 되니 개학을 하고서도 매일 책을 챙겨 읽었다. 그때부터 독서는 나의 가장 큰 즐거움이자 배움의 방식이 되었다. 초등학교 4학년을 보내면서 나는 커서 선생님이 되고 싶다는 생각을 처음 품었다. 내가 좋아하는 빨간 머리 앤이 선생님이 된 것도 어느 정도 영향을 미쳤다. 나는 우리 선생님 같은 선생님이 되고 싶었다.

교사가 되고 40대가 되어 처음 참석한 초등학교 동창회에서 4학년 담임 선생님 이야기를 나눴다. 장난치기를 좋아했던 한 남자 친구는 그 시절이 초중고를 다니면서 유일하게 매를 한 대도 안 맞고 지낸 한 해였다고 기억했다. 한 친구는 꼴등을 맴돌던 등수가 많이 올랐을 때 선생님이 머리를 쓰다듬으며 "미영아, 노력하니까 되지? 성적이 많이 올랐네"라고 칭찬해주었는데, 학교 다니면서 선생님에게 칭찬받은 경험은 그때가 유일했다고 한다. 한 친구는 과학 시간에 재미있는 실험을 가장 많이 해본 한 해였다고 기억했다.

그 자리에 있던 친구들 모두 4학년 때 담임 선생님과 관련된 아름다운 추억을 한두 가지씩 가지고 있었다. 선생님이 어떤 방식으로 각자를 소중한 인격체로 대하고 사랑을 주었는지 이야기하면서 마치 그 교실에 앉아 있는 것처럼 그때의 기억이 생생히 떠올랐다.

동창회에서 돌아오며 생각했다.

'마음으로 가르친다는 것이 이런 거구나. 나에게만 특별한 의미가 있는 분이라고 생각했는데 30년이 훌쩍 지나서도 선생님이 우리 모두에게 이렇게 특별한 분으로 기억되고 있으니 놀라워. 그런 선생님을 만난 것이 정말 감사한 일이야. 나도 아이들에게 그런 선생님이 되고 싶어 교사가 되었지.'

초등학교 4학년 이후 나의 꿈은 선생님이 되는 것이었다. 사범대학을 가겠다는 뚜렷한 목표가 있었기에 중고등학교 때 열심히 공부했다. 고등학교 때는 매일 아침 7시에 나가 밤 10시 반까지 정규 수업과 보충수업, 야간 자율 학습을 해야 했지만 그 과정에서 따라 배우고 싶은 좋은 선생님들을 많이 만났다. 배움의 즐거움을 알게 해준 수학 선생님, 빛과 색의 찬란함을 느끼게 해준

미술 선생님, 학교의 주인은 학생이라며 중앙 현관을 개방한 교장 선생님, 열정적인 수업으로 주요 텍스트를 전부 외우게 한 고전문학 선생님 등. 그런 선생님들 덕분에 학교생활은 견딜 만했다.

드디어 사범대학에 입학했다. 입학하고 3월 초에 딱 한 번 미팅을 했다. 별 흥미를 못 느꼈지만 친한 친구들이 함께 가자고 하고 교사가 되고 나서 아이들이 비 오는 날 '미팅한 이야기 해주세요.' 하며 조를 때 할 이야기가 없으면 어쩌나 싶어 미팅에 나갔다. 그때까지 내가 배우고 경험하는 것들은 교사가 되는 데 맞춰져 있었다.

30대 중반의 새내기 교사

1986년, 대학에 입학하고 5.18민주화운동 기념일을 맞았다. 그동안 알고 있었던 5.18민주화운동에 대한 정보가 거짓과 허위고 기만이었다는 사실을 마주하자 분노가 치솟았다. 대학가에서만 돌던 5.18민주화운동 관련 사진과 영상을 보고, 망월동 5.18 묘역에 참배를 하고 난 뒤에 더 이상 진실 앞에서 침묵할 수 없었다. 대학 가서 절대 데모하지 말고 공부만 열심히 해야 한다고 부모님이 신신당부했지만 다른 선택지가 없었다.

대학교에 다니던 내내 5.18민주화운동 진상 규명 투쟁을 비롯해 여러 활동을 했다. 학업은 뒷전이고 강의실보다 시위 현장에서 보낸 시간이 더 많았다. 그때의 우리는 사범대학 졸업과 동시에 발령이 나던 의무 발령 세대라 교사가 되지 못할 거라는 걱정은 없었다. 하지만 삶은 예측한 대로 풀리지 않았다.

임용 명부에는 내 이름이 올라가 있었지만 시위 전력 때문에 임용에서 제외되었다. 그사이 임용 고시가 생겼고, 교사의 꿈은 멀어지는 것 같았다. 다행히 2001년 〈시국사건관련 교원임용 제외자 채용에 관한 특별법〉이 만들어지면서 대학 졸업 후 10년 만에 교사 발령을 받게 되었다. 그런데 정작 나는 발령 받는 것을 미루고 6개월을 고민했다.

일단 30대 중반에 새내기 교사로 학교에 나갈 자신이 없었다. 이미 중견 교사가 되어 학교에서 부장 역할을 하는 친구들도 있었다. 그리고 그사이 학교에 도입된 컴퓨터도 낯설었다. 교무실 여기저기에 자리 잡고 있는 컴퓨터를 보니 호기심이 들기보다는 뒤처졌다는 생각이 들어 더욱 위축되었다. 무엇보다 그때 내가 하던 사업이 꽤 잘되고 있었다. 교사가 되면 당시 수입의 5분의 1도 되지 않는 연봉을 받아야 한다는 것이 마음에 걸리기도 했다.

결정을 내리지 못하던 나는 어느 날, 우연히 로버트 프로스트의 〈가지 않은 길〉이라는 시를 읽게 되었다. 프로스트의 시는 나에게 하나의 계시 같았다. 읽고 나서 한참을 생각하다가 숲속에 난 두 갈래 갈림길에 선 나를 발견했다. '언젠가 이 길을 가지 않은 것을 후회하게 되면 어쩌지?'라는 생각이 들면서 초등학교

4학년 때 담임 선생님 같은 교사가 되고 싶다고 했던 내 모습이 떠올랐다. 나는 마음이 시키는 대로 하기로 했고, 사업을 접은 뒤 교사가 되었다.

대가를 바라는 마음

30대 중반에 새내기 교사가 되었지만 교사로서의 어려움은 나이와 큰 상관이 없는 듯했다. 초임 시절을 떠올리면 부끄러운 기억이 있다.

중학교 1학년 여학생 반 담임을 할 때다. 한 아이가 교복을 입고 오지 않아서 상담을 했는데, 아버지가 카센터를 하다 실패하고 어머니는 집을 나가 할머니, 동생과 살고 있는데 교복을 맞출 형편이 못 된다는 것이었다. 마침 학교에 형편이 어려운 학생을 위한 장학금 70만 원이 들어왔다. 나는 담임 추천서를 작성해 다른 반을 제치고 우리 반 아이가 장학금을 받게 해주었다. 장학금을 받아 밀린 급식비를 내주고 교복을 맞춰주니 내심 뿌듯했다.

그런데 아이는 교복을 사자마자 세탁소에 가서 아주 짧게 치마를 수선해 입고 와서는 첫날부터 교복 단속에 걸렸다. 나는 속상하고 화가 났다. 담임이 신경 써준 만큼 학교생활에 더 충실하리라 기대했는데 말이다. 그러라고 교복을 맞춰준 것이 아닌데, 아이가 내 마음을 알아주지 않는 것 같아 섭섭했다. 얼마 뒤 아이 엄마가 집으로 돌아왔다는 말을 듣고 은근히 나에게 전화하기를 기다렸다. 감사 인사 한 번쯤은 할 거라 기대했지만 아이 엄마에게서는 아무 소식도 없었다.

속상한 마음에 교사 연구회 모임에서 하소연을 했다.

"감사도 모르는 사람들에게는 해줄 필요가 없어요. 뭐 하러 교복을 맞춰줘서 내 발등을 내가 찍었을까요? 해줘야 보람도 없네요."

다들 맞장구를 치며 고마움을 모르는 학생과 학부모에 대한 자기 경험을 이야기하는데 한 선배 교사가 나에게 일침을 놓았다.

"학생이 시혜의 대상인가? 저소득층 자녀가 보살핌을 받는 것은 당연한 권리고, 그렇게 해주는 것이 교사의 당연한 의무 아니야? 멋을 내느라 교칙을 어기는 것은 다른 차원의 문제인데 네 기준에 맞게 행동하는 학생만 도와주면 어떻게 되겠어?"

너무 부끄러워 얼굴이 화끈거렸다. 뭔가 반박하고 싶기도 했지만 아무 말도 못했다.

뼈아프지만 인정하지 않을 수 없었다. 나는 학생과 교사의 관계에서 교사라는 지위가 우월하다 여기고, 그것을 당연시했으며 상대를 나에게 맞추려 했다. 그리고 마땅히 해야 할 일을 했지만 인정과 감사라는 대가를 받을 권리가 있는 것처럼 행동했다. 대가를 바라는 마음으로 무언가를 할 때 기대하는 반응이나 그에 걸맞은 인정을 받지 못하면 못내 서운하고 상대를 미워하는 마음이 생겨서 내가 선의라고 생각한 것이 진심이 아니었음을 역설적으로 증명한다는 것을 깨달았다.

아이에게 잘해주려고 했던 내 의도는 무엇이었을까? 내가 놓쳤던 것은 무엇이었을까? 나는 늘 도종환의 시 〈어릴 때 내 꿈은〉에 나오는 선생님처럼 좋은 선생님이 되고 싶었다. 그때는 왜 남에게 좋은 선생님이라는 소리를 들어야 안심이 되고, 내 기대와 의도대로 되지 않으면 화를 냈을까?

어릴 적부터 나는 부모님이나 선생님의 기대에 부응하고자 노력하고 그에 대해 칭찬을 받을 때에야 비로소 안도감을 느끼곤 했다. 성인이 되어서도 인정받고 싶은 대상이 조금 더 많아졌을 뿐 내적 기준과 동기에서 우러나 행동한 경우가 많지 않았던 것 같다. '끊임없이 노력해야만 한다'며 나 자신을 다그치다 보니 지나치게 애쓰고, 힘들게 참다 보니 힘든 것을 알아주지 않으면 서운해했다.

도전! 만 페이지

부임 초에는 학급 운영 연수나 수업 관련 연수를 부지런히 쫓아다녔다. 학급신문 발행, 모둠 수업 등 연수에서 배운 것을 해보았지만, 힘이 너무 많이 들어 끝까지 하지 못했다. 하지만 학급문고 운영과 '도전! 만 페이지'라는 독서 프로그램은 부임 초부터 지금까지 꾸준히 진행하고 있다.

초등학교 4학년 이후 독서는 나의 지식뿐 아니라 긍정적인 자아 정체성을 형성하는 데 큰 도움을 주었다. 고민이 있을 때면 책 속에서 길을 찾으려 했고 책을 통해 얻는 지혜가 아이들을 성장시키리라 믿었기 때문에 아이들에게 독서의 즐거움을 맛보게 해주고 싶었다.

〈도전! 1000곡〉이라는 예능 프로그램에서 아이디어를 얻은 '도전! 만 페이지'는 아이들에게 추천 도서 목록을 주고 아이들이 읽은 책 페이지 수를 매주 상황판에 그래프로 표시해서 책을 읽도록 독려하는 프로그램이다. 국어과 독서교육연구회 선생님들의 도움을 받아 중고등학생 추천 도서 목록을 받고, 그동안 내가 읽어본 책들을 보태어 300여 권의 도서 목록을 만들었다. 내가 가지고 있던 책 200여 권 정도를 학급에 가져다놓고 아이들에게 추천 도서 목록의 책 중에서 적어도 한 권 이상을 가져오게 해서 300여 권 정도로 학급문고를 구성했다. 아이들이 가져온 책은 원하면 학기 말에 다시 집에 가져가도록 했다.

아이들은 일주일에 한 번씩, 아침 자습 시간이나 종례 이후에 읽은 책 제목과 페이지를 독서록에 적어서 검사를 받았다. 일주일에 적어도 50페이지는 읽기로 했는데, 책 읽기에 관심이 없는 아이들을 위해 교육용 만화책도 가져다 놓아서 읽기 기준에 못 미치는 학생은 거의 없었다. 누적 페이지 수가 가장 많은 학생에게 문화상품권을 주기로 했기 때문에, 아이들은 책을 대충 읽은 아이와 제대로 읽은 아이를 확인하는 방법에 관심이 많았다. 그럴 때면 초등학교 4학년 때의 내 경험을 들려주었다.

"너희에게 독서의 즐거움을 알게 해주고 싶어서 하는 것이니 양심적으로 할 거라고 믿어. 선생님이 대부분 다 읽은 책이라 몇 마디 나누면 책을 제대로 읽었는지 금방 아니까 혹여 속일 생각하지 마세요."

아이들이 읽은 책 제목을 보고 어떤 장면이 제일 기억에 남는지 이야기 나누다 보면 아이들과 소통도 되고 자연스럽게 읽은 책을 확인하는 효과가 있다.

"선생님! 이 책 다 읽었어요. 다른 책 추천해주세요."

"선생님! 처음에는 검사 맡으려고 읽었는데 이제는 재미있어서 읽어요."

아이들이 학기 말에 보여준 성취는 놀라웠다. 해마다 만 페이지 목표를 이룬 학생들이 반에 5, 6명 정도, 5천 페이지 이상 읽은 아이들이 절반 정도 되었다. 학급 성적이 오른 것은 부가적인 효과였다.

'도전! 만 페이지'를 진행해오면서 기억에 남는 여학생이 있다. 그 아이는 외모 콤플렉스가 있고 소극적이어서 반 아이들과 잘 어울리지 못했다. 담임인 나와 상담을 할 때도 고개만 숙이고 묻는 말에 대답을 하지 않았다. 다행히 아이가 책 읽기에 관심을 보이는 것 같아 성장 소설 중심으로 책을 추천해주었고, 읽고 난 뒤에는 아이와 자연스럽게 이야기를 나누었다. 그 아이의 책 페이지 수 그래프가 높이 올라가자 반 아이들이 그 아이에게 관심을 보이기 시작했다.

쉬는 시간이나 점심시간에 조용히 책을 읽는 그 아이의 모습은 더 이상 부적응 학생의 모습이 아니었다. 2년 뒤 그 아이의 엄마에게서 편지를 받았다. 편지에는 아이가 중학교 2학년을 기점으로 많이 달라졌고, 고등학교에 올라가서는 외모 콤플렉스도 없어지고 성적도 많이 올랐고, 친구도 사귄다는 반가운 소식이 쓰여 있었다. 그 아이의 엄마는 아이와 대화하면서 내가 진행한 책 읽기 프로그램이 자신을 변화시켰다는 이야기를 들었다며 꼭 고마움을 전하고 싶었다고 했다.

여러 해 동안 '도전! 만 페이지'를 진행했다. 왜 많은 학급 운영 프로그램 중에서 유독 책 읽기 프로그램만은 오랫동안 계속할 수 있었을까? 생각해보면 내가 경험을 통해 어떤 효과가 있는지 스스로 확신하고 다른 경험이 쌓이면서 그 효과를 믿게 되었기 때문에 흔들리지 않고 해나간 듯하다. 초등학교 4학년 담임 선생님의 선의와 친절이 나를 꿈꾸게 했고 배우게 했으며 변화시킨 계기가 되었듯이 나도 누군가에게 그런 기회를 주고 싶은 마음으로 하는 일이라 지치지 않고 계속할 수 있었다.

"선생님도 교장 같아요"

새내기 교사가 되자마자 전교조에 가입하고 열심히 활동했다. 전교조 활동을 통해 교사로서 해야 할 일을 함께 고민할 동료들을 만났고 정부의 교육정책과 연관된 사회구조적 문제를 해결하기 위해 투쟁했다.

내가 근무하던 학교는 전교조 조합원 비율이 높았다. 교육정책을 둘러싼 갈등이 생기면 교장은 위계와 권위로 압박했고 조합원들은 다수의 힘으로 교장과 맞섰다. 내 편이 아니면 적이라는 사고방식에 사로잡혀서 자연스레 대립 구도가 만들어졌고 편 가르기 식으로 논의가 진행되어 누가 이기든 마지막에는 모두에게 항상 상처만 남았다.

상대를 존중하면서 대화로 문제를 풀어가는 방식을 경험하거나 배우지 못했기 때문에 민주주의를 외치면서도 정작 행동은 강압적인 경우가 많았다. 비민주적 권력에 저항하는 것은 선善이요, 양심에 입각한 용기 있는 행동이라 여기면서 다소 거친 표현이나 행동을 정당화하기도 했다. 나는 상호 긍정보다는 다른 사람을 비판하고 비난하며 자기 정당성을 주장하는 데 익숙했고, 오래도록 학교에서 교육 공동체를 경험해보지 못했다. 학교와 관련된 일에서 누군가는 항상 소외되고 배제되었다.

전교조 조합원이 과반수가 넘었던 학교에서 분회장을 할 때다. 그때는 교육 현안을 놓고 학교 관리자와 입장이 반대되더라도 다수의 힘으로 우리 입장을 고수할 수 있었다. 교장이나 승진에 뜻이 있는 선생님들이 시범학교 사업을 하고 싶어 해도 직원회의에서 보여주기식 시범학교의 문제점에 대해 한 명이 발언하고 나서 다른 사람이 지지 발언을 하고 두세 명만 발언을 더 한 뒤 다수결로 결정하면 결과는 조합원들 뜻대로 되었다. 그때는 그것이 다수의 횡포라는 생각이 들지 않았다.

이후 승자 독식의 선거와 내 편 네 편으로 나뉘어 싸우며 뭉치고 흩어지는 정당정치의 폐해를 보면서 '우리 모습이 저랬겠구나' 하는 생각이 들었다. 거기에는 상대의 존재를 인정하고 존중하고 배려하는 것이 없었다. 모든 일에 우리가 옳다는 전제가 있었고, 우리와 입장이 다르면 방해꾼일 뿐이었다.

전교조 조합원의 조직력이 압도적으로 강하지 않을 때는 교장과 교감에게 은근히 압력을 행사했다. 내가 느끼는 불편함과 부당함을 해결하기 위해 어떤 행동을 취할 것이라고 알려주고 좀 기다리면 해결되는 경우도 있었다. 관리자의 실수를 공개적으로 제기하겠다고 넌지시 말하는 것만으로도 관리자들은 나를 함부로 대하지 않았다.

그런데 조합원들이 나에게 와서 교장이나 교감이 부당한 요구와 모욕적인 언행을 했다고 하소연하면 이해할 수가 없었다. 왜 직접 문제를 제기하고 항의하지 않느냐고 물어보면 그들은 두렵다고 했다. "내가 선생님하고 같이 가서 이야기해줄까요?"라고 물으면 고자질했다고 더 찍힐까 봐 겁이 난다고 했다. "나보고 어쩌라는 말이에요"라고 되물었더니 한 선생님이 오히려 답답하다는 듯이 이렇게 말했다.

"선생님도 교장 같아요. 교장이 한 명 더 있는 기분이 들어요. 교장의 권력을 나눠 갖고 계시잖아요."

그때 그 말은 충격적이었지만 무슨 뜻인지 정확히 이해하지 못했다. 부당한 대우에 맞서 싸우겠다면 같이 싸워주겠다는데 왜 저 사람은 스스로 운명을 개척하려 하지 않는지, 해보지도 않고 왜 뒤에서 불평만 하는지 이해하기 어려웠다.

'선생님도 교장 같아요'라는 말이 자꾸 머릿속에 맴돌았다. 분회장으로서 나름 열심히 한다고 생각하고 있었는데 '아! 이게 아닌가 보다. 뭔가 문제가 있구나' 하고 알아차리게 되었다. 시간이 지나고 나의 내면을 살피면서 그 선생님은 나에게 문제를 해결해달라고 한 게 아니었다는 것을 깨달았다. 공감해주기 원했고 의논하고 싶었던 건데 왜 나처럼 하지 않는지 되묻고 거기다 나처럼 하라고 충고까지 했으니 그 선생님은 얼마나 답답했을까?

교장 선생님도 나를 진심으로 존중해서 내 꼴을 봐준 것이 아니었겠구나 싶었다. 어쩌면 나는 공모자로서 서로 갈등을 피하기 위해 적당한 선에서 타협한 것이었을지도 모른다. 상대가 진짜 원하는 것은 자신의 진심을 알아주는 것이었다. 그러고 나니 '교장이라는 자리도 얼마나 외로운 자리일까?'라는 생각이 들었다.

그 뒤로는 불편하게 느껴지는 점이나 건의할 사항이 있으면 교장실에 들러 "선생님들은 이런 의견이 있는데 교장 선생님 생각은 어떤가요?"라고 물었다. 그러면 교장 선생님은 자신의 의견이나 처지를 말하기도 하고 내게 의견을 묻기도 했다.

2000년대 초반, 학교에 '방과 후 교실'에 대한 연구 시범학교 신청 공문이 내려왔을 때 분회 조합원들이 모여 의견을 나눴다. 교사 한 명이 "저소득층 자녀들을 위해 다양한 방과 후 교실을 운영할 수 있고, 거기에 재정 지원을 해준다는데 뭐가 문제인가요? 저소득층 아이들이 많은 지역이어서 좋은 취지인 것 같아요. 한번 해보고 문제점이 드러나면 그다음에 안 하면 되지 않나요?"라고 의견을 냈다. 반대 의견도 있었지만 무엇이 학생들을 위한 것인지를 논의의 중심에 놓고 토론을 했다. 그 결과 일단 해보고 1년 뒤에 평가해서 계속할지 여부를 결정하자고 의견을 모았다. 시범학교 신청 과정에서 전교조 교사들이 학교 관리자의 결정을 지지한 이 일은 서로 간의 신뢰를 구축하는 데서 중요한 전환점이 되었다. 서로를 학교 운영의 주체로, 가르치는 동료 교사로 받아들이는 계기가 된 것이다.

비폭력 대화 VS 폭력을 부르는 대화

공립학교 교사들은 4년마다 학교를 옮기고 그때마다 새로운 시작에 대한 설렘과 두려움을 동시에 느낀다. 2009년 2월, 전보轉補 인사발령이 발표된 날 저녁, 새로 부임한 학교 교장에게 전화가 왔다. 학생 부장 자리가 비었는데 할 사람이 없다고 꼭 맡아달라는 것이었다. 빵 셔틀, 왕따, 왕게임 등 학교 폭력이 심각한 사회문제로 대두되면서 학교 폭력으로 자살하는 아이들이 뉴스에 나오고, 학교 폭력 예방에 대한 법률이 만들어진 때였다. 교사들 사이에서 학교 폭력 사안 처리와 학생 선도를 담당하는 학생부는 더욱 기피하는 부서가 되었다. 그때만 해도 학생 부장은 남자 교사의 전유물처럼 여겨졌다. 학교 폭력 문제에 내가 잘 대처할 수 있을까 하는 생각이 들어 여러 번 사양했지만 결국은 맡기로 했다.

학생 부장이 되어 사태를 파악해보니, 학생들의 장난과 폭력의 경계가 모호했고 잦은 폭력과 이른바 삥 사건, 왕따 사건 등 여러 유형의 학교 폭력이 만연한 상태였다. 전교생이 1천200명이나 되는 학교에서 1년간 열다섯 번의 학교폭력자치위원회가 열렸고, 사안 조사, 회의 소집, 사후 처리 등으로 시간이 지날수록 나는 지쳐갔다. 그에 비례해 주변을 원망하는 마음도 커졌다.

가르치는 학생들을 향한 믿음을 잃어갔고, 새로 부임한 교사에게 학생 부장을 맡긴 교장 선생님도 못마땅했으며 학생 부장을 맡지 않은 다른 선생님들도 얌체 같아 보였다. 일부 학생들의 되풀이되는 문제 행동을 지도하면서는 '문제 학생 뒤에는 문제

부모가 있다'는 말로 스스로를 합리화했다.

2학기 말이 되면서 우연한 기회에 비폭력 대화 소개 강연을 듣게 되었는데 그때 귀에 꽂히는 말이 있었다. 사람들이 서로를 연결하고 소통하는 말보다는 삶을 소외시키는 언어를 쓰고 있고, 그것이 일상에 깊이 배어 있다는 것이었다. 또한 비판하고 평가하고 책임을 회피하는 말들이 대화 상대에게 의도하지 않게 상처를 주거나 화를 불러일으켜서 대화를 안 하느니만 못하게 된다는 것이었다. 평가하거나 판단하지 않고 있는 그대로 관찰하고 이야기하는 것이 비폭력 대화의 출발점이고, 부정적으로 평가하거나 판단하는 말을 들으면 저항감이 생겨 반박하거나 자신을 보호하기 위해 상대를 공격하거나 회피하는 반응을 보인다는 설명을 듣고는 '아!' 하고 무릎을 쳤다.

동급생 친구에게 수차례 폭력을 행사하여 학교 폭력으로 신고된 학생을 조사할 때였다. 가해 학생으로 신고된 아이는 친구에게 한 장난이었을 뿐이라고 하며 자신은 친구를 때린 적이 없다고 말했다. 그 학생에게 "거짓말하지 말고 똑바로 말해!"라고 했더니 입을 다물고 아무 말도 하지 않았다. 왜 선생님이 묻는데 답을 하지 않느냐고 하니 아이는 "어차피 믿지도 않을 거잖아요. 거짓말은 들어서 뭐하시게요"라며 입을 닫아버렸다. 그래서 어떤 일들이 있었는지 상황 파악도 못하고 애를 먹었던 일이 떠올랐다. 아이의 말이 거짓말이라고 평가하고 판단한 나의 말이 저항감과 화를 불러일으켰고, 내가 편견 없이 자신의 말을 들어주지 않을 것이라는 생각에 아이는 입을 다물어버린 것이다.

세 시간 동안 강연을 들으며 내가 사용하는 말이 폭력을 부르는 대화의 기본 요소와 얼마나 자주 맞아떨어지는지 절실히 깨달았다. 인도의 철학자 지두 크리슈나무르티^{Jiddu Krishnamurti}가 "평가가 들어가지 않은 관찰은 인간 지성의 최고의 형태다"라고 했는데, 판단하거나 평가하지 않고 있는 그대로 보고 듣는 것이 생각보다 매우 어려웠다.

소개 강연을 듣고 난 뒤 바로 6주간 비폭력 대화 연수를 신청해서 들었다. 매주 일상에서 부딪히는 문제를 사례로 다루면서 평가를 관찰로 바꾸려 노력했다. 처음에는 혼란스럽고 힘들었지만 내 행동의 밑바닥에 있는 느낌과 욕구를 찾고 역할극을 통해 나 자신의 욕구와 상대의 욕구를 찾아 연결하는 연습을 반복하니 나의 사고도, 행동도 달라지기 시작했다. 6주의 연수 후 그 연수 참가자들끼리 자발적으로 비폭력 대화 연습 모임을 가졌고 그 모임에 3년 동안 꾸준히 참여했다. 그 과정에서 매주 새롭게 자각하고 나 자신을 이해하는 데 필요한 실마리가 풀리는 경험했다.

6주의 연수 동안 큰 전환이 일어난 순간이 있었다. 5교시 체육 수업이 끝나고 6교시가 도덕 수업인 반이 있었다. 쉬는 시간에 아이들이 체육복을 갈아입고, 연결 통로에 있는 사물함까지 가서 교과서를 가지고 오려면 시간이 빠듯했다. 나는 그날 피곤하고 기분도 썩 좋지 않은 상태였다. 교실에 들어갔는데 대부분의 아이가 아직 옷을 갈아입고 있었고, 칠판 가득 아이들이 점심시간에 한 낙서가 그대로 있었다. 짜증이 났지만 아이들을 겨우 자리에 앉히고 수업을 시작하려는데, 3분의 1 이상의 아이들이 교과서 준비를 해놓지 않았다.

나는 아이들에게 수업 준비가 전혀 안 되어 있다고 화를 내며 야단을 쳤다. 그러자 한 아이가 "체육 시간에 수행평가가 있어 체육 선생님이 늦게 끝내줬어요"라고 말했다. 나는 그 말을 맞받아치며 "체육은 중요하고 도덕은 안 중요하냐? 수업 종 치고 5분이 지났는데 수업 준비도 안 하고 기본이 안 되어 있어"라고 한바탕 야단을 치고 수업을 시작했다. 기분이 상했는지 아니면 피곤했는지 수업 시간에 조는 아이들이 많았고, 결국 수업이 제대로 되지 않았다. 이러려고 야단친 건 아닌데 하는 후회가 밀려왔다.

그 주에 연수에 가서 이 사례를 다뤄보았다. 그때의 상황을 떠올려 적어보고 그때의 내 느낌과 욕구를 찾고 역할극을 하고 나니 내가 그 순간에 진심으로 원하던 것들이 무엇인지 명료하게 드러났다. 학생들이 내가 기대하던 방식(교과서 준비하고 시작 종 치면 자리에 앉아서 선생님을 반갑게 맞을 것. 세상에! 써놓고 보니 너무 놀라운 요구다)으로 기다리고 있지 않았기 때문에 나를 존중하지 않고 무시한다고 생각했다. 고맙게도 앞 시간 수업이 늦게 끝났다는 정보를 준 아이를 윽박지르고 기본이 갖춰지지 않은 한

심한 학생들이라고 평가하며 화를 냈다.

교사로서 학생들의 삶에 기여하고자 하는 마음으로 수업을 잘하고 싶었고 그에 걸맞게 학생들이 준비하고 참여하길 원했는데 그렇게 해주지 않았다는 이유에서 말이다. 그 사례를 다루고 나서 내가 얼마나 학생들 삶에 기여하고자 하는지, 소통하는 즐거운 수업을 얼마나 원하고 있었는지, 서로 존중하는 관계를 얼마나 열망했는지 깊이 느끼고 이해했다. 그러자 아이들의 마음 또한 다르지 않음을 알 수 있었고 아이들과 공감할 힘도 생겼다.

연수 다음 주 수업은 학생을 사랑하고 학생의 삶에 기여하고 싶은 마음이 충만한 상태로 수업에 들어갔다. 눈앞에 펼쳐진 모습은 그 전 주와 똑같았다. 아이들은 여전히 체육복을 갈아입고 있었고 칠판은 낙서로 가득했다. 나는 칠판을 닦으면서 "앞 시간이 체육이라 쉬는 시간이 부족했지? 선생님이 칠판 닦을 테니 얼른 책 준비해!"라고 말했다. 그랬더니 아이들이 "선생님은 너무 착하세요. 우리 마음을 알아주시고. 보통 때는 체육 선생님이 옷 갈아입으라고 2, 3분 전에 끝내주시는데 수업 준비 못 해서 죄송해요"라고 말했다. 그날은 서로 기분 좋게 수업을 했다.

같은 상황인데도 나는 전혀 다르게 느끼고 반응했다. 왜 지난주에는 짜증스럽고 화가 났었는데, 이번 주에는 그런 상황이 아무렇지도 않고 심지어 학생들이 생기 있고 사랑스러워 보이기까지 했을까? 화를 냈을 때, 나는 지치고 피곤해서 휴식과 도움이 필요했고, 배려와 존중을 원했다. 학생들이 수업 준비를 잘 해놓고 수업에도 잘 참여해준다면 내가 좀 편하게 수업할 수 있을 것이라고 기대했다. 그것이 좌절되자 분노로 표출되었던 것이다. 나의 문제와 상태를 자각하지 못하고 학생들에게 분노를 투사했다는 사실을 깨닫고 나자 다른 세상이 펼쳐지는 것 같았다.

내가 문제의 원인을 남의 탓으로 돌리던 순간들을 되돌아보았다. 교육이 문제인 것은 비민주적인 정부 때문이고, 생각 없는 관리자들 때문이고, 대학 입시제도 때문이고, 수업이 잘 안 되는 것도 학생들의 불량한 수업 태도 때문이고, 학급당 학생 수가 많기 때문이고. 모든 것이 문제이지만 딱 하나 문제에서 벗어난 것은 '나'라고 여기고 있었다. 나는 왜 문제를 내 책임으로 여기지 못하고 불평불만을 늘어놓았을까?

그렇게 자각하고 나니 지금 현재 내가 진심으로 원하는 것, 할 수 있는 일이 무엇인지에 좀 더 집중하게 되었다. 문제의 원인과 답을 내가 아닌 밖에서 찾던 나의 사고 패턴에 변화가 생겼다. 그리고 바깥세상보다 더 넓은 내면의 세계로 방향을 돌리기 시작했다.

'세상에서 내가 변화시킬 수 있는 확실한 사람은 나 자신뿐이다.'

비폭력 대화와의 만남은 교직 생활에도 큰 변화를 주었다. 비폭력 대화를 만나기 전에 나는 늘 방학만을 기다리며 근근이 교직 생활을 버텨왔다. 하지만 비폭력 대화 연수를 받고 연습 모임을 통해 꾸준히 훈련한 이후 나는 달라졌다. 학생들과 더 생생하게 연결되었고 화낼 일도 거의 없었다.

어느 날 7교시 수업에 들어갔을 때 학생들 절반이 깊은 잠에 빠져 있어 깨워서 수업하기 어려운 상황에 처한 적이 있었다. 하필 아침 회의 때 교장 선생님이 요즘 수업 시간에 자는 아이들 많은데 재우지 말고 재미있게, 소통하는 수업을 하라고 훈화까지 한 날이었다. 그런데 수업 시작 전부터 자는 걸 어쩌란 말인가? 속으로 이렇게 중얼거리며 깨워서 수업을 하려는데 이쪽을 깨우면 저쪽에서 쓰러져 뭘 어찌해야 할지 몰랐다.

그러다 아이들에게 지금 어떤 상태이고 어떤 느낌인지 물어봤다. 학생들은 졸리다, 피곤하다, 힘들다, 지겹다, 짜증 난다, 체육 시간이 선생님 출장으로 취소되고 수학 보강으로 대체되는 바람에 1교시부터 7교시까지 교실에만 앉아 있어 돌아버릴 것 같다, 끝나고 학원 가야 하는데 숙제를 덜해 걱정된다, 배고프다 등등 할 말이 많았다. 열다섯 살 청소년 35명이 20평 교실에 하루 종일 앉아서 견디는 것이 얼마나 힘들까? 더구나 공부가 재미도 없을 때에는 더욱 버티기 힘들 것이다. 한 명 한 명이 표현한 느낌에 공감할 수 있었다. 신기하게도 자신의 느낌을 말했을 뿐인데 아이들이 하나둘 생기가 돌기 시작했다.

이전에는 '학생은 이래야 한다'는 고정관념을 가지고 아이들을 지도했다. 한두 번 지도하다가 그 지도가 통하지 않으면 좌절감이 느껴지면서 화가 났다. 그런데 선입견 없이 보고 들으려 노력하니 아이들이 어떤 상황에 처해 있고 무엇을 원하는지 이해되고, 학생 전체로 뭉뚱그려졌던 아이들 한 명 한 명의 표정과 개성이 보이기 시작했다. '교육하기 전 공감부터!'라더니 그때부터 아이들과 만나는 것이 즐겁고 수업에 대한 부담이 줄어들었다.

문제 학생도, 문제 부모도 없다

어느 정도 학생 지도와 수업에 여유가 생길 즈음 교육청 산하 특별교육 이수 기관으로 3년간 파견을 나가게 되었다. 학교 폭력자치위원회나 선도위원회에서 특별교육 이수 명령을 받은 학생들에게 일주일간 상담을 비롯한 다양한 체험 활동과 교육을 실시하는 기관이었는데, 매주 15명에서 20명 내외의 학생이 월요일에 들어와서 금요일까지 교육을 받고 수료했다. 각 학교에서 부적응 문제를 가장 크게 겪고 있는 학생들이 모이는 곳이라 어려움이 많았다. 하지만 학교 밖에서 그 친구들과 함께한 경험을 통해 나는 평소에 보지 못한 측면을 볼 수 있었다.

특별교육은 학교 폭력 예방법에 따라 가해 학생의 경우 2호 이상의 징계를 받으면 심리 치료를 병행 조치할 수 있다. 특별교육은 학부모도 일정 시간 이상 의무적으로 교육을 받아야 하고

3개월 이내에 받지 않으면 벌금이 부과되는 강제 조항이다. 학교에서 학생들을 지도하다 힘들 때 부모를 부르는 경우가 있는데, 대부분의 부모는 아이가 집에서 보지 못한 행동을 학교에서 했다는 것을 알고는 놀라고 실망하면서 아이를 잘 지도하겠다고 말한다. 반면, 문제를 받아들이지 않고 아이 입장을 변호하면서 선생님들이 우리 아이를 문제아로 바라보니 아이가 학교에 적응을 잘 못하는 것이 아니냐고 따지는 부모도 있다.

그런 부모를 만났을 때는 아이를 잘 지도해주기 바란 선생님에게 드는 서운함, 처벌받게 되면 어쩌나 하는 걱정, 아이가 집에 와서 한 말만 믿고 생긴 선입견 등으로 부모가 혼란스러워서 그럴 수도 있겠다 싶어 이해하려고 한다. 하지만 교사로서는 부모의 도움을 바라고 상담을 청한 것이기에 부모가 교사에게 무작정 따지기만 하면 퇴로 없는 미로에 갇힌 느낌이 든다. 상담을 마치고 부모가 돌아간 다음 '문제 학생 뒤에는 문제 부모가 있다'고 자조적인 말투로 애써 위로하지만 답답함은 배가 되곤 한다.

교사 입장에서 학생의 문제는 학부모의 문제라고 판단하기도 했다. 그런데 담임, 학생 부장이라는 직책을 내려놓고 밖에서 학부모를 만나 이야기를 나누다보면 가슴 아픈 경우가 많았다. 마음은 그렇지 않은데 아이와 대화는커녕 말을 시작하면 싸움으로 끝나서 어쩔 줄 몰라 하는 부모, 자신의 삶조차 힘겨워 자식에게 쏟을 힘이 없는 부모, 학교에 불려 갔다 오면 자녀에게 화풀이를 하게 되어 관계가 더 악화되는 경험을 반복하는 부모도 있다. 어떤 부모도 부모 노릇이 쉽지 않다는 것, 각자 최선을 다해 살아내고 있다는 것을 확인했을 뿐 문제 학생도 문제 부모도 따로 없었다. 문제 학생 뒤에는 문제 부모가 있다는 말이 얼마나 근시안적이고 무책임하며 부정적 꼬리표를 달아 상처를 주는 말인지 돌이켜 생각할 수 있었다.

어린 시절 학대받고 고통받았다고 해서 모든 사람이 잘못되는 것은 아니지만 잘못된 사람에게는 그럴 만한 이유가 분명히 있다는 점도 간과할 수 없는 사실이었다. 누군가 잘못된 행동을 했을 때 그 책임을 회피해도 된다는 말이 아니다. 누군가 잘못했을 때 그 사람이 잘못한 원인을 알아내고 이해하려 하면 지금 무엇을 할 수 있고, 무엇을 해야 하는지에 집중할 수 있다.

특별교육은 개인 상담과 집단 상담, 미술, 원예, 연극, 등산 등 다양한 체험 프로그램으로 이루어져 있는데 학생들은 생각보다 활동에 적극적으로 참여한다. 지금의 학교 문화와 교육의 방식이 변화한다면 학생들의 부적응 문제는 절반 이하로 줄어들 것 같다. 두발, 복장 등 굳이 문제 삼을 필요가 없는 문제를 문제 삼아서 아이들을 들볶는 것이 학교교육의 문제 중 하나가 아닐까?

특별교육기관에서 근무하면서 고통받고 보호받아야 할 여린 존재로서의 청소년과 자신의 고통을 반항과 분노로 표출하여 주위에 고통을 주는 존재로서의 부적응 학생이 처한 문제를 다각도에서 살필 수 있었다. 특히 학교 선생님들이 어려워하고 불편해하는 학부모와의 관계에서는 선생님과 학부모가 머리를 맞대고 문제를 의논해야 하며 그것을 피하고 우회할 다른 방법은 없다는 것을 절실히 깨달았다.

체벌로 다스리는 수업 시간에만 조용한 아이들

교사 생활을 하면서 폭력과 훈육의 차이는 무엇인지, 학생의 인권을 존중하면서 기본 규칙을 지키는 안전한 배움의 공간을 만드는 것이 무엇인지 오랫동안 고민해왔다. 인권을 존중하다 보면 학생들이 교칙을 위반하는 것을 제재할 수단이 없어지고 일부 학생들의 수업 방해 행위도 일상화되기 십상이다.

일단 나는 체벌에 반대한다. 왜냐하면 물리적 폭력으로 이루어지는 교육은 묵시적으로 폭력을 정당화하고 내면화하기 때문이다. 학교 폭력 가해 학생을 조사해보면 의외로 상대가 거짓말을 해서, 자신에 대해 안 좋은 말을 하고 다녀서 맞을 짓을 했다는 생각이 들어 때렸다고 대답하는 경우가 많다. 나는 인간은 의식적 존재여서 말과 대화로 의사소통이 가능하다고 믿는다. 모든 폭력은 대화의 실패를 의미한다. 또한 체벌에 반대하게 된 데에는 내가 경험했던 선생님의 영향도 컸다.

초등학교 5학년 때 담임 선생님은 아이들을 정말 자주 때렸다. 반 아이들은 선생님 목소리가 커지면 누군가 맞게 될 것이란 걸 직감적으로 느끼고 혹여나 불똥이 튈까 무서워 온몸이 경직되곤 했다. 숙제를 안 해 오거나 수업 시간에 장난치다 걸린 아이들은 손바닥이 부풀어 오를 정도로 때렸고, 엎드리게 해서 대걸레자루로 엉덩이를 때렸다. 맞은 아이들이 엉덩이를 붙잡고 비틀거리며 눈물을 훔치며 자리로 돌아오는 것을 나머지 아이들은 공포 속에서 지켜봐야 했다.

모범생이었던 나는 한 번도 맞은 적이 없었는데 여름방학을 열흘 앞둔 어느 날 무서운 일을 당했다. 남자아이 한두 명이 떠들다 나가서 맞고 있는 와중에 앉아 있던 아이들 몇 명이 잡담을 하다가 선생님 눈에 띈 것이다. 선생님은 화가 나서 반 아이들을 모두 한 줄로 세워 열 대씩 때린 다음, 한여름 뙤약볕 아래 운동장으로 내보내 오리걸음을 한 시간 동안 시켰다. 나도 엉덩이가 빨갛게 부어오르고 며칠 뒤 파랗게 멍이 들었다. 두려움을 넘어 분노가 치밀었다. 왜 단체 기합을 받아야 하는지도 모르겠고, 지적을 받고 맞으러 나간 애는 두셋이었는데 왜 전부 다 맞아야 하는지 알 수 없었다. 선생님이 화가 났다는 것밖에는.

그날 나는 친구들과 학교 옆 옥수수 밭에 모여 울분을 삭이며 선생님 욕을 했다. '우리가 화풀이 대상인가? 선생님이 이럴 수 있나? 계속 이렇게 지낼 순 없으니 교장 선생님께 말씀드리자. 아니다. 그래 봐야 소용없다. 운동장 한가운데서 벌 받고 있는 것을 보고도 그냥 들어가셨는데 우리 이야기를 들어주겠느냐. 그럼 교장 선생님도 무서워하는 사람은 누구냐, 그러면 읍내 교육청에 가서 신고를 하자.' 거기까지는 이야기가 모아졌다.

그런 다음에 누가 갈지, 어떻게 갈지, 버스를 타고 갈지, 걸어갈지, 어디 가서 누구를 만날지 등등 구체적인 실행 계획을 이야기하다 보니 일이 생각보다 복잡하고 어려웠다. 선생님이 사표를 쓰게 되면 가족들은 어떻게 될지 갑자기 선생님의 생계도 걱정되었다. 그러다 우리는 슬그머니 거사를 내려놓았다.

난 그때 굳게 결심했다. 선생님이 되어도 절대 학생들은 때리지 않겠노라고. 너무 아팠고 치욕스럽고 선생님을 향한 분노만 생겼지 반성하는 마음은 눈곱만큼도 생기지 않았다. 그 선생님을 그 후로도 오랫동안 미워했고 그 선생님과 같은 공간에 있는 것도 싫었다.

그로부터 오랜 시간이 지난 뒤 나는 교사가 되었고 그때의 다짐대로 매를 들지 않았다. 지시봉도 화가 나면 매로 용도가 바뀌는 것을 알기에 지시봉도 들고 다니지 않았다. 대부분 선생님이 체벌을 하던 시기에 매를 들지 않고 35명이 넘는 중학생들을 가르치기란 쉽지 않았다. 아이들이 수업에 집중해서 수업이 잘되는 반이 있었고 떠들고 집중하지 못하는 반이 있었는데, 분위기가 어수선한 반에서는 조용히 해달라고 부탁해도 착한 선생님의 말은 아이들에게 별 소용이 없었다.

아이들은 체벌로 다스리는 선생님 수업 시간에 훨씬 집중을 잘했다. 나는 혼란스러웠다. 내 방법이 틀린 걸까? 옆 반 영어 선생님은 교과서 준비, 숙제, 수업 시간에 조용히 하기, 이 세 가지 사항을 지키지 않으면 예외 없이 손바닥을 두 대씩 때렸다. 그 선생님이 수업하고 있는 교실을 지날 때면 늘 정돈되고 질서 있는 느낌이 들었다. 그렇지만 수업 시간에 아이들이 자발적으로 질문을 하거나 교사와 학생이 대화하는 일은 없었다. 영어에 자신이 없는 아이들은 질문이라도 받게 될까 봐 긴장하며 한 시간을 버텨야 했다.

10여 년 전, 근무하던 학교의 동료 수학 선생님은 체벌로 아이들을 다스렸다. 수학 수업 시간 다음에 내 수업 시간이 되면, 아이들은 소란스러웠다. 풍선 효과였다. 수학 선생님 시간에는 부동자세로 수업을 받다 내 시간에는 긴장이 풀어지는 것이다. 나는 그 선생님을 속으로 원망했다. 체벌로 아이들을 쉽게 다스린다고 말이다. 매와 벌이 학생들의 바람직한 행동을 이끄는 동기가 된다면 자율적 인간, 책임 있는 민주 시민을 기른다는 교육의 목표는 어디에 있다는 말인가? 다른 방법을 찾지 못한 나는 수업 시간에 떠드는 아이들 앞에서 속수무책이었다. 그리고 모범생들은 그 선생님 수업을 좋아했다. 배움에 집중할 수 있었기 때문이다. 그러던 중 수학 수업 시간에 큰 사건이 벌어졌다.

수업 시간에 조용히 하라고 선생님에게 지적받은 한 학생이 왜 자기만 가지고 그러느냐고 대들었고 수학 선생님은 격노했다. 수업을 멈추고 학생을 혼냈지만 아이는 불만스러운 태도로 욕설을 중얼거렸다. 수학 선생님은 교무실로 학생을 데리고 와서 큰소리로 야단을 쳤고, 학생이 말대답을 하자 결국 손바닥으로 학생의 뺨과 머리를 때렸다.

그 사건 이후 수학 선생님은 괴로워했다. 처음에는 그 학생의 불손한 태도에 화가 났지만 화를 다스리지 못하고 그렇게 때린 자신이 부끄럽고 실망스러웠다고 했다. 교실에서 학생과 교사가 암묵적으로 동의한 수준으로 행해진 체벌과는 달랐기 때문이다. 순간적인 분노에 휩싸여 이성을 잃었고 감정적으로 화풀이를 했다는 것, 그리고 교무실 동료 교사들이 그것을 보고 있었다는 것이 그 선생님을 더 힘들게 했다.

한두 달 뒤 수학 선생님은 나에게 어떻게 하면 화를 내지 않고 대화로 아이들을 지도할 수 있는지 물어봤다. 나는 수학 선생님과 그해 겨울방학에 참여 소통과 민주적 학급 운영에 대한 직무 연수를 같이 들으면서, 아이들의 자유와 권리를 보장하며 규칙과 질서가 있는 배움의 공간을 만들어나갈 방안을 모색했다. 수학 선생님은 서로 존중하고 규칙을 지키면서 학생의 자율성을 확대하는 문제에 대해 고민했던 것 같다.

2011년부터 학생인권조례가 시도마다 제정되어 체벌 금지가 공식화되었다. 학교에서는 학생 인권과 교권, 체벌 반대와 체벌 찬성, 인권과 질서 등의 문제를 두고 논쟁하면서 교사들끼리 자주 대립하고 반목했다. 지금도 체벌 반대가 기본적인 내 입장이지만 무엇을 중심에 둘지가 중요한 문제다. 교사가 무엇을 중요하게 여기고 어떤 식으로 문제 상황에 대응하는지 학생에게 온몸으로 보여주면서 가르침을 주는 순간이 어쩌면 교육에서 가장 중요한 순간일지도 모른다. 아이들에게 말 따로 행동 따로인 이율배반적 모습을 보이고 있는 건 아닌지 교사들이 스스로에게 물어볼 일이다.

지금까지 학생들을 지도하는 데서 어떤 수단과 방법이 효과적인지 고민해왔지만 '무엇이 좋다'고 말하기는 여전히 어렵다. 사실 방법은 상황마다 변했고 사용한 방법이 매번 만족스럽지도 않았다. 그러나 출발점과 지향점이 무엇인지 언제나 돌아보고 확인하려고 노력한다. 학생들을 돕고자 하는 의도로 다가갔는가? 이것을 통해 함께 무엇을 배우길 원하는가?

문제를 해결할 힘은 우리 안에 있다

비폭력 대화와의 만남을 시작으로 청소년 평화 지킴이[HIPP, Help Increase the Peace Program] 서클타임, 스마일 키퍼스 등 다양한 평화 훈련 프로그램을 접하게 되었다. 그 과정에서 회복적 서클[Restorative Circles]과 교사 신뢰 서클을 접하게 되었다.

회복적 서클은 브라질의 사회운동가 도미니크 바터^{Dominic} ^{Barter}가 만들었다. 브라질의 도심 빈민가에서 총에 맞거나 마약에 취해 20세 이전에 사망할 확률이 높은 젊은이들에게 일어나는 갈등 상황을 해결하는 데 회복적 서클이 도입되면서 사건의 90퍼센트 이상이 원만하게 합의되었다. 바터는 갈등이나 폭력이 일어났을 때 가해자와 피해자 그리고 공동체 구성원들이 함께 서로를 이해하며 자기 책임을 깨닫고 공동체를 복원하는 방식으로 대화해야 문제가 해결될 것이라고 했다. 회복적 서클은 이 대화의 장을 일컫는 말이다. 회복적 서클에서의 대화 방식이 보통의 대화 방식과 다른 점에 대해 바터는 한 인터뷰에서 이렇게 밝히고 있다.

말하는 것 자체는 힘든 것이 아닙니다. 메시지를 서로
보내면서 대화하죠. 그런 면에서는 큰 차이가 없습니다.
그러나 실제로 우리는 대화한다고 하면서 상대의 말을
듣지 않습니다. 힘든 갈등의 상황에 있을 때 서로의
목소리가 커집니다. 하지만 오히려 크게 말함으로써 상처를
주는 비참한 경험을 합니다. 회복적 서클 안에서는 서로
진심으로 들어주는 일을 합니다. 서로 듣지 않고 말하기만
하는 것은 독백의 연속에 지나지 않습니다. 회복적
서클에서는 한 사람이 말을 하면 다른 사람이 충분히

들어준 것을 확인한 다음에야 다음 사람에게 말할 기회가
주어집니다. 그것이 가장 큰 차이라고 생각합니다. 이것이
굉장히 중요한데, 서클은 모든 사람이 자신의 진실을
편하게 표현하게 하는 장소가 됩니다. 자기 진실을 말할
수 있을 때 큰 변화가 일어나고 치유가 일어납니다. 그리고
인간관계가 공고해지고 사회적 결속력이 강화됩니다. 그런
방법으로 정의가 이루어집니다.

_〈회복적 생활교육〉 2015년, 박숙영 인터뷰

나는 2012년에 회복저 서클을 접하면서 학생 생활지도 방
식을 바꿨다. 회복적 서클 워크숍에서 특정 사례로 역할을 나눠
실습을 하고 나서는 큰 충격을 받았다. 우리 모둠은 왕따 사례로
실습했는데, 따돌림을 당하는 아이, 따돌림을 시키는 아이, 친구1,
친구2, 담임, 양쪽 학생 부모, 진행자 이렇게 역할을 나눠서 서클
을 진행했다. 대화 방식은 하고 싶은 말이 있으면 하고 그 말을 들
어줬으면 하는 사람이 말한 이에게 들은 대로 반복해 그대로 되
돌려주는 것으로, 아주 단순했다.

그런데 그 과정에서 서로 이해하고 소통하면서 해결 방안이
자연스럽게 나오는 것을 보고 깜짝 놀랐다. 그 순간 지위나 역할,
능력 등에 상관없이 공동체 구성원들 모두에게는 각각 삶의 진실
이 있고, 그것을 타인이 알아주기 바라며 문제를 해결할 힘도 우

리 모두 안에 있다는 것을 깨닫게 되었다. 항상 말을 하는 사람, 나서서 문제를 제기하고 이끄는 사람 이외에 침묵하고 있는 사람도 다른 이에게 표현하고 싶은 자신의 진실이 있다는 것을 알게 되었고 안전한 공간에서 진실을 말하는 소리가 들릴 때 어떤 전환이 일어나는지 생생하게 경험할 수 있었다.

이후 학교에서 갈등이 생겼을 때, 여러 차례 회복적 서클로 갈등을 다루려고 해보았지만 학교에서 회복적 서클을 정착시키기는 어려웠다. 학교 시스템으로 회복적 서클이 정착하려면 '우리 학교는 갈등을 회복적 서클로 다룰 수 있다'는 합의가 있어야 하고, 그런 합의를 이끌어내려면 학교 폭력 예방법, 학교 생활 규정과의 관계를 고려해 회복적 서클의 위치를 설정하는 것이 필요하다.

학교 구성원들이 학교 폭력 문제를 대할 때는 '누가 잘못을 저질렀나? 잘못한 것은 무엇이고 그것에 상응하는 벌은 무엇인가?'를 따져 응보적 정의를 이루는 것이 아니라, '그 일로 무엇이 손상되었는가? 회복되어야 하는 것이 무엇인가? 앞으로 무엇이 필요한가?'라는 관점을 갖는 것이 필요하다.

그리고 무엇보다 함께할 동료가 필요하다. 학급 안에서나 교사 개인적 차원으로 회복적 서클이 시도되고 있는 점이 정말 안타깝다. 모든 공동체 구성원들이 '우리에게 갈등은 항상 있고 그 갈등을 우리는 회복적 서클을 통해 다룬다'고 생각하길 바라는 것은 꿈일까? 아닐 것이다. 회복적 서클을 경험하고 실천하고자 하는 동료 교사들이 하나둘 늘어가는 지금, 변화가 더디게 느껴지지만 회복적 서클이 언젠가 큰 흐름이 되리라 믿는다.

교사가 되고 싶은 첫 마음

새 학기가 되면 새로운 마음으로 아이들을 만나지만 금세 지치고 좌절하다 방학이면 연수를 쫓아다니며 마음을 충전해서 다시 아이들 곁으로 돌아가는 시간들이 반복되었다. 2001년에 처음으로 교사 발령을 받고 그다음 헤에 누군가에게 파커 J. 파머의 책《가르칠 수 있는 용기》를 선물받았다. 교무실 책상 책꽂이에 꽂아놓았다가 어느 날 문득 책을 펼쳤지만, 1장을 다 읽지도 못했다. 서문을 읽으면서부터 저항감이 생겼다.

파커의 '우리는 우리의 자아를 가르친다. 가르치는 자신이 누구인가?'라는 말은 알쏭달쏭했다. 나는 나지 '가르치는 자신이 누구인가?'라니. 첫 장부터 나오는 '정체성'과 '성실성'이라는 말도 어렵기는 마찬가지였다. '교육개혁 문제보다 교사의 자아의식과 교사의 역할에 초점을 맞추겠다니 이 사람은 문제의 핵심은 비켜가고 사회문제를 개인의 문제로 바꾸어놓으려는 관념론자인가?' 이런 생각을 하면서 책장을 덮어버렸다.

2014년에 '마음의씨앗'에서 진행하는 사계절 피정에 참여했다. 일과 삶을 연결해주는 프로그램이라는 말을 들었는데 소개해준 분이 일단 일상에서 떠나 아름다운 자연 속에서 쉴 수도 있고, 계절의 순환에 따른 봄, 여름, 가을, 겨울, 네 번의 피정으로 자신의 삶을 돌아보면서 자신의 진실을 만나게 될 것이라고 자신 있게 말해 호기심도 생겨서였다.

그분이 사계절 피정은 파머의 《가르칠 수 있는 용기》를 토대로 진행되니 미리 읽어두면 좋겠다고 해서 다시 그 책을 읽게 되었다. 12년 만에 다시 만난 파머의 글은 교사로서 그간 고군분투하던 나에게 건네는 따뜻한 위로였고 복음이었다. 10주년 기념 발간을 축하하며 실은 서문에 파머는 이렇게 썼다.

> 공립학교 교사들과의 2년간의 경험은 나에게 그들과
> 그들의 동료들이야말로 우리 시대의 진정한 문화
> 영웅이라는 확신을 주었다. 그들은 누구도 더 이상
> 치유하려고 하지 않는 사회적인 병폐로 상처를 입은
> 아이들을 매일같이 대해야 한다. 그들은 자신의
> 부적합성과 실패를 주장하는 정치가들과 일반 대중들,
> 그리고 언론으로부터 매일같이 몰매를 맞는다. 그리고
> 매일같이 그들은 자신들이 아이들을 도울 수 있을 것이라는
> 희망을 품고 마음을 열면서 각자의 교실로 되돌아간다.
>
> _파머, 《가르칠 수 있는 용기》(2016, 한문화) 중에서

그동안 내가 해왔던 많은 시도와 좌절에 대해 이해받는 느낌이 들었다. 그리고 각자의 교실로 매일 되돌아가는 교사 중 한 사람으로서 내 안의 선한 어떤 것과 연결되는 것 같았다. 그 책은 참 좋은 선생님이 되고 싶은 마음을 처음으로 품었던 그 순간의 나를 만나게 해주었고, 아이들의 삶에 기여하고자 하는 마음을 기억하며 교실 문을 열게 도와주었다.

나는 마음속 깊은 곳에서 나 자신을 교사라고 생각한다. 하지만 가르치는 즐거움을 온전히 누리지 못하는 순간들도 많다. (…) 어떤 순간에는 교실이 너무나 생기 없고 고통스럽고 혼란스러운 공간이 되어버린다. 그리하여 나는 무기력하게도 아무런 대응도 할 수 없고 교사라는 나의 자부심은 속 들여다보이는 거짓이 되어버리고 만다. 그런 때에는 도처에서 적들이 나타난다. 화성에서 온 것 같은 학생들, 생판 처음 들어보는 것 같은 학과 내용, 교직으로 생계를 꾸려가야 하는 나의 개인적인 생활에 대한 측은한 마음 등등이 모두 적이 된다.

_파머,《가르칠 수 있는 용기》(2016, 한문화) 중에서

파머의 고백은 나의 고백이기도 했다. 그동안 내가 교단에서 흘린 눈물, 좌절, 기쁨, 희망의 순간들이 파머의 언어에 투영되

어 주마등처럼 눈앞을 스쳐갔을 때, 나는 위로받았고 희망을 발견했다. 가슴이 벅차올라 읽기를 그치고 내 경험을 떠올리며 다시 읽다가 생각하기를 반복하며 읽고 또 읽었다.

　새내기 교사 딱지를 떼고 두 번째로 근무한 특성화고등학교에서 1학년 담임을 맡았을 때의 소풍날이 떠올랐다. 같은 과 1, 2, 3학년 여섯 개 반이 인근 산으로 등반을 겸한 소풍을 가는데 우리 반 여학생 네 명이 출발하기로 한 시간에 30분이 지나도록 오지 않았다. 전날 종례 시간에 단체 활동이니 늦지 말라고 그렇게 신신당부했건만 모두가 출발하지 못하고 기다리는 상황이 돼버린 것이다. 대다수가 남학생인 이 학교에서 담임이 여선생이라 애들이 만만히 보고 반 규율을 지키지 않는다는 비난조의 말을 다른 선생님들에게서 듣고 있던 터였다.

　소풍 날 문제의 여학생들은 평상시에도 지각이 잦았다. 체벌에 반대하는 나의 입장을 동료 교사들이 불편해한다는 것을 알고 있었기 때문에 나는 다른 교사들 눈이 신경 쓰였다. 30분을 기다리다 더 기다릴 수가 없어 결국 먼저 출발하고 한 선생님이 남아서 여학생들을 데려오기로 했다. 애들은 한 시간을 늦게 왔는데, 꽃단장을 하고 구두를 신고 나타났다고 한다. 그 꼴을 본 동료 교사들이 더 이상 말로 학생을 다루려 하지 말고 약속을 지키지 않으면 체벌을 하라고 조언했다. 나는 대화로 계속 지도할 힘도 남아 있지 않았고 매를 들 자신도 없었다.

그날 소풍을 마치고 학교로 돌아와 빈 교실에 앉아 펑펑 울었다. 어떻게 해야 할지 막막하고 내 신세가 서러웠다. 그동안 인내심을 가지고 지도해왔는데 아이들은 내 말은 한 귀로 듣고 한 귀로 흘리는 것 같았다. 실컷 울고 나서는 뭐라도 해야겠기에 아이들에게 편지를 썼다. 내가 얼마나 힘든지, 너희가 얼마나 야속하게 느껴지는지, 그리고 어떻게 해야 할지 모르겠다고 썼다.

다음 날 조회 시간에는 반 아이들에게 편지만 전해주고 나왔다. 아무런 기대도 하지 않았는데 아이들이 삼삼오오 내게 와서 각자 자기 방식대로 진심으로 위로해주었다. 죄송하다고 노력하겠다고, 애쓰고 계시는 것 다 알고 있으니 힘내시라고, 원래 그런 애들이니 신경을 조금만 덜 쓰시라고 하면서 말이다. 그리고 종례 시간 전에 자기들끼리 회의를 했다면서 지각에 대한 약속과 벌칙도 정했으니 걱정 붙들어 매고 한 번 더 믿어달라고 했다. 어찌 마음이 풀리지 않겠는가. 그 이후로도 아이들과 나는 1년 내내 술래잡기를 했다. 잡힐 듯 하지만 잡히지 않는 아이들이었고 그렇다고 멀리 도망가지도 않는, 결코 미워할 수 없는 아이들이었다.

'생기 없는 교실' 풍경도 여러 장면 떠올랐다. 지적인 측면보다 정서적 측면과 가치판단에 대한 내용이 많은 도덕 교과의 특성 때문인지 수업 참여도가 반마다 달랐다. 특히 반에 왕따 학생이 있거나 아이들끼리 갈등이 있는 경우에는 토의나 발표가 잘 이루어지지 않았다. 아이들을 수업에 참여시키지 못하면 당위적인 이야기를 설교하는 것처럼 돼버려 파머의 표현처럼 내 말은 만화의 '말풍선'처럼 둥둥 떠 있는 느낌이 들곤 했다. 지루해하는 아이들의 표정이 눈에 들어오고 '나는 지금 여기서 뭐하고 있는 걸까?' 하고 당혹스러워했던 기억들도 떠올랐다.

교직 생활 내내 흐린 날과 맑은 날이 반복되고, 이제 교사 경력 16년차가 되었지만 아이들 앞에 서는 것이 쉬워지는 느낌은 여전히 들지 않는다. 그럼에도 파머처럼 나 또한 마음속 깊은 곳 에서는 나 자신을 교사라고 생각한다.

사계절 피정을 거치면서 나는 좀 더 분명히 알게 되었다. 나 에게 교사의 꿈을 심어준 초등학교 4학년 담임 선생님을 비롯하 여 그동안 만났던 많은 선생님이 내 안에서 어떻게 살아 움직이 고 있는지 말이다. 그분들의 성공과 실패는 나의 성공과 실패이기 도 했다. 맑은 날과 흐린 날을 오가는 과정에서 내가 용기를 잃지 않고 아이들에게 돌아갈 수 있었던 것은 내 마음 깊은 곳에 있는, 교사이고 싶은 간절한 바람 때문이다.

내가 좋은 선생님인지 아닌지 잘 모르겠다. 하지만 좋은 선 생님이 아니라고 느끼는 순간, 그 사실에 고통스러워하면서 다르 게 시도해보기를 멈추지 않고 있다는 점은 분명하다.

가르칠 수 있는 용기, 그것은 교사가 되고 싶은 마음을 처음 으로 품었던 순간을 기억하는 것이다.

가르치지 않는 교사

고등학교 한문 교사
조춘애

두 가지 종류의 지성이 있다.

그 하나는 아이가 학교에 들어가 책이나 교사로부터

개념을 배우고 암기를 하면서 배우는 지성,

전통으로부터 또한 새로운 학문으로부터 배우는 지성이다.

(…) 또 다른 종류의 지성이 있다. 네 안에 이미 완성되어

존재하는 지성, 샘에서 흘러넘치는 샘물 같은 지성.

그 신선함이 가슴 한가운데를 적신다. 이 지성은 시들지도

썩지도 않는다. 그것은 늘 흐른다. (…) 이 두 번째 지성은

샘의 근원이다. 네 안에서 밖으로 흘러넘치는.

_잘랄루딘 루미Jalāl ud‑dīn Muhammad Rūmī

한국 교육은 지식 교육에 치우쳐 인성 교육에 소홀하다고

흔히 말한다. 하지만 핵심은 지성이 자라나지 못하는 것이

아닐까. 아이들의 호기심이 살아 움직이면서 생명으로 약동하는

순간을 교사는 어떻게 포착할 것인가. 그 에너지로 교실을 채우고

가르침의 원동력을 충전하려면 무엇이 필요한가.

그런 수업이 활성화되기 위해서 학교와 교육 당국은

어디에 힘을 쏟아야 할까.

교과를 닮은 선생님

초등학교 2학년 무렵, 우리 가족은 경기도 북부의 촌에서 서울 한복판 달동네로 이사를 왔다. 부모님은 어떤 이유에서인지 나를 바로 전학시켜주지 못했다. 그때 나는 또래들이 학교에 가고 없는 동네의 빈 골목에서 막대기 하나를 들고 취학 전 꼬마들을 데리고 다니며 학교 놀이를 하곤 했다.

얼마 뒤 학교에 갔는데 가난한 부모님은 여러 자식의 육성회비를 제때 내주지 못했고, 겨울방학을 앞두고 나는 밀린 육성회비를 내지 못한 다른 아이들과 함께 칠판 아래에서 무릎을 꿇은 채 앞을 보고 있어야 했다. 마룻바닥의 찬 기운이 무릎까지 올라왔지만 정신은 온통 나를 쳐다보는 아이들의 눈길을 피하는 데만

쏠려 있었다. 그 수치심 속에서 나의 자의식의 한 자락이 자랐다.

3학년 담임 선생님은 마룻바닥에서 차갑게 얼어붙었던 나의 마음을 따뜻하게 녹여주었다. 선생님은 등굣길에 내린 눈으로 신발이 다 젖어 교실에 들어선 나를 보고는 난로 옆에 자리를 마련해주었는데 수업하면서 난로 옆에 걸쳐놓은 신발에서는 김이 모락모락 피어올랐다.

그 당시 교과서에 실린 〈효녀 샛별〉에 얽힌 기억도 있다. 한 해가 끝나갈 무렵 선생님이 무슨 일 때문인지 화가 나서 숙제로 〈효녀 샛별〉을 다 외워오라고 했다. 나는 그날 밤을 새워가며 〈효녀 샛별〉을 외웠다. 샛별이라는 소녀가 한겨울에 매화꽃을 보고 싶어 하는 병든 어머니의 소원을 들어주기 위해 눈 속에서 매화를 찾아다니다가 매화도 찾고 왕자님도 만난다는 이야기였다.

다음 날 선생님이 "숙제 해온 사람 있니?"라고 물었는데 반장이 내가 외웠다고 말해주어서 나는 교탁 앞으로 불려 나갔다. 나는 아이들 앞에서 〈효녀 샛별〉을 마지막 장까지 외웠다. 깜짝 놀란 선생님은 그 긴 내용을 다 외운 것이 대견했는지 나를 데리고 다른 반을 돌면서 〈효녀 샛별〉을 읊게 했다. 덕분에 그해 겨울에 '효녀 샛별'이라는 별명을 얻었다. 열 살 무렵 나는 두 담임 선생님을 통해 수치심과 자부심이라는 양극단의 감정을 배웠다.

언젠가 집에서 동네 아이들을 앉혀놓고 학교 놀이를 하다가 내가 진짜 선생님이 아니라는 생각에 갑자기 엉엉 소리를 내어 울었던 적이 있었다. 깜짝 놀라 무슨 일이냐고 묻는 엄마에게 나는 언제 커서 우리 선생님 같은 진짜 선생님이 되냐며 울었다. 어떻게 그 어린 나이에 선생님이 되고 싶은 강렬한 열망을 품었던 것일까? 내 마음 깊은 곳에 있던, 가르치는 사람이 되고 싶다는 소망이 3학년 담임 선생님을 만나면서 피어났기에 그랬는지도 모른다. 또는 선생님의 모습을 보며 나도 누군가를 빛나는 존재로 이끌어주는 역할을 하고 싶었는지도 모른다.

중고등학교 때도 나는 선생님에게 관심이 많았다. 다행히도 나의 기억 속에는 멋진 선생님들이 많다. 늘 쓸쓸해 보였던 국어 선생님 시간이면 나는 눈을 어디에 두어야 할지 알 수 없을 만큼 설렜다. 세계사 선생님은 수업을 하다가 창밖 어딘가를 응시하며 잠깐씩 침묵하곤 했는데, 그때마다 선생님은 세계사의 어떤 장면 속에 머물러 있는 것 같았다. 수학 선생님은 한여름에도 넥타이를 풀지 않고 땀을 뻘뻘 흘리며 칠판 왼쪽 위에서부터 오른쪽 맨 아래까지 그래프와 수학 공식을 환상적인 비율로 채워나갔다. 고전 문학 선생님은 창을 하듯 〈청산별곡〉을 읊고 이글거리는 태양이 금방이라도 솟구쳐 오를 듯이 〈해에게서 소년에게〉를 낭송했다.

우리 반 담임이었던 영어 선생님은 자율 학습 감독 시간에 교실 한쪽 책상에 꼼짝도 하지 않고 앉아 두꺼운 영어 원서를 읽곤 했다. 화학 선생님은 늘 대학교수처럼 차분하고 격식 있는 존댓말로 원소주기율표와 화학식의 구조를 설명했다. 세계의 모든 물질을 질서 정연한 규칙으로 줄 세워놓은 원소주기율표를 보고 받은 그때의 충격이 지금도 생생하다.

음악 선생님은 비 오는 날, 우리를 책상에 엎드리게 한 뒤 베토벤의 〈비창 소나타〉와 〈월광 소나타〉를 연주해주었다. 피아노 소리를 들으며 비 오는 창밖을 바라보면 마음이 편안해졌고, 왠지 모르게 눈물이 나기도 했다.

가난했던 학창 시절, 나를 위로해주었던 것은 교과였다. 교과에서 만나는 내용과 교과를 닮은 선생님들을 통해 내가 이 세계와 연결되어 있다는 삶의 생동감을 얻었다. 교과가 학생을 위로해줄 수 있다는 나의 믿음은 그때 생겨났던 것 같다.

혼자 하는 학교 놀이

사범대학을 졸업하고 나는 진짜 선생님이 되었다. 남자 중학교로 첫 발령을 받고 3학년 담임이 되었는데, 밤에 잠자리에 누우면 앞 번호부터 끝 번호까지 반 아이들 얼굴을 한 명씩 떠올리며 빨리 다음 날 아침이 되기를 기다렸다. 종례 후에는 매일 학교 뒤편에 있던 화장실을 함께 청소했고, 학급 문고도 운영하고 학급 신문도 만들었다. 겨울이면 〈양심수를 위한 시와 노래의 밤〉 공연도 함께 보러 다녔다.

첫 발령을 받고 교실에서는 그렇게 신혼같이 달콤한 몇 해를 보냈다. 그런데 교실 문을 닫고 교무실 내 자리에 와서 앉으면 학교는 아무 일도 없었던 것처럼 늘 고요했다. 그때 문득, 큰 사고가 나지 않는 한 내가 어떻게 아이들을 가르치는지 아무도 관심을 갖지 않는다는 것을 알았다. 교실에서는 나의 생각과 특성대로 학생들과 왁자지껄하면서 여러 가지를 시도해볼 수 있었지만 교실 문을 닫고 나오면 학교는 마치 고등학교 때의 교장 선생님 훈화 시간처럼 너무나 엄숙했다. 교사 생활을 하는 오랫동안 나에게 학교는 늘 교실과 교무실이라는 두 개의 다른 세상으로 분리되어 있었다.

두 번째 부임한 학교는 부천에 있는 특성화고등학교였다. 내가 맡은 반에는 자퇴했다가 다시 들어온 복학생이 여덟 명이나 있어서 우리 반 아이들은 언니, 누나, 형, 오빠와 같이 다양한 호칭으로 복학생들을 불렀다. 복학생들에게 술과 담배는 기본이었고 날마다 결석과 가출이 이어졌다. 화가 나면 교사를 향해 욕설을 퍼붓고 의자를 집어 던지는 아이도 있었다.

아이들을 찾으러 문이 일렬로 늘어선 한 칸짜리 지하 쪽방에도 가고 파출소에도 갔다. 첫 학교에서와 달리 날마다 울고 다녔다. 밤에 자려고 누우면 내일은 학교에서 또 무슨 일이 터질지 겁이 났다.

그때 가출했다 돌아온 경민이라는 아이에게 "뭐가 제일 힘드니?" 하고 물으니 "하나도 알아들을 수 없는데 하루 종일 앉아 있는 거요"라는 대답이 돌아왔다. 경민이는 운동에 탁월한 소질이 있는 아이였는데, 좁은 책상에 그 건장한 체구를 쑤셔 넣고 하루 종일 견뎌내는 아이가 너무 안쓰럽고 대견했다. 그날 이후 경민이에게 교실 맨 뒤 창가 자리를 고정석으로 주었다. 경민이는 창가에 앉아 운동장에서 다른 반이 체육 활동 하는 것을 보며 하루를 버텼다. 그때 나는 아이들에 대한 연민으로 늘 안타까워했지만 아이들을 어떻게 도와야 할지 알지 못했다.

그 다음 해부터 담임을 맡지 않고 학생부에서 몇 년간 생활지도 업무를 담당했다. 학생부에 있으면 하루 종일 파출소에 와 있는 것 같았다. 날마다 고성이 오갔고 언제 어디서 주먹과 몽둥이가 날아올지 알 수 없었으며 붙잡혀온 아이들은 성난 사자로 돌변하여 으르렁거렸다. 나는 그들을 조심스럽게 다루는 법을 스스로 익혀나갔다. 사실 그것은 그들이 성난 사자가 되어 나를 물어뜯을 것 같은 공포에서 살아남기 위해서였다. 학교는 날마다 외줄을 타는 것처럼 위태롭게 느껴졌기 때문에 교실에서 서로가 다치지 않는 안전한 규칙을 만드는 것이 내게는 늘 중요했다. 그리고 다시 담임을 맡았다.

지각 시와 담배 소설: 나에게 더 절실했던 규칙

교실 바닥은 여러 개의 직사각형으로 나뉘어 있었는데 책걸상을 직사각형 안에 놓으면 책걸상 간격이 딱 맞았다. 아이들은 자기 책상이 놓인 금 안을 각자 쓸고 닦았다. 종례 시간에 교실을 한 바퀴 돌며 청소 검사를 할 때, 그 간격 안에 휴지나 먼지가 없으면 주번만 남고 전원이 청소 없이 집에 갈 수 있었다. 어떤 것을 휴지로 볼지도 아이들과 함께 정했는데 휴지란 '눈으로 볼 수 있는, 다시 사용할 수 없는 것'이었다. 내가 언젠가 지우개 밥을 바닥에서 줍자 한 아이가 "선생님, 제가 그것을 뭉쳐서 다시 쓰겠습니다"라고 대답해서 모두가 웃었던 일도 있다.

아이들은 휴지를 버리지 않았고 지우개 밥도 바닥에 떨어지지 않게 모아서 버렸다. 쉬는 시간에는 휴지가 어느 금을 넘어왔는지 따지는 소소한 다툼을 즐기기도 했다. 나중에는 네 명씩 한 팀이 되어 자기들끼리 돌아가며 더 큰 사각형의 금 안을 쓸고 닦았다.

아침 지각생 지도는 담임의 생활지도 업무 중 매일 반복되는 중요한 일이었다. 교사들은 청소, 나머지 공부, 학급비 벌금 등 여러 방법을 동원하지만 지각생은 늘 있게 마련이다. 나는 아이들과 함께 나누고 싶은 시를 국어 교과서와 시집에서 골라 복사해 지각생에게 한 편씩 주고 외워오도록 했다. 지각한 날은 교무실로 내려와서 시를 다 외워야 집에 갈 수 있었다.

약속과 규칙을 만드는 일은 어렵지 않다. 하지만 학생들은 규칙이 지켜지지 않을 때 교사가 어떻게 하는지 보고 나서 규칙을 따를지 말지 결정하기 때문에 규칙을 위반한 학생들을 확실하게 지도할 수 있는, 교육적이면서도 현실 가능한 방법을 찾아내는 것은 교사에게 매우 중요한 감각이다. 교육적이어야 한다는 것은 규칙이 누가 보기에도 학생에게 도움이 되어야 한다는 것이고 현실 가능하다는 것은 그 방법을 적용할 때 교사와 학생이 힘들지 않아야 하며 실제적인 통제 기능이 있어야 한다는 것이다. 교사의 학생 지도가 성공하는지 실패하는지는 여기에 달려 있다.

나는 그 당시 지각생이 시를 안 외우고 도망가면 다음 날 그 학생의 신발을 집에 가기 전까지 보관해두었다. 도망간 학생에게 아침 조회 시간에 "어제 혹시 시 외우는 것을 깜빡했나요? 오늘은 잊지 않도록 선생님이 신발을 맡아줄게요"라고 말하며 그 아이의 신발 주머니를 들고 나오면 아이들은 뒤에서 까르르 웃었다.

아이들은 시를 정말 잘 외웠다. 쉬는 시간에 교실에 가보면 지각생들이 여기저기서 친구들과 같이 소리 내어 시를 외우고 있었다. 점심시간이 되면 교무실로 몰려와 줄을 서서 한 명씩 시를 외웠다. 외우다 틀리면 뒤에 선 아이들이 나 대신 '땡'을 외쳤다. 그러면 다시 맨 뒤로 가서 줄을 서야 했다. 뒤에 있는 아이들은 앞의 친구가 헷갈리도록 계속 장난을 쳤고 외우는 아이는 귀를 막고 시를 외웠다.

나는 그런 아이들이 너무 예뻤고 아이들의 다양한 목소리로 다 같이 시를 들을 수 있는 그 시간이 너무 즐거웠다. 다른 반 선생님 몇 분이 우리 반의 시 외우기 벌칙을 따라하면서 교무실 여기저기에서 아이들의 시 외우는 소리가 들렸다.

지각을 날마다 했던 미라는 반에서 시를 가장 빨리 외우는 학생이었다. 시를 받아 가면 바로 그 다음 시간에 내려와서 시를 줄줄 외우고 갔다. 그렇게 우리는 서로 지각 문제에 대해서 교육적이고 안전한 지대를 만들었다. 그러나 미라는 그해가 끝날 때까지도 지각을 했는데, 그때 내게는 미라가 지각을 하지 않도록 돕는 일보다 지각생 시 외우기라는 규칙이 안전하게 작동되는 것이 더 중요했다.

당시에는 학교에서 담배를 피우는 학생들이 너무 많아서 교사들이 쉬는 시간마다 돌아가며 화장실 문 앞을 지켰다. 그러자 아이들은 학교 밖으로 나가 상가나 주택가 뒷골목에서 담배를 피우고 왔다. 흡연으로 선도 조치 세 번을 받으면 퇴학 처분이 내려졌기 때문에 나는 그 문제에 대해 반 아이들과 함께 흡연 규칙을 정했다. 교복 입고 피우지 않기, 어른 앞에서 피우지 않기, 피우고 담배꽁초 잘 버리기, 학교에서 피우지 않기였다.

담배를 안 피우는 것이 정말 어렵다면 담배를 피우더라도 최소한의 품위와 예의를 지키자는 제안이었기에 아이들은 모두 해보겠다고 했다. 그리고 그 규칙을 어기면 학생부의 선도 조치 대신 종례 후에 교무실 창가에 놓은 책상에서 단편소설을 하루에 한 편씩 4주 동안 와서 읽자고 했다.

나는 흡연으로 학생부에 걸린 학생이 있으면 학생부에 가서 담임이 책임지고 지도하겠다고 말하고 아이를 데리고 왔다. 아이들은 부모님에게 연락이 가지 않고 학생부의 선도 조치를 받지 않는다는 것만으로도 나의 모든 말에 순응했다. 나는 흡연 규칙을 어긴 아이에게 노트를 한 권 주고 종례 후에 교무실로 와서 하루 한 편씩 단편소설을 읽고 인상적이었던 대목과 간단한 소감을 기록하도록 했다. 매일 한 편의 짧은 소설을 읽으면서 아이들은 조금씩 편안해지는 것 같았다. 그래서 책 읽기가 끝나면 별도의 훈화를 하지 않고 아이들에게 격려의 말을 한 뒤 집으로 보냈다.

　　흡연 규칙을 여러 차례 어긴 혜지는 아이들이 집에 가고 난 뒤에 혼자 남아 책을 읽고 가는 날이 많았다. 혜지는 나의 규칙이 작동되는 것을 반 아이들에게 보여주기 위해 긴 시간을 교무실의 창가 자리에 앉아 책을 읽었다. 학년이 끝나는 종업식 날 그 아이를 안았을 때, 서로 알 수 없는 눈물이 솟구쳤다. 혜지에 대한 미안한 마음은 그 후에도 오랫동안 내 마음속에 남아 있었다. 나는 왜 그렇게까지 규칙이 지켜지는 것이 중요했을까? 혜지는 내 옆에서 책을 읽었던 그 시간들을 어떻게 기억하고 있을까?

　　사실 그런 규칙은 학생들이 아니라 교사인 나 자신에게 더욱 절실했는지 모른다. 학생들을 지도하면서 그들과 부딪히게 되면 교사와 학생 모두 마음의 상처를 입는다. 교사에게 욕을 하거나 주먹다짐을 하고 학교를 뛰쳐나간 대부분의 학생은 학교로 다시 돌아오지 않았고 교사들도 상처를 안고 다시 교단에 서야 했다. 교사들은 누구나 자신이 학생들에게 휘둘리거나 교실의 혼란을 통제하지 못하면 어쩌나 하는 두려움을 안고 교단에 선다.

나 또한 오랜 세월을 교단에 서 있었으면서도 지금도 매일 두려움을 안고 교실로 들어간다. 이제 나는 이 두려움이 내가 교단에 서는 마지막 순간까지 나와 동반하리라는 것을 알고 있다. 나 자신의 두려움을 외면하지 않고 마주 보게 되면서 나는 동료 교사들과 학생들이 교실에서 겪고 있는 두려움을 좀 더 이해하게 되었고 교실을 조금씩 더 안전한 공간으로 만들어갈 수 있었다.

올해 초 아이들과의 수업 약속을 정할 때 '내가 교실에서 안전하다고 느낄 때는 언제인가'라는 질문지를 나눠준 적이 있는데 '다른 사람의 시선을 받지 않을 때'라고 써서 낸 학생이 있었다. 칭찬이든 비난이든 누군가가 자신을 평가할 때 우리의 자아는 위축되기 쉽다. 더구나 교실이라는 공개적인 공간에서 판단당하고 규정당하고, 비난당하는 일은 어떤 학생에게는 존재 자체에 대한 위협이 될 수 있다. 그래서 어떤 학생은 더 폭력적인 행동을 하고 어떤 학생은 자기 내면으로 숨어들어 외부의 자극에 점점 어떤 반응도 하지 않게 된다.

나는 교실이 교사와 학생들이 겪는 이러한 두려움을 넘어서서 배움과 규칙이 작동되는 곳이기를 바랐다. 학교는 자신에게 일어난 일들을 통해 새로운 것을 배울 수 있는 곳임을, 그리고 그 배움과 규칙은 함께 만들어갈 수 있음을 학생들이 경험하게 해주고 싶었다. 그래서 해마다 학기 초가 되면 아이들과 함께 새롭고 낯선 규칙들을 만들었다. 다수의 아이들이 규칙이 주는 안전함을 좋아했고 규칙을 따라오지 못하는 아이들을 이해하고 돕는 경험을 통해 나는 교사로서 단련되어갔다.

그렇게 몇 년을 보내면서 우아하고 민주적인 방식으로 교실을 통제하게 되었고 교실은 이제 나에게 위협이 되지 않는 것 같았다. 고교 시절에 만났던 세계사 선생님처럼 내 교과의 숲에 난 여러 길을 열심히 탐색했고 수학 선생님처럼 색색의 분필로 반듯하게 간격을 맞추어 가며 아름다운 판서를 했다. 화학 선생님처럼 학생들에게 정중했고 두꺼운 원서를 손에서 놓지 않았던 영어 선생님처럼 어려운 책들을 붙들고 씨름하기도 했다.

그러면서 교사로서 나 자신의 감각과 기술에 점점 더 자신감이 생겼다. 좀 더 나아가서 교실이라는 집단의 힘을 믿고 내가 만들어놓은 안전선을 넘어서고 싶었고 그 선 너머에서 뭔가 더 흥미롭고 새로운 것이 펼쳐질지도 모른다는 기대감도 조금씩 생겨났다.

교사와 학생 사이 안전선을 조금씩 넘다

다시 일반계 고등학교로 발령을 받아 고2 남학생 반 담임을 맡았다. 당시 나는 수업과 학급 운영에 혼자만의 높은 자부심을 가지고 있었다. 교실에서 아이들의 농담과 장난, 문제의식과 자율성이 더 많이 허용되면서 학기 초 두 달 동안은 우리만의 제3의 자유로운 공간에 와 있는 것 같은 설렘과 유쾌함을 누렸다. 나는 그것에 어떤 위험이 따르는지 알지 못한 채 그동안 내가 그어두었던 안전선을 조금씩 넘어가기 시작했다.

교사들은 교직 생활 중 한 번쯤은 학생들을 향한 사랑의 열병을 앓는다. 교단에서 보내는 시간 동안 학생들을 향한 교사의 사랑은 여러 빛깔과 모양으로 바뀌기 때문에 그 정체를 한마디로 무엇이라 표현하기 어렵다. 나 또한 그 당시 학생들을 향한 어떤 사랑의 열병을 앓았다.

그러나 그해 봄의 달콤함은 5월 수학여행을 다녀온 뒤 산산조각이 났다. 수학여행을 갔을 때, 한밤중에 숙소 앞에서 아이들과 서로 옷을 바꾸어 입고 함께 춤추며 노래 불렀던 그 기쁨의 순간은 나의 내면 깊은 곳에 아픈 응어리가 되어 오래도록 가라앉아 있었다. 적어도 그 당시 학교는 내게 교사가 자신의 모습 그대로 학생들 앞에 서는 것이 얼마나 위험한지 혹독한 방식으로 가르쳤다.

야간 자율 학습이 시작되면서 문제가 생겼다. 그때는 전교생이 강제로 야간 자율 학습을 했는데. 한두 명이 빠지기 시작하면 순식간에 학생들이 빠져나갈 것을 염려하여 담당 부장과 교감은 날마다 반별 참석 인원을 점검하고 담임들을 추궁했다. 나는 야간 자율 학습을 힘들어하거나 개인 사정이 있는 학생들을 야간 자율 학습에서 빼주었기 때문에 우리 반은 언제나 불참자가 제일 많았다. 담당 부장과 교감은 여러 차례 나를 불러 학생들을 통제하지 못하는 무능함을 질책했다.

면학 분위기를 잡아서 진학률로 성과를 보여주겠다는 확신에 찬 교감 앞에서 내 마음속의 저항은 한 번도 소리가 되어 나오지 못했고 교감의 지시대로 반 학생들을 강제로 야간 자율 학습에 참여시켜야 했다. 그것은 그때까지 내가 교실에서 보여주었던 말과 행동이 거짓이었다고 아이들에게 자백하는 것과 다름이 없었다.

우리 반 아이들은 매일 담당 부장에게 불려 가서 혼이 났고 복도에서 엎드려뻗쳐를 하거나 맞았다. 담당 부장은 늘 긴 막대기를 들고 다녀서 별명이 마대였다. 어느 날 담당 부장이 내게 와서 "선생님이 아이들 지도를 힘들어하니 내가 당분간 선생님 반 야간 자율 학습 지도를 맡겠습니다"라고 했다. 그리고 그날 야간 자율 학습 시간에 마대를 들고 우리 반에 들어가서 "앞으로 너희 반은 야간자율학습 빠지려면 나한테 직접 허락을 받아야 한다. 그리고 너희 담임 선생님이 힘들어서 야간 자율 학습 지도를 못 하시니까 당분간은 내가 들어온다"라고 말했다. 예체능 준비로 빠지는 학생들은 부모님을 모시고 와서 진학 상담을 받고 학원 등록

영수증을 가져오라고 했다.

나는 그렇게 나의 자리를 내주었고 결국 아이들이 가장 싫어했던 담당 부장과 교감의 뒤로 숨었다. 그런 내게 쏟아진 아이들의 반응은 싸늘했다.

"다 사기 친 거네!", "겁쟁이잖아!"

아이들은 내가 교실에 들어가면 대놓고 비웃음과 야유, 조롱을 퍼부었다. '나와 그렇게 유쾌한 관계를 유지했던 아이들이 어떻게 갑자기 저럴 수 있지?'라는 질문은 아무런 쓸모가 없었다. 학생과 교사는 언제나 학생과 교사로서만 만난다. 그들은 언제나 학생이고 나는 언제나 교사인 것이다.

문제는 교사인 나였다. 그 이후로 나의 모든 감각은 둔해져야 했다. 아이들의 말을 못 들은 척했고 아이들의 행동도 못 본 척했다. 그렇게 아이들 앞에서 울어버릴 것 같은 순간들을 참으며 수업이 끝나는 종이 울리기만을 기다렸다. 교사로서 내가 가지고 있던 높은 자부심은 교실 바닥에 내동댕이쳐져 산산조각이 났고 교실에서는 나의 어떠한 말도 이미 힘을 잃었다. 나는 나 자신의 모순과 무능함에서 오는 고통을 가슴에 끌어안고 학년이 끝나기만을 기다렸다. 시간이 지나면서 아이들의 관심도 내게서 점차 멀어졌다. 그리고 다음 해에 도망치듯 학교를 옮겼다.

다음 해 봄, 새 학교로 옮겨 와서 아이들 앞에 다시 섰다. 내면이 무너져 내리는 고통을 겪고 난 뒤 학교와 아이들을 바라보는 나의 마음은 어딘지 달라져 있었다. 다루기 힘든 아이들이 있었고 여전히 위협으로 다가오는 상황도 있었지만 마음은 곧 어떤 중심으로 되돌아오곤 했다. 그 중심에 무엇이 있는지 보이지 않았지만 내가 돌아와 앉을 수 있는 부드럽고 낮은 자리가 마음속에 만들어지기 시작했다. 그것은 아마도 고통으로 연약해진 공손함이 만들어준 자리였을 것이다. 나는 얇고 흐늘흐늘해진 마음으로 교단에서 내려와 아이들 사이를 다시 걸어 다니기 시작했다.

그러면서 오랫동안 학생들에게 사용하던 존댓말을 내려놓았다. 나는 학생들을 가볍게 대하고 싶지 않았고 학생들 또한 나를 존중하기를 바랐기에 발령 초기부터 그때까지 줄곧 교실에서 존댓말을 썼다. 그것은 내게 일종의 보호 장구 같은 것이었는데, 그 무렵 그것이 그리 쓸모 있지 않다는 것을 알았다. 왠지 그것보다 더 확실하고 안전한 것이 있을 것 같았다.

존댓말을 쓰지 않고 "그랬어? ~했구나!" 같은 예사말을 쓰자 아이들과 나 사이에 친밀감이라는 새로운 감정이 생겨났다. 시선이 마주치면 멈추어 바라보고 목소리가 들리면 고개를 돌려 아이의 얼굴과 눈을 바라보았다. 아이들은 이제 전체이면서 동시에 개인인 존재로 내게 다가왔다. 나 또한 점점 개인의 표정을 가진 교사가 되어가고 있었다. 메이 사튼May Sarton의 시에 나온 표현처럼 나는 '흔들리고 녹아서 이제 조금씩 나 자신의 얼굴이 되어가고' 있었는지도 모른다.

공동육아와 혁신학교

나는 딸아이 둘을 공동육아라는 대안교육 공간에서 키웠다. 공동육아는 조합형 어린이집인데 일반 보육 시설과 달리 아이들이 사계절의 흐름 속에서 마음껏 뛰어놀며 오감으로 느끼고 배우는 감각적 활동과 노작勞作 교육을 중시했다. 뜻을 같이하는 부모들이 공동으로 출자해 산 밑에 마당이 있는 낡은 주택 하나를 얻었다. 주택가 골목 끝에 있던 그 집은 대문을 나오면 바로 뒷산으로 이어지는 길이 있어 아이들이 자연 속에서 뛰놀고 텃밭 활동을 하기에 더없이 좋은 곳이었다. 아이들과 부모들은 그 집을 터전이라고 불렀다.

어느 가을날, 퇴근하고 아이들을 데리러 갔는데 터전이 텅 비어 있었다. 뒷산 텃밭으로 올라가보니 아이들이 선생님들과 연을 날리고 있었고 텃밭 여기저기에서 연기가 모락모락 피어올랐다. 고구마를 캐고는 나뭇가지를 주워 모아 불을 피워 굽고 있었던 것이다. 땅거미가 지는 추운 저녁, 불구덩이 주변에 모여 입 주위가 까매지는 것도 모르고 따뜻하고 달달한 고구마를 까먹었던 경험은 아이들에게 유년의 아련한 한 장면으로 남아 있을 것이다.

내가 새 학교로 왔던 2010년 무렵 대안교육에서 추구했던 이러한 교육의 가치가 공교육 안으로 흘러 들어왔고 경기도교육청이 중심이 되어 혁신학교운동이 시작되었다. 혁신학교운동은 입시 중심의 경쟁 교육을 개혁하여 학교를 돌봄과 배움의 공동체로 만들어나감으로써 교육의 민주성과 공공성을 회복하고자 하는 운동이었다.

처음 혁신학교운동이 시작될 때 그동안 나와 세상 사이에 그어져 있던 경계가 허물어질 것 같은 설렘을 안고 혁신학교 관련 연수와 모임을 찾아다녔다. 혁신학교로 지정받기 위해 학교 선생님들과 방학 때 합숙 연수에 참석하면서 숙소 앞 호프집에서 술 한잔 기울이며 우리가 만들어갈 혁신학교에 대해 이야기꽃을 피우기도 했다.

그 이후로 몇 년간 혁신학교 관련 업무를 담당할 수 있는 보직을 맡았다. 선생님들과 함께 혁신학교로 지정받기 위한 준비 과정을 거쳐서 그 다음 해에 우리 학교는 혁신학교로 지정되었다. 선생님들은 수업, 학교 문화, 생활지도 세 가지 주제를 중심으로 원하는 모임에 참석했고, 각 모임을 운영하기 위해 직원회의 개선, 업무 경감과 예산 지원, 아래로부터의 민주적 의사 결정 등의 원칙을 공유했다.

모임은 밤늦은 시간까지 이어지기도 했고 선생님들끼리 마니또를 하면서 선물과 편지를 주고받기도 했다. 다음 해에 학년별로 수업공개연구회가 꾸려지면서 선생님들은 자신이 속한 학년에서 매달 진행되는 수업공개연구회를 통해 수업에 대한 고민을 나누며 새로운 변화를 시도했다. 담임들은 학생들과 해보고 싶은 여러 활동을 계획했고 학생들이 수업 이외에도 학급 공동체 안에서 다양한 활동을 통해 함께 배우고 성장할 수 있도록 이끌어주었다.

이 시기는 내가 교직 생활을 하면서 학교에 가장 헌신적으로 뛰어들었던 때였다. 대학에 처음 입학했을 때처럼, 공동육아라는 새로운 대안 공동체에 처음 참여했을 때처럼 내가 꿈꾸던 이상을 지금 막 현실에서 펼칠 수 있으리라는 기대와 열망으로 가슴이 뜨거워졌던 시기다. 그런데 시간이 지나면서 그때를 떠올릴 때마다 마음 한쪽에 무엇인가 잃어버리고 온 것 같은 상실감이 느껴졌다.

그 당시 나는 혁신학교의 내용이 학교의 각 영역에서 이루어지도록 학교 업무 조직과 의사 결정 방법, 물리적 환경을 개선하는 일에 집중했다. 조직과 환경을 바꿔야 혁신학교로 가장 빠르고 확실하게 변화할 수 있다고 믿었기 때문이다. 그 믿음의 밑바닥에는 갑작스런 혁신의 요구에 저항감을 가진 교사들이 내가 하고자 하는 일을 방해하지 않을까 하는 두려움이 있었고 그래서 늘 조급함이 따라다녔다.

'내가 잘 할 수 있을까' 하는 나 자신에 대한 불안감, 나의 제안이 받아들여지지 않을 것에 대한 염려, 그리고 복잡하고 느린 주변 상황과 조건에 대한 초조함, 나는 이 모든 것들을 보지 않기 위해 업무 진행에 속도를 냈고 그 과정에서 선생님들과 충분히 소통하지 못했다. 이 때문에 변화가 낯설고 두려웠던 일부 선생님들은 그 변화에서 자신이 소외될까 봐 염려하며 그 시기를 보냈을 것이다.

두려움과 조급함은 참으로 잘 어울리는 한 쌍이어서 우리는 두려우면 더 멀리, 더 빨리 달아나려고 한다. 그때 내가 가졌던 확신이 너무 강했기 때문에 나는 내 안의 두려움을 외면했고 그와 똑같은 방식으로 학교 변화에 소극적이었던 사람들의 두려움을 밀어냈다. 그 시간에 대한 부끄러움과 미안함이 아직도 내 마음속에 남아 있다.

교과서 밖으로 나오기

혁신학교 일을 할 때 선생님들과 수업에 대한 여러 변화를 시도하면서 나는 교과서에서 조금씩 벗어나기 시작했다. 나에게 교과서가 불편했던 가장 큰 이유는 배움 끝에 이르러야 할 곳에 무엇이 있는지 책 한 장만 넘기면 모든 것이 너무 자세하게 적혀 있다는 것이었다. 초급 수준의 한문 교과서에 누구든 읽어보면 알 수 있게 한자의 뜻과 음부터 해석과 의미까지 다 적혀 있는데 무엇을 더 가르치라는 것인지, 교과서를 펼치면 당혹스럽고 한숨부터 나왔다.

그래서 정해진 교과서 안에서 어떻게든 학생들이 탐구해볼 만한 활동을 넣어가며 수업을 해왔었는데, 그 무렵에 드디어 교과서는 참고만 하고 직접 학습 자료를 만들어서 수업을 했다. 먼저 아이들과 함께 이야기 나누고 싶은 주제를 한자 어휘와 한문 문장, 고전 속의 좋은 글들과 연결하여 학습 활동으로 구성했다. 단원이 끝날 때마다 학습 주제에 대해 좀 더 깊이 생각해볼 수 있는 질문을 만들어 '5분 글쓰기'라는 제목으로 학생들이 스스로 생각해보고 글로 표현할 시간을 주었다. 그리고 아이들이 쓴 글에 나의 소감을 적어서 다음 시간에 돌려주었다.

해마다 학년 초에 첫 활동으로 '내 이름 한자에 담은 꿈'이라는 수업을 해왔다. 이 수업은 나와 학생들에게 늘 너무나 멋지고 풍성한 선물을 선사한다. 자신의 이름 한자를 자전에서 찾아서 한자와 뜻과 음을 조사하고 자기 이름에 얽힌 경험이나 느낌을 적은 뒤 자기 이름 한자 중에서 마음에 드는 한 글자를 흰 종이에 크게 쓰게 한다. 그리고 그 위에 한자의 모양과 잘 어우러지도록 자신이 좋아하는 것, 배워보고 싶은 것, 살아보고 싶은 미래에 관련된 이미지를 색연필 등으로 표현한 뒤 그것에 관한 설명을 쓰도록 한다. 아이들은 신기하게도 자신에게 딱 어울리는 것들을 잘 표현한다.

혜정이라는 여학생은 긴 고무장화를 신고 수레에 자신이 수확한 농작물을 가득 담아 끌고 오는 모습으로 자신의 이름 한자인 '정淨'을 꾸며 농부가 되고 싶은 마음을 표현했다. 예원이는 자신의 이름 한자인 '원院'을 숲에서 나무에게 음악을 들려주며 안

아주는 모습으로 표현하여 산림청 직원이 되고 싶은 자신의 장래 희망을 표현했다. 기완이는 말수가 적은 아이였는데 자신의 이름 한자인 '완完'이라는 글자를 중심으로 강과 철교, 빌딩과 하늘 등 도시의 건축 풍경을 너무나 섬세하고 조화롭게 표현했다. 그 아이를 볼 때마다 건축가가 되고 싶은 기완이의 꿈이 어떤 모습으로든 꼭 펼쳐지기를 기도한다.

한시를 배울 때는 《시경》에 나오는 다음의 시를 배우고 패러디 시 쓰기 활동을 하기도 했다.

큰 쥐야 큰 쥐야	碩鼠碩鼠 식서석서
내 곡식 좀 먹지 마라.	無食我黍 무식아서
삼 년이나 참았는데	三歲貫女 삼세관여
너는 나를 돌아보지 않는구나.	莫我肯顧 막아긍고
나는 장차 너를 떠나가리라.	逝將去女 서장거여
저 낙토를 찾아 가리라.	適彼樂土 적피락토

이 시는 곡식을 축내는 큰 쥐 때문에 겪는 백성들의 삶의 고통을 표현한 고대 중국의 한시다. 아이들은 큰 쥐 대신에 친구 이름을 넣어서 '동준아 동준아 담배 좀 그만 피워라. 3년 동안 너를 보았는데, 너는 네 폐를 돌보지 않는구나' 등과 같이 반 친구들의 이야기를 담기도 하고, '학교야 학교야 시험 좀 그만 봐라. 3년 동

안 시험을 봐도 내 등급은 오르지 않는구나'라고 시험과 성적에 대한 압박감을 표현하기도 했다. 또는 사회문제와 관련하여 대통령과 정치인의 실명을 넣어 정치 현실을 풍자하는 학생들도 많았다.

《사기열전》은 고대 중국의 다양한 인물의 삶을 기록한 책으로 고사성어의 유래와 함께 배울 수 있어서 수업 텍스트로 자주 활용했다. 《사기열전》 관련 단원이 끝나고 나면 '기억한다는 것'이라는 주제로 다음의 두 가지 성찰 질문으로 글을 쓰도록 했다. 하나는 나 개인의 지난 삶에서 기억하고 싶은 것과 그 이유, 두 번째는 우리 사회가 함께 기억했으면 하는 것과 그 이유였다. 이 질문은 학생들에게 자신의 삶에서 중요했던 순간을 돌아보게 했다. 더 나아가 이 질문으로 가습기 살균제 피해, 구의역 비정규직 청년의 희생, 세월호 참사, 촛불 시위 등 당시의 우리 사회가 겪었던 공동체의 아픔을 함께 애도하고 기억할 수 있었다.

학습지가 오고 가면서 아이들과 나의 마음도 함께 오갔다. 많은 학생이 한문 시간을 좋아해주었고 수업은 더 풍성해졌고 학생들과의 관계는 더욱 즐거워졌다. '5분 글쓰기' 활동은 수행평가에 반영되고 교사와 글로 서로 마음을 주고받으며 가까워질 수 있었기 때문에 학생들은 정말 열심히 썼다. 시간이 지날수록 글 쓰는 시간이 길어지면서 아이들이 글을 쓰느라 사각거리는 펜 소리만 들리기도 했다.

'5분 글쓰기'는 평소에 목소리 큰 학생들에게 치여서 교실에서 자신의 존재를 드러내기 어려워하는 학생들에게는 자신을 표현하면서 교사와 소통하는 기회가 되었으며 교사의 입장에서도 그런 학생들을 발견하고 지원할 수 있었다.

대부분의 학생은 학년이 올라갈수록 교실에서 자기 생각을 발표하는 것이 위험할 수 있음을 알게 된다. 따라서 교사들이 이러한 두려움을 이해하고 학생들이 안심하고 자신을 표현하도록 수업 분위기와 규칙을 만들어가는 일이 매우 중요하다. 평소에 교사가 학생들이 발언하거나 질문하는 것을 격려하면서 개방적인 반응을 자주 보이고, 안심하고 자신을 표현하며 이야기 나눌 수 있는 방식을 계속 고안하고 시도해봐야 한다.

학습 활동지를 만들면서 어떻게 하면 교사의 설명을 줄이고 주제와 활동, 질문을 중심으로 학생들이 스스로 탐구하게 할지 고민했는데 마침 《노자도덕경》을 공부하다가 반가운 문장을 발견했다. 문장도 짧고 주제도 좋아 '나의 세 가지 보물'이란 단원 제목으로 수업하기에 안성맞춤이었다.

나에게는 세 가지 보물이 있지

我有三寶 ^{아유삼보}, 持而保持 ^{지이보지}

자애로움, 검소

一曰慈 일왈자, 二曰儉 이왈검

그리고 누군가를 가르치려 들지 않는 것

三曰不敢爲天下先 삼왈불감위천하선

_《노자도덕경》 67장

노자가 이미 2500년 전에 '천하의 선생 노릇을 하지 말라'고 한 이유는 남을 가르치는 것이 오히려 그의 배움의 길을 막는 것이 될 수 있음을 알았기 때문일 것이다.

내 수업 중에 교사가 설명하거나 개입하는 일이 거의 없이 학생들이 훌륭하게 스스로 배웠던 수업이 있었다. 몇 년 전 파리 연쇄 테러와 강남역 살인 사건, 크고 작은 학교 폭력 등이 일어나면서 우리 사회에 폭력에 대한 두려움과 불안이 높아진 때가 있었다. 나는 폭력 사건으로 불안해진 학생들의 마음을 위로하고 비폭력의 비전을 함께 찾아보기 위해 '세상과 만나는 한자어'라는 단원으로 수업을 했다.

교육부 교육과정에 '일상 언어생활에서의 한자어 활용'과 '민주시민 및 안전교육' 등의 영역이 있기 때문에 한자 어휘 학습을 병행하면서 학생들의 현실 생활과 연관된 주제를 얼마든지 다룰 수 있었다. 내가 활용한 자료는 〈경향신문〉에 실린 목수정의 칼럼 '사랑은 증오보다 강하다'였는데 수업 활동은 다음과 같이

4단계로 진행했다.

- 자료 읽기: 읽기를 원하는 사람이 텍스트를 한 단락씩
  돌아가며 읽는다.
- 의미 찾기: 텍스트 중에서 마음에 다가오는 문장이나
  구절을 세 곳 찾아 그대로 옮겨 적는다.
- 어휘 학습: 텍스트 중에서 잘 모르거나 중요하게
  다가오는 한자 어휘 일곱 개를 골라 스마트폰 앱이나
  자전을 이용해서 조사한 뒤 한자를 쓰고, 한자의 뜻과 음,
  단어의 의미를 기록한다.
- 질문과 글쓰기: 텍스트를 읽으면서 느낀 소감, 비폭력과
  관련하여 나에게 새롭게 다가온 것, 또는 그것을 위해
  함께 해볼 수 있는 것들에 대해 위에서 조사한 한자 어휘
  일곱 개를 포함하여 글로 작성한다.

이 수업에서 교사의 역할은 가르치는 것이 아니라 학생과 텍스트를 연결해주고 학습 규칙과 질문을 제시하는 것뿐이었다. 처음 이 수업을 할 때 학생들이 쓴 글을 보고 깜짝 놀라 혹시 아이들이 본문을 다 베껴 썼나 하며 의심을 했다. 많은 아이들이 이미 칼럼니스트나 신문기자처럼 수준 높은 인식과 표현으로 글을 썼기 때문이다. 학생들에게 텍스트와 직접 대면하면서 스스로 배

우고 탐색하는 과정이 주어졌기 때문에 가능한 결과였을 것이다.

가장 잘 가르치는 교사는 무지한 스승

자크 랑시에르$^{Jacques\ Ranciere}$의《무지한 스승》은 나의 이러한 수업 경험과 관련하여 교육에 대한 무척 놀랍고도 흥미로운 성찰을 담고 있다. 그는 이 책에서 1818년에 루뱅대학교 프랑스 문학 강사였던 조제프 자코토$^{Joseph\ Jacotot}$의 다음과 같은 교육 실험을 소개하고 있다.

네덜란드어를 전혀 모르는 프랑스어 강사였던 그는

프랑스어를 배우고 싶어 하는 네덜란드 학생들에게

프랑스어 – 네덜란드어 대역판인《텔레마코스의 모험》을

가르쳤다. 통역하는 사람을 시켜 학생들에게 그 책을

건네주면서, 학생들에게 네덜란드어 번역문을 사용해서

프랑스어 텍스트를 익히라고 주문했다. 그리고 학생들에게

그들이 읽은 내용 전부를 프랑스어로 써보라고 주문했는데

결과는 기대 이상이었다. (…)

학생들은《텔레마코스의 모험》에 대해 말하기 위해서

《텔레마코스의 모험》에 나오는 단어들을 쓸 수밖에 없었던

것이다. 학생들이 이것을 익힐 수 있었던 지능은 설명해주는

스승 없이 스스로 모국어를 익혔던 것과 같은 그 지능이다.
학생들이 스스로 높은 성취에 이르렀던 것은 오히려 교사가
자신의 지능을 가르치는 일에서 빼냄으로써 학생들이
텍스트의 지능과 만나고 탐험하도록 내버려둔 점에
있었다.

_랑시에르,《무지한 스승》(2008, 궁리) 중에서

교사가 가르치는 일에서 자신의 지능을 빼냄으로써 학생들을 가르쳤다고 하는, 가르침에 대한 이 역설은 사실 무엇보다 오래되고 근원적인 배움의 방식이다. 태초에 누가 별들의 법칙을 설명해주었겠는가? 랑시에르에 따르면 모든 아이는 가르침과 설명 없이도 듣고, 기억하고, 따라하고, 되풀이하고, 틀리고, 고치고, 운 좋게 성공하고, 방법을 익혀 다시 시작하면서 스스로 모국어를 배우고 이러한 지능은 모든 아이에게 공평하게 주어진다. 또한 랑시에르는 '누군가에게 무언가를 설명하는 것은 상대방이 혼자 힘으로는 그것을 이해할 수 없음을 그에게 증명하는 것이기 때문에 아이들은 자신이 가진 본래적인 배움의 지능을 점점 잃게 된다'고 말했다.

대부분의 학생은 어렸을 때부터 밤늦게까지 학원을 다니며 공부에 매달린다. 그러나 교실에서 자신의 생각을 자신의 방식으로 말하는 학생을 만나기란 쉽지 않다. 교사가 조금만 색다른 방

식으로 질문을 던지면 학생들은 얼어붙는다. 이것은 학교의 교육 환경이 학생들이 스스로 배울 기회를 지속적으로 빼앗아왔기 때문이다.

학년이 올라가면서 교사들의 설명하기와 이해시키기가 더 많아지고 학교는 아이들을 교사의 설명을 이해하는 우월한 지능을 가진 학생과 이해하지 못하는 열등한 지능을 가진 학생으로 나눈다. 그러면서 대다수 아이들이 배움에서 멀어진다. 우월한 전문 지식과 지능을 많이 가진 교사일수록 더 많이 설명하며 더 많이 이해시키려고 노력하기 때문에 학생들은 스스로 배울 기회를 점점 더 갖기 어려워진다. 그런 의미에서 랑시에르는 역설적이게도 '가장 잘 가르치는 교사는 무지한 스승'이라고 말한다.

전 과목이 1등급인 연희라는 여학생이 있었다. 수업 시간에 수주대토守株待兔라는 고사성어를 배운 뒤 내용과 관련하여 '내가 떠나지 못하는 나의 그루터기는 무엇인가?'라는 질문으로 5분 글쓰기를 했는데 연희의 글을 보고는 마음이 아팠다.

연희는 그렇게 공부를 열심히 하면서도 놀랍게도 '대학에 가고 싶지 않다'라고 썼는데 대학에 가서도 이러한 과정을 되풀이할 것 같다는 이유에서였다. 연희의 글에는 대한민국의 모든 부모와 학생의 꿈인 1등급을 지키기 위해 끊임없이 되풀이하며 외워야 하는 그 많은 시간에 대한 슬픔과 원망이 담겨 있었다.

누구도 가르쳐주지 않았는데도 아이들은 지금까지 쉴 틈 없이 쏟아지는 '그 많은 설명'이 배움의 본질이 아니라는 것을 이미 알고 있다. 이해시켜야 하는 무지한 존재로 학생들을 바라보는 시각을 바꾸지 않는 한, 학생들은 결코 자신이 가지고 태어난 배움의 본래적 지능을 발휘할 기쁨을 맛볼 수 없다. 교사들에게 필요한 것은 보다 잘 설명하는 노력이 아니라 모든 학생의 스스로 배우는 능력과 열망을 인식하는 일이다.

배움의 본질: 가르치지 않는 가르침

돌이켜보면 학습 활동지를 만드는 일은 교사로서 나는 누구이며 가르치고 배우는 것은 무엇인지에 대해 끊임없이 나 자신에게 묻고 답하는 과정이었다.

모든 단원의 주제나 내용에는 맨 처음 그것을 탐구했던 사람들의 생각이 담겨 있다. 수업이 그 최초의 의도나 발견으로 되돌아가는 순간에 학생들에게 배움은 생동감 있게 되살아났다. 그것은 교사인 나 자신이 내가 가르치는 교과나 주제에 대해 호기심과 열정을 쏟았던 처음의 순간으로 되돌아가는 순간이었다.

나는 한자를 한 글자씩 써가며 그 의미에 관해 아이들과 이야기 나누는 것을 즐겨 하는데 '誠(정성 성)'이라는 글자는 '말言이 이루어진다成'는 의미를 품고 있다고 설명한 뒤 그것이 어떤 의미인지 생각해보도록 한다. 이 한자는 언약을 이루기 위해 나의 정성을 다한다는 의미를 담고 있으니 옛 사람들의 정성스러운 삶의 태도를 엿볼 수 있다. 그리고 다음 한자를 배울 때 학생들에게 '古(옛 고)'는 왜 '옛 고'인지 상상해보라고 한다. 그러면 아이들은 금방 '열 명十이 모여서 말한다口'라고 하고 '여러 사람이 말해서 전해진 것'이라고도 한다. '奴(종 노)'가 왜 노비인지 질문을 던지면 일하는 '여자女가 또又 있으니' 포로나 노예 등 신분이 낮은 사람이라는 뜻이라고 하고, '意(뜻 의)'는 '날마다日 자신의 마음心 속에 세워나가는立 것'이라고 말한다.

학생들의 이러한 해석을 정답과 오답으로 구별하는 것은 중요하지 않다. 학생들은 다른 친구들의 설명을 들으며 모두 고개를 끄덕인다. 그것은 우리가 최초에 그 한자를 만들어냈던 사람들의 사고방식으로 한자를 이해하고 있다는 것을 알기 때문이다.

학생들은 더 나아가 스스로 새로운 한자를 만들어냈다. '防(막을 방)'의 아래에 '口(입 구)'를 더하여 '입 막을 닥'을, '犬(개 견)'과 '音(소리 음)'을 합쳐서 '개소리 왈'이라는 한자를 만들기도 한다. 학급에서 늘 따돌림 당하던 어떤 학생은 '死(죽을 사)'를 '人(사람 인)'으로 둘러싼 모양의 한자를 만들어 주변 친구에게서 고통받는 심정을 표현하기도 했다.

수업에 생생함을 불어넣는 이러한 구체성은 어디에서 오는 것일까? 파머는 수업에서 다루는 이러한 작은 조각을 물리학에서의 홀로그램 이론으로 설명했다. 홀로그램 이론에 따르면 장미 홀로그램 필름을 절반으로 자른 뒤 레이저로 비추어 보면, 그 절반이 각자 장미 전체의 이미지를 간직하고 있다는 것이다. 그 절반을 다시 절반으로 잘라서 레이저로 비추어도 장미 전체의 이미지를 그대로 보여준다고 한다. 다시 말해 홀로그램 한 조각만으로도 언제나 그 전체를 볼 수 있기 때문에, 모든 학문 분야에 이러한 작은 조각만 있으면 그것을 통해 사물과 주제 전체를 볼 수 있다는 것이다.

앞의 한자 수업에서도 한자가 만들어진 원리와 그 원리 전체를 복원할 수 있는 한자라는 작은 조각이 배움에 생기를 불어넣었다. 학창 시절 국어 시간에 가슴을 뭉클하게 했던 수많은 주제들, 자연과 물질세계에 숨겨져 있는 놀라운 법칙들, 그리고 우리를 인식의 더 광활한 곳으로 불러내었던 수많은 사상과 개념들, 가슴이 벅차올랐던 배움의 순간은 어김없이 그 작은 조각들을 통해 광대한 진실을 만났던 때였다.

오랫동안 수업의 중심에는 교사의 설명이 있었다. 교사의 설명이 중심이 되는 수업에서 교실의 운명은 교사 한 사람의 권위와 지식에 의해 결정되었다. 혁신학교가 시작되자 수업의 중심은 가르침에서 배움으로 옮겨갔고 교사의 설명보다 학생의 활동이 중시되었다. 그동안 무대 위에 교사가 혼자 서 있고 학생들은 객석에 앉아서 수업이라는 공연을 지켜보았다면, 이제 학생들이 무대 위로 올라오면서 교사에게는 수업의 감독이나 연출가의 역할이 새롭게 주어졌다.

교사의 설명이 중심이었던 수업이 오랫동안 학생의 배움과 소통하지 못했다면, 학생 중심의 수업은 활동이나 실천 과제 자체에 치중하게 되었다. 이러한 수업을 참관해보면 주의 깊은 대화와 질문, 의견 진술을 통해 좀 더 깊이 있는 탐구로 나아가지 못하는 아쉬움이 있다. 그 결과 다각적이고 깊이 있는 사고의 성장이 일어나기 보다는 교사가 안내하는 활동 절차를 따라 학생들이 움직이는 수준에 머무는 경우가 많다.

따라서 교사 중심과 학생 중심, 경험적 활동과 사색적 활동이 균형을 이루기 위해서는 수업의 중심을 좀 더 '주제'에 두는 것이 필요하다. 자신과 다르거나 낯선 아이디어에 대해 자유롭게 질문하고 경청하면서 서로의 생각을 표현하는 사고 과정을 통해 학생들은 주제에 대해 더욱 깊이 있고 새롭게 인식할 수 있다. 이런 과정을 통해 교실은 교사와 학생, 그리고 주제가 함께 서로를 가르치고 서로에게 배우는 커뮤니티가 될 수 있다.

하지만 배움을 과목으로 나누고 매 시간 단원과 진도까지 정해놓은 지금의 교육과정에서 교실이 배움의 커뮤니티로서 서로에게 연결되는 것은 꿈만 같은 이야기다. 교사들은 정해진 시간에 정해진 교실에 들어가 각자 정해진 분량을 설명하고 나오면 그만이다. 지금의 교육과정에서는 교사와 학생, 그리고 지식마저도 서로에게 분리되어 따로 존재한다.

그러나 이러한 분절된 교육과정의 강고한 벽도 혁신학교 이후 조금씩 허물어져 가고 있다. 교육과정 재구성이라는 이름으로 다양한 교과가 하나의 주제를 중심으로 서로 연결되고 있다. 수행평가와 논술형 평가가 지속적으로 확대되고, 절대평가 영역도 조금씩이나마 늘어나고 있다. 특히 현재 논의되고 있는 고교학점제는 기존 교육과정의 벽을 허물고 학생들의 선택권을 넓힌 다양한 교과와 주제를 중심으로 교육 공간을 새롭게 재편성하는 전환의 계기가 될 수 있다.

모든 새로운 형성에는 시간이 필요하다. 현재의 교육이 새로운 교육으로 변히기 위해서 그만큼의 시간과 정성이 필요할지도 모른다. 그리고 이 모든 변화의 중심에는 수없이 무너지는 변민의 순간을 지내면서도 변화의 희망을 가슴속에 품고 매일 교단에서 학생들과 함께 살아온 우리 교사들이 있다.

'교사로서 나는 누구인가'라는 질문

혁신학교 업무를 담당할 때 교육청에서 초중등 교사가 함께 모여 운영 사례를 발표하는 자리가 있었다. 관내 한 혁신 초등학교에서 어떤 분이 발표를 했는데, 그분이 마지막에 나누어준 마지 피어시^{Marge Piercy}의 시는 내 마음에 큰 파문을 일으켰다.

그것은 한 번에 하나씩 진행된다네.

당신이 행동을 취할 때 비로소 시작되고

사람들이 아니라고 말하는데도

당신이 행동할 때 시작되네.

당신이 우리라고 말하고

그 우리가 누구인지를 알 때 시작되네.

그리고 날이 갈수록 더 많은 사람이

그 우리에 포함되네.

_피어시, 〈낮은 길〉(《가르칠 수 있는 용기》 파머, 2016, 한문화)

이 시는 '나 자신은 누구인가'라는 삶의 오래된 물음에 어떤 답을 주었고, 교사로서 나의 삶에 새로운 지평을 열게 된 전환점이 되었다. 나는 내가 삶의 어느 편에 서 있는지가 나의 정체성을 보여주는 것이라고 믿고 살아왔기 때문에 나에게 삶은 늘 무언가를 선택해야 하는 무거움으로 다가왔다. 어렵게 선택을 한 뒤에도 삶은 생각만큼 달라지지 않았고 나는 여전히 똑같은 삶의 풍경을 걷고 있었다.

그런데 이 시는 삶은 한 번에 하나씩 진행되어왔다고 말하고 있었다. 자랑스러운 성취나 훌륭한 선택을 한 순간이 아니라 내가 숨 쉬고 느끼며 살아왔던 모든 순간이 결국 나 자신이었음을, 그리고 우리라는 것은 바로 그런 내가 모였을 때 만들어지는 것이라고 말하고 있었다. 비로소 기억의 깊은 곳에 묻어두었던 더 많은 내가 나에게 돌아와 말을 걸어오는 것 같았다. 어리석음으로 수없이 반복했던 실수들, 나약함으로 오랫동안 주저앉아 있던 시간들, 다시 돌아보아도 용서하기 어려운 순간들, 놓쳐버린 기회와 실패에 대한 안타까움과 후회. 돌이켜보면 그것들은 한 번도 나를 떠난 적이 없이 내 삶의 길을 함께 걸어왔고 나는 그것들을 징검다리 삼아 넘어오면서 지금 여기에 와 있었다.

많은 교사들이 마음 깊은 곳에 '교사로서 나는 누구인가'라는 질문을 품고 교단에 서왔다. 그러나 그 질문은 너무나 연약하고 수줍어서 한 번도 마음 밖으로 나와 본 적이 없다. 혁신학교운동이 시작되면서 선생님들은 어느 때보다 자발적으로 연수를 찾아다녔지만 대부분 학생들의 수업 참여를 높이는 방법에 관한 것이었다. 교사들은 '교사로서 나는 누구이며 어떤 시간을 살아왔는가'라는 질문을 받아본 적이 없었다.

오랫동안 우리의 교육 문화는 교사의 존재와 마음의 중요성을 외면해왔다. 그로 인해 교사들은 자신의 존재와 마음으로부터 배울 수 있는 수많은 기회를 놓쳤다. 개인의 주관적인 감정을 최대한 차단해서 '객관성을 유지해야 한다'는, 신앙에 가까운 믿음이 우리 교사들의 숨통을 억눌러왔다. 그 객관주의의 정점에 교과서가 있다.

그동안 교육 당국과 학부모, 학생은 교사가 교과서에 없는 것을 가르치고 있지 않은지 끊임없이 교사를 감시하고 통제해왔다. 교사들 자신도 스스로를 검열했다. 나도 어떤 주제에 대해서는 "선생님이 이 문제에 대한 개인적 입장을 말해도 될까?"라고 학생들의 동의를 구하고 말할 때가 있었다.

이처럼 끊임없이 마음을 지식에서 분리해온 교육 문화 속에서 교사들은 날마다 교단에 서면서도 자신의 마음을 돌아볼 필요성을 느끼지 못했다. 그러니 이제 와서 새삼스럽게 교사로서 자신의 정체성이 무엇인지 돌아보라고 하면 대부분의 교사는 당혹스러울 수밖에 없다. 그것은 거울을 한 번도 들여다본 적이 없는 사람에게 갑자기 거울 앞에 서보라고 하는 것처럼 낯설고 힘든 일이 될 수 있기 때문이다.

그러나 이 질문에서 멀어질수록 우리는 학생에게서 멀어지고 우리가 가르치는 학생들을 이해하기가 더욱 어려워진다. 그리고 교단에 서 있는 나 자신이 누구인지 더욱더 알기가 어려워진다.

지금도 나는 교단에 서 있는 나 자신이 낯설고 어색하다. 내 수업이 의미도 없고 지루해서 학생들에게 버려진 채 교단에 우두커니 홀로 서 있는 모습은 생각만 해도 끔찍하다. 분노로 가득찬 학생을 잘못 건드려서 봉변을 당하면 어쩌나 하는 긴장감, 교실의 나태함과 경박함이 주는 좌절감, 나의 수업이 학생들의 삶에 어떤 실효성이 있을까 하는 의구심. 많은 교사가 날마다 이러한 두려움을 안고 교단에 선다.

이 두려움은 어디에서 오는 것일까? 교사들은 교단에 설 때 어떻게 하면 두려움이 아닌 다른 기반 위에 설 수 있을까? 파머는 '가르침은 자신의 영혼에 거울을 들이대는 행위다'라고 했는데, 거울 속에 비친 교사로서의 나 자신은 어떤 표정과 모습을 하고 있을까?

이 시를 나눠준 분들의 이름과 전화번호를 적고는 학교로 찾아뵙겠다고 인사를 했다. 나중에 그분들 모임에 나갔는데 그 모임에서 파머의 《비통한 자들을 위한 정치학》을 소개받았고 그것이 인연이 되어 파머의 책들을 읽게 되었다. 그해 여름 《가르칠 수 있는 용기》와 다른 몇 권의 책을 읽으면서 고백하기 부끄럽지만 정말 많이 울었다. 한 개인으로서, 교사로서 살아오면서 켜켜이 쌓인 모든 마음이 한꺼번에 되살아나 방학 내내 심장에서 화산이 폭발하는 것 같은 시간을 보냈다.

그 깨지고 열리는 시간을 통해 긴 교직 생활 동안 내가 홀로 있었던 것이 아니었다는 중요한 깨달음을 얻었다. 아무도 알아주지 않는 학교 놀이를 나 혼자서 해온 것이 아니었다는 것을 비로소 알게 되었다.

그 뒤 이 책을 읽었던 선생님들을 만나고 싶어서 교육센터 '마음의씨앗'과 '비폭력평화물결'을 찾았다. 처음 마음의씨앗 워크숍에 참석하기 위해 늦가을에 어둠이 일찍 내린 가평의 깊은 산속으로 찾아갔던 날, 불빛 하나 보이지 않는 산길에서 길을 잃고 '내가 무엇에 홀려서 여기에 왔구나!' 하며 돌아가려 할 때, 멀리 희미한 불빛이 보였다. 그곳에는 삶의 먼 길을 걸어온 여행자들을 정중하게 맞아주는 사람들이 있었다.

그 이후로 몇 년이 지난 지금 나는 삶에서 어떤 방향감각을 가지게 되었다. 원래 나는 혼자 동떨어져 있는 존재가 아니라 더 큰 전체의 일부이며 그 전체를 향해 나아갈 때 전체 또한 나에게 손을 내밀어 다가온다는 새로운 인식이 조금씩 내 안에서 자라기 시작했다.

윌리엄 아이작스William Issacs는《대화의 재발견》에서 공기, 흙, 물이 이미 작은 씨앗 안에 접혀져 있다가 나무를 통해 세상에 펼쳐져 나온다는 물리학자 데이비드 봄David Joseph Bohm의 전체성에 대한 이론을 소개했다.

씨앗이 공기, 흙, 물 등 더 큰 전체가 들어와 본래의 온전함이 펼쳐지는 하나의 통로라고 한다면, 학생들 또한 설명하고 이해시키고 성장시켜야 하는 대상이 아니다. 오히려 우리가 알아야 할 것은 학생이라는 씨앗 속에 겹겹이 접혀 있는 그들이 가진 전체이며 신비다. 봄이 쓴《창조적 대화론》에는 이와 관련한 아름다운 비유가 있다.

선율은 음표로 이루어진 것이 아니며, 시는 단어로 이루어진 것이 아니고, 조각상彫刻像은 선으로 이루어진 것이 아니다. 이들을 전체로서 통일성이 사라지고 뿔뿔이 해체되게 하려면 억지로 잡아당기고 뜯어내야 한다. 내가 '그대'라고 부르는 사람도 마찬가지다. 나는 그에게서 머리 색깔, 말투, 선량함 등을 분리해 낼 수가 없다. 그런 분리된 상태를 원한다면 쉴 새 없이 그렇게 해줘야만 한다. 하지만 그렇게 할 때마다 그는 더 이상 '그대'가 아니다.

_봄,《창조적 대화론》(2011, 에이지21) 중에서

우리는 어떻게 하면 학생들을 억지로 잡아당기고 끌어내지 않고 그들 안에 온전하게 접혀진 전체성이 펼쳐지는 것을 볼 수 있을까. 그 펼쳐짐을 돕는 과정이 교육이라면 우리는 뒤로 조금씩 물러나 학생들 안에 숨어 있는 전체성에 귀를 기울이고 그것이 펼쳐질 공간을 겸허히 내주어야 한다.

하지만 우리 사회의 교육 문화는 오래도록 그런 공간을 허락하지 않았다. 교사와 부모는 흰 도화지 위에 그림을 그리듯 자기 멋대로 아이들에게 설명과 훈계를 쏟아붓고 아이들을 통제해 왔다. 아이들 속에 접혀져 있는 씨앗의 신비로움은 그 안에서 뒤틀리고 뜯겨서 숨조차 편안히 쉬지 못한다. 이것이 대다수 학생이 겪고 있는 고통이자 두려움이다.

질문과 경청의 생활교육

최근 많은 선생님이 회복적 생활교육을 통해 징벌 위주의 기존 생활교육의 한계를 극복하고 회복과 성장이 가능한 새로운 생활교육을 실천하고 있다. 그중에서도 회복적 서클은 갈등이 생겼을 때 잘못을 따져 처벌하는 방식이 아니라 갈등 당사자 간의 관계를 회복해나가는 공동체의 대화 방식이다.

학기 초에 학생들과 함께 안전한 배움을 위한 수업 약속을 정한 뒤, 그것을 지키기 힘들어하는 학생들을 '방황하는 영혼'이라고 부르고 대화에 초대해 돕는다는 규칙을 정했다. 예쁜 색지로 작은 초대 카드를 만들어 대화에 초대할 학생에게 건네주는데, 거기에는 '나 자신과 공동체를 함께 돌보기'라는 문구가 적혀 있다. 농담 삼아 첫 번째 초대에는 기초 과정이 너희를 기다리고 있고 두 번째 초대에는 심화 과정이 준비되어 있다고 하면 학생들은 피하고 싶은 마음과 함께 한편으로 '이 낯선 방식은 뭐지?' 하며 호기심을 갖는다.

학생들은 일상 언어에서는 들어보지 못한 새로운 단어를 재미있어 한다. 짓궂은 장난을 하거나 수업에 늦게 들어오는 학생들이 있으면 "선생님, 저기 방황하는 영혼이 있어요" 하기도 하고 어떤 학생이 갑자기 큰 목소리로 떠들면 "선생님, 쟤가 자꾸 떠들면서 대화에 강제로 초대해요"라고 하면서 '대화'와 '초대'라는 낯선 단어를 신조어처럼 즐겼다. 대화에 초대된 학생들이 교실에 돌아가면 아이들은 무슨 일이 있었는지 궁금해 하며 물어본다. 그러면 그 학생들은 "음, 너도 꼭 한번 가보면 좋을 것 같아"라고만 대답해 더욱 궁금증을 자아내기도 한다.

초대된 학생들이 모인 회복적 서클은 조용한 공간에 동그랗게 앉아서 다음 세 가지 질문에 돌아가며 말하고 경청하는 방식으로 진행된다.

- 첫 번째, 그 일과 관련하여 지금 내 마음이 어떤지.
- 두 번째, 그 일과 관련하여 내가 바랐던 것이 무엇인지.
- 세 번째, 그 일과 관련하여 앞으로 내가 해볼 수 있는 것이 무엇인지.

첫 번째 질문을 통해 학생들은 그 일로 인해 자신이 지금 어떤지 스스로를 돌아보게 된다. 무엇이 잘못되었는지가 아니라 지금 무슨 일이 일어난 것인지, 그 일과 관련해 지금 나는 어떤지에 주목함으로써 앞으로 그런 상황에서 어떻게 하면 더 적절하게 자기 자신을 돌볼 수 있는지 배우게 된다.

두 번째 질문은 그 일을 통해 자신이 소중하게 여겼던 것이 무엇이었는지 발견하게 해준다. 이 질문은 상대방이 마음속에서 진정으로 바랐던 것이 나 자신에게도 소중하다는 사실을 깨닫게 해준다는 점에서 중요하다. 그것은 바로 누구나 타인에게 존중받고 싶어 하고, 타인과 의미 있게 연결되기를 바라며, 자신도 누군가를 위해 기여하고 싶어 한다는 것이다.

세 번째 질문을 통해서는 서로가 원하는 것을 위해 함께 무엇을 해볼 수 있는지 제안하게 된다. 이제 상대방에게 서로를 함께 돌볼 수 있는 협력자로서의 역할을 기대하게 되는 것이다.

이 과정이 교사의 어떠한 가르침 없이 오직 질문과 경청으로만 학생들이 스스로 깨닫도록 이끌어준다는 점이 중요하다. 사실 대부분의 갈등은 남이 하는 말을 듣지 않고 자기 말만 하기 때문에 생긴다. 회복적 서클은 이러한 갈등의 근본 원인에 주목하면서 하고 싶은 말이 서로에게 충분히 전달되는 대화 방식을 중시한다. 그러한 대화 방식을 통해 서로의 진심이 연결된다면 갈등은 회복과 성장을 돕는 배움의 기회가 될 수 있다.

교사들은 뭔가를 '말해주어야 한다'는 의무감에 마지막에 훈화하기가 쉬운데, 이런 훈화는 모처럼 학생들이 스스로 발견한 배움의 의미를 사그라지게 한다. 훈화 대신 학생들이 대화의 과정을 통해 발견한 의미와 기대를 그대로 간직하도록 하는 것이 필요하다. 교사가 간단한 소감과 더불어 진심을 말해준 학생에게 고맙다는 말을 전하고, 학생들이 소감을 한마디씩 나누고 마친다. 소감 나누기는 대화를 통해 얻은 성찰을 각자의 일상으로 가져가게 해주는 중요한 역할을 한다.

위와 같은 대화 방식은 학교에서 크고 작은 갈등이 일어날 때 활용할 수 있다. 학생들 사이에 갈등이 있을 때뿐 아니라 나 자신이 교실에서 어떤 학생 때문에 마음이 불편해질 때에도 학생을 대화에 초대하여 위와 같은 패턴으로 대화를 나눈다. 이것은 교사로서 자신을 돌보는 좋은 방식이기도 하다. 이러한 대화는 학생과 교사 사이에 생긴 오해와 불편함을 해소해주고 더욱 친밀하고 신뢰할 수 있는 관계로 만들어주었다.

갈등과 원망을 이해와 기대라는 성장의 에너지로 전환해주는 이러한 회복적 서클의 힘은 모든 사람은 자기 내면에 이미 온전한 자아를 가지고 있다는 믿음에서 생긴다. 그러나 교사가 아무리 노력해도 자신의 잘못을 반성하기는커녕 다른 사람의 잘못을 탓하며 공격적 행동을 일삼는 학생들이 있다. 그런 학생들에게 '너 왜 그랬어?'라는 질책과 비난의 언어를 내려놓고 무엇이 힘들었는지, 무엇이 중요해서 그랬는지, 네가 무엇을 해볼 수 있는지 물으면서 그의 내면 깊은 곳에 숨어 있는 그의 온전함이 펼쳐지도록 신뢰의 공기를 불어넣어줄 수 있을까?

나는 오랫동안 말썽꾸러기 학생들로부터 조용하게 공부하는 학생들과 교사인 나를 지키는 것이 교실의 평화를 지키는 것이라 생각했다. 하지만 교실이 안전하다는 것은 말썽꾸러기 학생에게도 교실이 숨 쉴 만한 공간이 되어야 한다는 의미다. 오히려 교실의 안전과 평화는 말썽꾸러기 학생이 평화로워지도록 함께 돕는 과정에서 저절로 만들어진다.

누구나 스스로 자신을 가르칠 때 가장 잘 배울 수 있다. 따라서 중요한 것은 가르침이 아니라 스스로 자기 내면을 탐구할 수 있도록 좋은 질문을 학생들에게 주고 그들의 이야기를 경청하는 일이다. 그러나 우리가 가르치려들거나 판단을 내리려는 순간 질문과 경청의 기회는 순식간에 자취를 감추고 만다.

실패와 취약함 나누기: 협력적 대화 방법

2학기가 되면 고3 교실은 하루 종일 깊고 암울한 침묵 속에 잠긴다. 수시 원서접수와 정시를 준비하는 학생들로 나뉘어 수업을 진행하기란 불가능하다. 예체능을 준비하거나 수시 지원이 끝난 학생들은 8교시까지 버티며 아무 일정도 수업도 없는 시간을 보낸다. 이것도 저것도 앞이 잘 보이지 않는 학생들이 할 수 있는 것이라곤 하루 종일 엎드려 잠을 청하는 일이다. 자다가 깨서 스마트폰을 보다가 다시 자기를 반복한다.

인문계 고3 교실의 학생들은 이렇게 뿔뿔이 나뉘어 교실에서 홀로 남은 시간을 버틴다. 초중고 12년 마지막 학년의 교실 풍경은 주인도 없이 버려진 채 폐가처럼 황량하기만 하다. 이러한 풍경이 우리가 원했던 교실의 모습인가.

아무도 원하지 않는데 왜 이러한 교실 풍경이 만들어지고 바뀌지 않는 것일까. 나는 이 문제를 놓고 우리 모두가 그동안 진정으로 대화하지 않았기 때문이라고 생각한다. 우리 교사들은 골 칫덩어리인 현재의 교육 문제를 너무 오랫동안 내버려둔 채 포기 해왔고, 교사들의 마음이 떠나버린 주인 없는 자리를 관행과 행정 규정이 차지하고 앉아서 계속 그러한 풍경을 반복하고 있는 것 이다.

교사들은 누구나 더 좋은 가르침을 위해 헌신하고자 한다. 하지만 그러한 소망을 품을수록 교사들은 더 많은 절망감과 무기 력을 경험한다. 학교 업무는 행정에 치우쳐 있고 교실 곳곳에 숨 어 있는 조롱과 가벼움은 수시로 가르침과 배움을 위협한다. 그 조롱과 가벼움은 자기 자신, 상대방, 학교, 우리 사회, 더 나아가 우리 모두의 미래 전체에 대한 것이기도 하다.

몇 년 전《가르칠 수 있는 용기》를 주제로 한 교사 모임에 참석했을 때 한 선생님이 자신의 이야기를 해주었다. 교실에 들어 갈 때마다 자신을 너무나 힘들게 하는 학생이 있었는데 수업 시 간에 그 학생을 조금 나무랐더니 심한 막말을 하며 자신에게 대 들었다는 것이다. 그 순간 자신도 모르게 그 학생 앞에서 피에로 처럼 춤을 추었는데 그러지 않으면 학생들 앞에 주저앉아 울어버 릴 것 같은 자신을 어떻게 할 수가 없었다고 했다. 그분이 이야기 를 마치자 갑자기 침묵이 흘렀고 조금 뒤에 여기저기서 훌쩍이는 소리가 들려왔다. 그분의 이야기로 인해 참가한 교사들은 하나둘 자신의 내면이 무너져 내렸던 교실 경험을 나누기 시작했다.

그 과정에서 우리는 중요한 질문에 다가가게 되었다. 그것은 심장이 매일 깨지는 듯한 두려움에도 불구하고 '교사들이 계속 시도하고 도전하는 이유는 무엇인가'라는 내면으로부터의 질문이었다. 그것은 '교사로서 나는 누구인가'라는 질문에 스스로 답하고 싶은 교사들의 내면의 의지이며 '진정한 가르침과 배움은 무엇인가'에 대한 교사들의 끊임없는 탐구였다. 우리 자신을 교단에 서게 한 오래된 열망은 아직도 교사들의 가슴속에 살아 숨 쉬고 있다. 교사들은 여전히 학생에게 깊은 관심이 있으며 그들과 단절되는 것을 원하지 않는다.

그런데 학교는 늘 책임과 의무, 원칙과 당위를 이야기한다. 그 앞에서 자신의 좌절과 실패를 이야기하는 것은 자신이 불성실하고 무능한 교사라고 고백하는 것과 같기 때문에 결국 이 모든 경험을 혼자 마음속에 담아둔 채 날마다 교단에 선다.

내가 생각하기에 우리 교육의 가장 근본적이고 광범위한 문제는 교사, 학생, 교과 내용이 서로에게 연결되지 못하는 분리된 교육 풍토와 그것을 계속 만들어내는 지나친 객관주의에 있다. 객관주의에 기초한 수많은 교육정책은 모든 것을 측정 가능한 숫자로 내놓으라고 교사들과 학생들을 위협해왔다. 또한 측정될 수 없는 모든 것은 가치 없는 것이 되어 논의의 대상에서 배제되어 왔다.

지금의 교육 현장이 학생, 학부모, 교사 누구에게도 환영받지 못하는 거대하고 비효율적인 시스템이 되어버린 원인이 바로 이것이라고 생각한다. 교육 현장의 진정한 변화를 바란다면 교육의 여러 현장에서 닫혀 있는 마음을 열고 서로의 목소리를 들을 수 있는 협력적 대화의 공간을 마련하는 것이 가장 필요하다.

대화의 공간을 새롭게 만들어가기 위해서 다음과 같은 몇 가지 대화 방식을 시도해볼 수 있다.

첫째, 나 자신의 느낌이나 의견을 중심으로 말하며 상대방에 대해서 판단하거나 충고하고, 고치려는 말을 하지 않는다. 우리는 너무 자주 내가 아닌 타인에 대해 말하면서 타인에게 보이지 않는 상처를 준다. 타인이 아닌 나 자신에 대해 말한다면 상처 대신 서로 새로운 관점을 나눌 수 있다.

둘째, 상대방이 말을 할 때 중간에 끼어들어 충고하거나 반박하지 않고 끝까지 경청한다. 이 약속은 사람들이 안전하게 자신의 생각을 말할 수 있도록 해주고 타인의 말을 좀 더 경청하고 수용하는 태도를 유지하게 해준다.

셋째, 모든 참여자가 공평하게 발언하도록 발언의 기회와 시간을 규칙으로 정한다. 예를 들어 각자의 생각을 2분 정도씩 돌아가며 말하는 규칙을 세우거나 포스트잇에 각자의 의견을 적거나, 그룹이 너무 크면 작은 그룹으로 나눈 뒤 그룹에서 나온 이야기를 합치는 방식이 있다.

넷째, 대화의 주제나 목적에 맞는 몇 가지 질문을 정하고 그 질문을 중심으로 대화를 함으로써 대화가 엉뚱한 방향으로 가지 않고 원래의 목적지에 이르도록 한다. 이때 질문은 주제에 대한 새롭고 다양한 아이디어를 도출할 수 있는 개방적 질문이 좋은데, 이를테면 지금 이슈가 무엇인지, 그 이슈가 나에게는 어떻게 다가오는지, 그 이슈에 대한 나의 제안은 무엇인지 등 정답을 의도하지 않는 질문이다.

이러한 협력적 대화는 분리되었던 자신과 타인의 마음을 연결해주어 교육 현장의 많은 문제를 통합적으로 이해할 수 있게 해준다. 그 과정에서 집단적인 창의성이 생겨나고 우리가 해볼 수 있는 것이 무엇인지 자연스럽게 드러난다.

함께 연결된 우리

얼마 전 수업 시간에 '나만의 사자성어 만들기'를 했는데, 사자성어로 표현할 내용을 알아보는 사전 작업으로 학생들에게 '되어보고 싶은 나 자신의 모습, 살아보고 싶은 나의 삶, 살아보고 싶은 세상'이라는 질문을 주고 5분 글쓰기 활동을 했다. 지연이의 글은 우리 사회 전반이 안고 있는 근원적인 피로감이 무엇인지 보여주었다. 또한 '교사로서 이 학생의 질문에 어떻게 답할 수 있을까' 하는 성찰의 계기가 되었다.

다음은 이 주제에 대해 지연이가 쓴 글이다.

지금 학생으로서의 나의 모습은 계속 무언가를 하고
노력을 해도 끝이 나지 않는 길을 가는 것 같다. 우린 평생
동안 끊임없이 공부하고 노력하고 일을 하고 고민을
해야만 살아갈 수가 있다. 나는 우리 사회가 경쟁적인
분위기이기보다 화합된 분위기이길 바란다. 각박하고
차별적으로 인간을 대하기보다 자신이 받길 원하는 대우를
남들에게도 해주는 사회, 이해 타산적이기보다 정 많고
이해심 많은 사회이길 바란다. 끝이 보인다면 더 열심히
달릴 수 있을 것 같다. 끝에 다다르더라도 행복할 수
있었으면 좋겠다. 끝이 보이는 사회이길 바란다.

많은 학생의 마음이 지연이의 마음과 다르지 않다는 사실에 교사로서 가슴이 아프고 무거운 책임감을 느꼈다. 저 끝에 무엇이 있는지 알 수 없는 막막함, 멈추면 탈락할 것 같은 두려움 때문에 돌아보지도 쉬지도 못하고 달려야 하는 압박감. 이것 때문에 대다수 학생들이 자신의 삶을 찾아가는 데 많은 좌절을 겪고 있다.

철학자 한병철은 《피로사회》에서 이러한 현상을 '자기 착취'라고 표현했다. 성과를 극대화하려는 과도한 노력은 방해가 되는 모든 부정성을 제거하는 방향으로 나아가게 되어 무언가를 할 수 있다는 긍정성만 남긴다. 참으로 역설적이게도 이러한 긍정성과 활동의 과잉으로 사람들은 어떤 '하지 않음'도 선택할 수 없는

존재가 된다. 지연이가 표현한 무한 경쟁에 대한 막막함의 근원에는 각 개인의 삶이 서로에게서 고립되어 자신이 생존할 자리를 홀로 만들어야 살아남을 수 있다는 고립감과 두려움이 존재한다.

우리 사회가 이해심 많고 정 많은 곳이 되기를 바란다는 열여덟 살 지연이처럼, 많은 사람이 고립된 삶이 주는 허기 때문에 현재와 미래에 대한 불행한 느낌을 떨쳐버리지 못한 채 살아가고 있다. 지연이처럼 우리 사회의 많은 사람들도 자신이 따뜻하고 의미 있는 존재로서 서로와 연결되는 삶을 간절히 소망한다.

어쩌면 우리는 원래 혼자였던 적이 한 번도 없었는지 모른다. 나는 2014년 세월호 희생자가 공동체에게 남겨준 가장 고귀한 선물이 바로 이것이었다고 생각한다. 그 희생이 나 자신과 내 가족의 희생이 될 수 있었다는 자각을 통해 '함께 존재한다는 것이 무엇인가' 하는 실존적인 질문을 우리 모두에게 던져 주었다. '서로 연결된 존재'라는 이러한 깨달음이 모두가 이 사회에 대한 책임을 나누어 가지고 있다는 더 높은 의식으로 우리를 이끌어 가고 있음을 느낀다.

2016년 가을에서 봄까지의 촛불 시위를 통해 나는 '공유하는 책임'이라는 의식이 사람들의 내면에서 동시에 피어나는 것을 보았다. 그것은 세월호 이후를 겪으면서 우리 사회의 공동체가 세월호 희생자들에게 보내는 대답이었다.

지연이에게 말해주고 싶다. 끝이 보이지 않는 목적지를 향해 혼자 달리지 않아도 된다고, 옆에 있는 친구들의 손을 잡고 잠시 멈추어 풍경을 바라보면서 서로의 마음과 지혜에 귀 기울인다면 가고 싶은 저 끝에 무엇이 있는지 볼 수 있다고 말이다. 사람들은 원래 그런 존재이며 그것을 추구해왔다고 말이다.

폭력과
싸우기

중학교 사회 교사
심선화

학생 한 명을 혼내고 돌아서는데
그놈이 "씨발"이라고 한다.
분을 품고 학생을 째려보니
가슴 속에 시뻘건 화가 보인다.
부모에게 선생에게 건네받은,
마음의 불이 보인다.

학생은 또 다시 "씨발"이라고 하지만
나는 온몸으로 그를 껴안는다.

뜨겁다.
나도 가슴이 데인다.

집에 돌아오니 가슴에 물집이 생겼다.
바늘로 콕 찌르고 물을 뺀다.
가슴에 작은 흉터가 또 하나 늘었다.

_김태현, 〈작은 흉터〉《교사, 삶에서 나를 만나다》(2016, 에듀니티)

교사를 전혀 두려워하지 않으면서 폭력과 욕설을 일삼는 아이들을
어떻게 대면해야 할까? 심선화 교사가 그들을 이해하게 된 계기는
가정방문이었다. 험난한 세상에 아무런 울타리 없이 방치된
일상과 부모들의 삶을 눈으로 확인한 것이다. 그는 근본적인
질문에 맞닥뜨린다. 폭력의 먹이사슬 속에서 가해자와 피해자를
구분할 수 있는가? 아픔은 자존감의 씨앗이 될 수 있을까?

내가 꿈꾸던 배움터

나는 광주 근교 나주평야의 작은 시골 마을, 문명의 혜택이 거의 없었던 곳에서 나고 자랐다. 텔레비전도 초등학교 3학년이 되어서야 접할 정도였다. 그 대신 하루 종일 동네 친구, 언니, 오빠 들과 온 동네를 뛰어다니며 신나게 놀았다. 떼 지어 노닐던 작은 마을과 야산, 등굣길이 나에겐 교실이었다. 유년 시절 동네에서 꾸렸던 놀이 공동체를 통해 사회적 인간으로서 살아가는 데 필요한 관계의 기술을 터득했다. 또한 놀이 안에서 협력을 배우고, 해야 할 역할을 배우고, 갈등 해결 방법을 배웠다.

친구들과 밤하늘 별들을 바라보며 불렀던 수많은 노래, 감성을 주체하지 못해 공책에 쓴 일기와 시, 주말이나 방학이면 부모님을 따라 들판에 나가서 배운 김매기, 수박 순치기, 보리 베기 등등. 교사가 된 지 10년이 지나서야 그것이 배움의 시간이었다는 것을 깨달았다. 동네 사람들은 모두 가족처럼 가까웠다. 친구들끼리 사소한 말다툼이나 싸움을 하기도 했지만 그 때문에 고통스러울 만큼 불안해하거나 두려워하는 일은 없었다.

마을에서 초등학교와 중학교까지의 거리는 4킬로미터쯤 되었고 대부분의 친구는 자전거로 등하교를 했다. 나는 운동신경이 좀 둔하고 겁이 많아서 자전거 타기를 배우지 못했다. 하지만 마을 친구 여덟 명이 매일 돌아가며 나를 자기 자전거 뒤에 태워 등하교시켜 주었다.

중학교 3학년 때 나는 교사가 되겠다고 마음먹었다. 이 마음을 간직하는 데 가장 큰 영향을 준 사람은 내가 만난 선생님들이다. 중학교 때는 엄격하고 무서운 선생님, 다정하고 따뜻한 선생님, 엄격하지만 따뜻한 온기가 느껴지는 선생님들을 만났다. 물론 지금 생각하면 자격 미달인 선생님도 있었다. 학생들에게 욕을 하거나 여학생의 가슴을 발로 차는 남자 선생님, 출석부로 학생 머리를 때리고 손바닥으로 학생들 뺨을 때리던 선생님 등등. 그 폭력을 바라보며 무섭고 어찌할 바를 몰라 배움에 집중하지 못하고 선생님의 안색과 기분을 살피느라 쓸데없이 에너지를 소모했다. 그때 '저런 어른이 되지 말아야지'하고 굳게 결심하곤 했다.

중학교 2학년 때 만난 담임은 이전에 만나본 적이 없는 새로운 유형의 선생님이었다. 선생님은 역사를 가르쳤는데, 학생에게 존댓말을 썼고, 매시간 우리를 까르르 웃게 만들 정도로 유머 감각이 있었다. 배운 내용을 외우지 못할 때는 손바닥을 때리기도 했지만, 그럴 때마다 선생님은 안절부절못하고 마음 아파하는 눈빛을 숨기지 못했다. 역사에 대한 흥미와 배움의 즐거움을 알게 해주신 분, 그리고 무엇보다도 학생을 존중하는 모습을 끊임없이 보여주신 선생님을 보며 나와 내 친구들은 커서 어떤 어른이 될지, 어떤 직업을 가질지, 어떤 과목을 가르칠지 대강의 방향을 정했다. 그때 같은 반이었던 한 친구와 나는 선생님이 되기로 했는데, 친구는 역사 교사가, 나는 지리 교사가 되었다.

도서관도, 읽을 책도 없었던 그 시절에 선생님들을 통해 얻은 지식과 정보, 세상 이야기들이 나에게는 보석처럼 소중했다. 그러나 선생님의 인격과 학생을 대하는 태도에 따라 아이들은 그것을 소중한 보석으로 받아 안기도 하고 자신과 상관없다고 여기며 흘려보내기도 했다.

나는 학습 능력이 높은 편이어서 친구들이 질문을 하면, 친구들에게 내가 아는 것을 가르쳐주었다. 어느 날 한 친구가 이런 말을 했다.

"선생님이 가르쳐주는 것보다 네가 가르쳐주는 것이 더 쉽게 이해돼."

그 말을 듣고 나서 나에게 잘 가르치는 재능이 있다는 것을 알게 되었다. 그 친구는 자기가 그런 말을 했다는 것을 기억하지 못했지만, 그 말은 내가 교사가 되는 데 큰 영향을 주었다.

그전까지 나는 어떤 직업을 갖겠다는 특별한 목표가 없었다. 단지 농사짓는 사람이 되지 않겠다고 생각했을 뿐이다. 부모님과 함께해본 농사일은 일단 육체적으로 몹시 힘들었고 고생한 것에 비해 성과도 보람도 너무 적었다. 부모님 수중에 돈이 들어오는 날이 1년에 몇 번 있었는데, 벼를 수매한 날, 수박을 판 날, 배추를 판 날이 그날이었다. 그렇게 돈이 생기면 부모님은 나와 동생들에게 옷과 신발, 가방 등을 사주었다. 하지만 고사리 손으로 거들며 가꾼 수박밭, 배추밭을 아버지가 통째로 갈아엎는 때가 많았다. 그럴 때면 아버지는 술을 먹고 몰래 울기도 했다.

엄마는 나에게 상업고등학교에 진학해서 은행원이 되라고 했지만, 나는 무엇보다도 교사가 되고 싶었다. 교사가 되려면 일반계 고등학교를 졸업하고, 대학교에 가야 하기 때문에 부모님의 힘겨운 경제 상황이 오래 지속될 수밖에 없었다. 하지만 나는 물러설 수 없었다. 부모님께 일반계 고등학교를 보내달라고, 대학교 등록금은 알아서 마련할 테니 3년만 도와달라고 간청했다. 부모님은 힘닿는 대로 뒷바라지를 해주었다. 그런 부모님에게 미안한 마음이 그득했고 나는 이를 악물고 그만큼 열심히 공부했다.

대학에서 지독한 현실에 눈뜨다

꿈을 이루기 위해 사범대학교에 진학했고 역사를 전공하고 싶었지만, 고3 담임의 권유로 지리교육과에 들어갔다. 그 뒤 막연하게 대학 생활의 낭만을 꿈꾸기도 했지만 그 꿈은 현실 앞에서 무너졌다. 학력고사 마지막 세대인 나는 선지원한 대학에서 시험을 보았는데, 입학시험을 치르던 그날에도 선배들은 교사임용시험 반대를 외쳤다. 신입생 오리엔테이션에서도 교사임용시험 반대 투쟁 이야기가 오고 갔다. 90학번, 89학번 선배들은 교사임용시험 시험장에 졸업생 선배가 들어가는 것을 막으려고 길바닥에 누웠고, 졸업생 선배들은 입실을 막으려는 후배들을 밟고 시험장에 들어갔다. 이제 막 교사가 돼보겠다고 입학한 신입생에게는 무척이나 냉혹한 현실이었다.

그럼에도 목련이 활짝 핀 3월 교정에서 4학년 선배 언니들은 마음이 짠했는지 신입생 후배들을 데리고 다니며 대학 생활에 적응하도록 도와주었다. 야학 활동을 열심히 하던 과 선배들은 유난히 나를 예뻐하고 잘 챙겨주었다. 야학에서 만난 내 또래 젊은 청춘들의 삶과 공장에 위장 취업해 노동운동을 하는 선배의 고단한 또 다른 삶도 알게 되었다. 우리가 지금 이렇게 장학금을 받고 나름의 낭만과 배움을 누릴 수 있는 것은 공장에서 열심히 일하고 있는 또래 친구들 덕분이라는 이야기, 우리는 그들에게 빚지고 있다는 이야기가 내게 강렬한 인상을 주었다. 그 뒤로 선배들과 함께하는 새로운 배움이 시작되었다. 그동안 사회구조의 문제나 다른 계층의 문제를 알 수도 없었고 관심도 없었던 내가, 결코 가지 않으리라 생각했던 길을 향해 나아가고 있었다.

1991년 4월 학교 교정에서 한 학생이 분신했다. 순식간에 내 눈앞에서 사람 몸을 휘감고 타오른 불꽃은 너무나 충격적이었다. 편집실 활동을 하며 한두 번 만났던 선배였다. 당시 경찰이 학생 시위를 무력 진압하면서 강경대 학생이 사망했지만 관련자들은 사과 한마디 없었다. 선배의 분신은 이에 대한 저항과 분노였다. 분신한 선배는 의식을 잃고 중환자실에 있었고 우리는 그 병원 앞에서 노숙을 했다. 그 선배가 삶을 마감하던 그날까지 우리는 매일 구호를 외치며 학교에서 병원까지 도로 위를 행진했다.

이후 나는 우리 사회에 대한 공부를 다시 했다. 뉴스에서 나오는 이야기와 진실이 너무나 다른 것에 분노하며 편집실 선배들과 언론을 분석하고 재해석하며 다른 눈으로 사회문제를 바라보는 법을 공부했다. 교과서에 나오는 여러 사건을 가지고 서로 질문을 하고 다시 그 사건에 대한 답을 찾으려 했다. 5.18민주화운동을 함께 공부하던 어느 날 우리는 억울하고 답답한 마음을 나누며 약속했다. 교사가 되면 진실을 이야기하자고.

하지만 여전히 내 눈앞에는 취업난과 바늘구멍 같은 교사임용시험이 기다리고 있었다. 대학 교재를 고3 수험생처럼 외우고 문제지를 풀면서 교사가 되기 위한 마지막 관문을 통과했다. 교사임용시험은 교사를 뽑는 공정한 방법인 것 같지만, 실제로는 교사의 여러 자질을 평가하기 어려운 시험이다.

나 역시 준비된 교사는 아니었다. 대학에서 세상을 보는 법을 새롭게 배웠지만, 정해진 틀을 지키며 권위를 갖고 말하는 것을 충실하게 믿고 지키려 애쓰는 모범생 기질은 쉽게 변하지 않았다. 대학에서 해본 세상 바라보기 연습이 오히려 모범적이고 순종적인 교사 세계에서 살아가는 데 모순과 혼란을 가져왔다.

복도를 군림하는 또 다른 권력

광주의 한 공업고등학교에서 첫 교직 생활을 시작했다. 2월에 새내기 교사들이 연수를 받던 연수원이 그 학교와 담장을 마주하고 있었고, 쉬는 시간마다 담장에 줄지어 서서 담배를 피우는 학생들이 보였다. 연수를 받는 교사들끼리 다들 이곳만 피하면 된다며 농담을 주고받았는데, 바로 내가 그곳에 가게 된 것이다.

학교는 한 학년에 14학급이 있을 정도로 꽤 규모가 컸고 나보다 키가 훨씬 큰 남학생들이 교실에 가득했다. 나는 그동안 열심히 암기하고 공부한 따끈따끈한 지식을 열정을 다해 아이들에게 쏟아부을 준비가 되어 있었다. 그러나 교실의 현실은 예상보다 더 절망스러웠다. 아침 1교시에 교실에 들어가면 절반가량의 학생들만 앉아 있고, 점심시간 전인 4교시에는 교실에 학생들이 가득 차 있었다. 다시 5교시 수업을 들어가면 또 학생 십여 명이 교실에서 사라지고 없었다.

아이들에게 지식을 전달해보겠노라고 자신 있게 목소리를 높여 외쳤지만, 나는 모노드라마를 찍는 것 같았다. 학생들에게 공부를 왜 해야 하는지 논리적으로 설명도 하고, 말을 안 듣는다고 화를 내기도 했다가 간곡히 사정도 했다. 같은 학교의 선배 교사들은 여기 학생들은 존중할 대상이 아니라 때려서 가르쳐야 할 대상이라고 했다. 그러나 나는 때릴 마음도 없었고 무엇보다 나보다 더 큰 남자아이들이 나한테 맞는다고 해서 내 말을 들을 것 같지도 않았다. 교실 안에 있으면 매일 멀미가 나는 것 같았다.

교실에서 나오면 놀라운 풍경이 복도에서 펼쳐지곤 했다. 교사들이 사라진 복도와 교실에서 새로운 권력자들이 또래 친구들을 모아놓고 군대식으로 벌을 주고 있었다. 팬티만 입고서 엎드리게 한 다음 피브이시 파이프로 엉덩이를 때리는 것이다. 이 장면을 목격한 나는 모른 척하고 지나칠 수 없었다.

덩치 크고 무시무시한 남학생들과 한바탕 싸울 생각을 하면 무섭고 교무실로 돌아가고도 싶었다. 하지만 학교라는 배움의 공간에서 학생이 학생을 상대로 폭력을 가하고 당하는 것을 본 순간, 치미는 분노를 참기 어려웠다. 나는 "무슨 짓이야, 그만해!" 하고 목청껏 소리 질렀고, 또래들이 '형님'이라고 부르는 학생은 "네가 뭔데 끼어들어?" 하며 눈을 부라리고 내 멱살을 잡았다. 옆에 서 있는 아이들이 '형님'을 말리면 마지못해 욕 한마디 하며 침을 뱉고는 사라졌다.

교무실에 와서 선배 교사들에게 이야기를 해도 소용없었다. 선배 교사들은 그건 그 아이들의 질서고 세계이기 때문에 우리가 끼어들 일이 아니라고 했다. 그때 새내기 교사 20여 명끼리 선배들을 욕하다가 용기 없는 우리의 모습에 또 좌절하고, 폭력을 휘두르는 학생들에게 분노하는 날들이 이어졌다. 무엇보다도 동료 선생님들은 학생 '형님'들과 싸우는 내 무모함을 걱정했다.

학생들은 교사를 봐도 인사를 잘하지 않았지만, '형님'들에게는 허리를 90도 숙여서 정중하게 인사했다. '형님'이 학교에 오지 않는 날이면 아이들은 생기 있게 수업에 참여했다. 하지만 '형님'이 있는 교실에서는 나와 형님 단 두 사람 목소리만 들렸고, 나머지 아이들은 교실에 없는 존재인 것처럼 조용히 긴장하며 숨죽였다. 그런 교실 상황에 너무 화가 났다.

'형님'이 없는 어느 날, 나는 수업을 하다가 아이들에게 이렇게 훈계를 했다.

"강한 아이 앞에서는 쩔쩔매고 자기보다 약한 아이에게는 주먹 휘두르고 괴롭히는 그런 아이들을 양아치라고 하지. 힘센 아이 한 명이 무서워서 수업 시간에 말 한마디 하지 않고 숨도 제대로 못 쉬고 그 아이 한 명 없으면 그제야 웃고 이야기하는 이런 곳이 어떻게 교실이라고 할 수 있겠어? 그렇게 겁에 질려 벌벌 떨며 평생을 살아갈 거니?"

그 다음 날이었다. 옆 반 교실에서 수업을 하는데, '형님'이 갑자기 교실 문을 박차고 들어오더니 "야, 이년아 네가 선생이냐? 사람 없을 때 애들한테 흉이나 보고 그러고도 네가 선생이냐?" 하며 내 멱살을 잡고 나를 죽여버리겠다고 했다. 순간 머릿속에서 여러 생각이 뒤엉켰다. 그 아이가 휘두르는 주먹 한 방이면 내 머리가 터져버릴 것 같았다. 하지만 여기서 살려달라고 말하는 순간 더 이상 이 학교 교단에 설 수 없을 것 같았다. 눈앞이 캄캄해지고 숨이 막힐 정도로 무서웠지만 눈을 딱 감고 이렇게 소리쳤다.

"죽여라! 나 여기서 순직할게. 이런 꼴 당하면서 교사로 사는 것도 못 할 일이니 나 그냥 죽을게, 죽여!"

그러자 또래 아이들이 말렸고 '형님'은 교실 밖으로 나갔다. 옆 교실에 있던 남자 선생님들이 시끄러운 소리가 나자 놀라서 달려왔고 이 문제는 교권 침해로 다뤄졌다. 전교조 선배 교사 두 명은 충격에 빠진 나를 만나서 도와주려 했는데, 그 도움이란 것은 그 아이에 관한 여러 정보를 내게 줘서 내가 그 아이를 이해하도록 하는 것이었다.

나는 그 아이가 폭력을 행사할 수밖에 없는 많은 이유를 들었고, 선배들은 나보고 그 아이와 만나서 화해의 시간을 가져보는 것은 어떠냐고 했다. 그 아이가 잘못했고 나는 교권 침해를 당했는데, 그러면 그 아이가 내게 사과하는 것이 맞지 않은가? 그 아이가 사과하고 내가 용서할 마음이 생기면 그때서야 용서해주는 그런 그림이 나와야 하는 것 아닌가? 하지만 나는 학교에서 그 선배 교사들만큼 그 아이를 잘 알고, 또 나를 도와줄 사람도 없겠다는 생각에 제안을 받아들였다.

드디어 아이와 만나 화해하기로 한 날이 다가왔다. 만나기로 한 전날 밤, 그 아이와 편하게 이야기 나눌 수 있을지, 편안한 교사와 학생 사이가 될 수 있을지 밤새 고민했다. 내 마음을 솔직하게 드러낸 편지를 썼다. 뭐라고 썼는지 잘 기억나지는 않지만 미안하다는 내용이 있었던 것 같다. 사실 그 아이에게 진심으로 미안했다. 수업 시간에 그 아이 이름을 콕 찍어서 말하지는 않았지만, 누구나 내가 그 아이를 비난한다는 것을 알았을 것이다.

다음 날 그 아이를 만난 자리에서 무슨 말을 해야 할지 몰라 그냥 편지를 건넸다. 그 아이는 편지를 받자마자 읽었다. 편지를 읽어 내려갈수록 그 아이의 눈빛이 점점 순해지는 것을 볼 수 있었다. 그 틈에 용기를 내어 물었다.

"너는 어른이 돼서 어떤 사람으로 살고 싶어?"

아이의 대답은 놀라웠다.

"우리 엄마 찾아서 죽일 거예요."

그 말 뒤에 어떤 말을 더 해야 할지 몰라 잠시 망설이다가 다시 한번 용기를 내보았다.

"지금 엄마를 죽이고 싶을 만큼 엄마가 원망스러운가 보다.

그런데 그보다는 언젠가 다시 엄마를 만나서 네가 하고 싶었던 이야기를 하고 화해할 수 있기를 바라. 너는 엄마가 밉고 원망스럽지만 아마 엄마는 어디선가 네 생각을 하며 걱정하고 마음 아프게 지내고 계실지도 몰라."

그때 그렇게도 무서워 보였던 그 아이의 눈에서 눈물이 흘렀다. 그러고 나서 아이처럼 울었다. 그제야 알았다. 그 아이도 엄마의 사랑에 목마른 작은 아이라는 것을.

화해의 만남이 끝나고 선배들은 내게 임무 수행을 잘했다며 칭찬과 위로를 건넸다. 그때 한 선배가 이렇게 말했다. "'형님'이라 불리는 아이랑 심 선생이랑 똑같아." 뭐가 똑같은지 묻자 선배는 "심 선생은 여자고 배경이 다르기 때문에 그렇게 사는 거고, 쟤는 저런 환경에서 컸기 때문에 저렇게 사는 거야"라고 말했다. 나는 그때 그 말을 납득하기 어려웠다.

폭력의 먹이사슬: 누가 진짜 가해자일까

교사 1년 차 때 나는 아이들을 도저히 이해할 수 없었다. 그리고 아이들이 무서웠다. 그동안 내 삶의 틀 안에서 보면 그들은 분노 가득하고 무례하며 무질서한 '악당'이었다. 나와 동료 교사들은 학교가 끝나면 매일 모여서 '악당'의 소굴에서 살아남은 서로를 위로하고 격려하며 버텼다.

교사 2년 차에 가정방문을 했고 아이들을 이해하는 중요한 계기가 되었다. 아이들의 가정은 부서질 대로 부서져서 위태로웠고, 부모는 힘든 시기를 살아가느라 아이의 든든한 울타리가 되어주지 못했다. 아이들의 삶은 무척이나 고단했다. 그런 상황에 처한 아이들이 학교에 나오고 있다는 게 오히려 고마웠다.

그때는 반마다 가출 학생이 한두 명 있을 정도였다. 가출해서 학교에 나오지 않는 학생도 있었고 가출은 했지만 학교에는 나오는 학생도 있었다. 아이가 집을 나가도 찾지 않는 부모도 많았다. 일주일이 되어도 자기 부모가 찾지 않으면, 주변 친구들을 통해 내게 자기들이 어디 있는지 알려주었다. 나를 통해 부모를 움직이기 위해서였다. 내가 부모에게 자기들이 있는 곳을 알려주면 찾아 나설 거라고 생각하는 것이다. 제 발로 걸어 들어가기에는 고생한 보람이 없고, 계속 버티자니 돈이 없어서 너무 힘들었던 것이다. 부모에게 연락을 하면 대부분의 부모는 그래도 아이를 찾아 나섰고 아이와 부모의 줄다리기는 이후에도 계속되었다.

그러나 부모가 아이를 찾지 않는 경우도 종종 있었다. 부모가 찾지 않는 경우에는 내가 찾아야 했다. 피시방, 노래방, 병원 등 참 많이도 찾아다녔다. 숨는 척하다 내게 들켜주던 가여운 아이들은 반항하지도 않고 울며 투항하고 밥 한 끼 먹고 집으로 갔다. 하지만 그렇게 돌아간 집에서 오래 버티지 못해 가출은 계속되었다. 그러다가 영영 학교에 오지 않는 아이들도 있었다.

지금 생각해보면 삶이 고단했던 부모들은 사춘기 아이들의 방황을 받아주는 데 힘을 쏟을 여력이 없었던 것 같다. 당시 새내기 교사였던 나는 학생들의 안전이 무엇보다도 중요했고 부모들의 그런 태도와 행동이 이해되지 않았다.

선배들은 학기 초가 되면 "한 달만 눈에 힘주고 한 애만 패면 돼. 그러면 일 년이 편해"라는 이야기를 했다. 나보다 20센티미터 이상 더 큰 아이들을 매로 때리는 것은 참 묘한, 상상하기에도 이상한 장면이다. 나는 한동안 아이들에게 매 때리는 흉내를 냈다. 내가 매를 맞으라고 하면 나를 귀여운 여자로 인식한 남자아이들이 도망쳐 다녀서 잡기 놀이를 하다시피 했다. 나중에 다시 만난 그때의 학생들과는 그 장면을 이야기하며 웃음꽃을 피우곤 한다. 그런데 한 번은 온 힘을 다해 매를 든 일이 있었다.

종종 가출을 하는 남학생이 있었다. 아이 아버지는 택시 운전사였는데, 다른 부모와 달리 이 아버지는 아이가 가출하면 늘 생업을 접고 아이를 찾아서 데리고 왔다. 그날도 그랬다. 어렵게 아이를 찾아서 학교에 데리고 온 아버지는 담임인 내게 자신이 보는 앞에서 꼭 아이를 때려달라고 했다. 젊고 어린 여자 담임에게 권력인지, 권위인지를 부여해주려는 듯했다. 고민스러웠다. 하지만 아이 아버지는 물러서지 않았고 나는 결국 아이를 때렸다. 몇 대를 때렸는지 모르겠다. 온 힘이 팔에 실렸고 금방 어깨가 아파왔다. 더 못할 일이었다. 그래서 멈추었다. 매를 맞는 아이는 겁에 질린 강아지처럼 애처로웠다.

밀려오는 죄책감에 며칠 동안 잠을 이루지 못했다. 놀랍게도 그날 이후 졸업하는 날까지 아이는 다시는 가출하지 않았다. 아이는 권위를 존중해서 가출을 멈춘 것이 아니었다. 아버지의 행동에 대한 두려움과 폭력으로 표현된 가족의 사랑 그 사이의 무엇이 그 아이를 움직였던 것 같다. 표현 방식이 무엇이든 그 안에서 사랑이 느껴질 때 아이들은 그래도 그 사랑의 끈을 붙잡으려 한다. 존재하기 위해서다.

지금도 고민한다. 사랑을 폭력으로 표현하는 것을 인정해야 하는가? 부모는 아이를 사랑하면 폭력을 사용해도 되는가? 사실 부모에게 매를 많이 맞는 학생일수록 통제하기 어려웠다. 그 학생의 문제 행동을 멈추게 하려면 아버지에게 연락해야 한다. 그러면 교사는 힘없는 고자질쟁이가 된다. 문제 행동을 할 때마다 아버지에게 연락하면 아이는 '사랑의 매'를 맞고 온다. 그러면 교사와 학생의 관계는 붕괴되고 만다. 부모 또한 그런 교사를 신뢰하지 않는다. 지속적인 폭력을 당한 학생은 쉽게 폭력을 쓴다. 강한 폭력 앞에서는 복종하고 자신보다 약한 누군가에게 자신이 경험한 그 이상의 폭력을 표출한다. 20여 년 동안 교사로서 관찰한 폭력의 먹이사슬이다.

학교 폭력이 일어나면 먼저 학생들을 가해자와 피해자로 나누고 처벌한다. 그러나 시간이 가고 경험이 쌓일수록 혼란스럽다.

누가 진짜 가해자일까. 당면한 사건의 가해자와 피해자가 누군지는 분명히 드러난다. 하지만 가해자를 중심으로 폭력의 먹이사슬을 거슬러 올라가면 누구를 가해자라고 해야 할지 난감하다. 폭력의 먹이사슬에 얽혀 있는 모든 이가 피해자이며 동시에 가해자가 된다. 그 핵심에 사회적·제도적·문화적 폭력들이 그들을 짓누르고 있다.

성적에 대한 과도한 기대로 자녀를 억압하는 부모도 있고, 경제 문제에서 오는 스트레스를 폭력을 휘두름으로써 해소하는 부모도 있다. 아이들은 부모 또는 힘 있는 사람에게 폭력을 당하면서, 자신도 모르게 그것이 정당하다고 받아들인다. 그리고 자기보다 약한 아이에게 폭력을 행사한다. 어디서부터 이 먹이사슬을 끊을 수 있을지 막막했고 최상위 가해자는 실체조차 명확하지 않아 더 두려웠다.

아이들도 교사도 폭력의 먹이사슬에 짓눌려 고통스러운 것은 마찬가지였다. 교사는 '성적'을 권력 삼아 폭력을 휘두르는 가해자인 동시에 학생이나 학부모가 휘두르는 폭력에 당하는 피해자다. 나도 그런 혼란한 사회에서 살아가는 혼란스러운 교사였다.

성적 대상, 비난의 대상이 되는 아이들

첫 학교에서 동료 교사들이 아이들을 대하는 태도는 매우 실망스러웠다. 특히 위기 상황에 있는 아이들을 안전하게 돌보려고 노력하지 않고 오히려 성적 대상과 비난의 대상으로 삼는 태도를 참을 수 없었다. 첫 학교에서 갔던 수학여행은 참으로 길고 힘들었다. 학교에는 '형님'들도 있었지만 이른바 잘나가는 '언니'들도 있었고 그 언니들 중에는 형님들의 연인도 있었다.

대부분 새내기 교사였던 여자 담임들은 매우 긴장한 상태에서 밤을 맞았다. 방 안에서 술을 마시거나 흡연하는 아이들이 있으면 다른 아이들이 잠을 자기 힘들고 학교에 돌아가서 선도위원회를 열어야 하는 등 불편한 일이 생긴다. 여교사들은 밤새 불침번을 섰고, '언니'들과 나머지 학생들의 안전을 위해서 '언니'들 모두가 한방에 자도록 따로 배정했고 그 방을 집중 관리했다.

눈 비비며 불침번 서는 우리에게 남자 선배 교사가 했던 말은 지금도 잊을 수 없다.

"그 애들, 그렇고 그런 아이들인데 뭘 그렇게 지키느라 고생해. 그냥 자요."

특정 여자아이들이 보호받을 가치가 없는 존재라는, 남성 우월주의적인 폭력적 사고를 숨김없이 표현하는 현실에 너무나 화가 났지만 누구 하나 대꾸하지 못했다. 그리고 그 현실 속에 우리가 살고 있다는 사실이 부끄러웠다.

IMF 외환 위기로 가정이 무너지고 사회 안전망이 거의 작동하지 않는 가운데 수많은 어린 여학생이 남자 어른들의 성적 대상으로 내몰렸다. 2008년 경찰에 신고된 10대 가출 청소년은 1만 5천 명을 넘어 전년보다 25퍼센트가 늘었다. 당시 청소년쉼터지기 소장은 이 상황을 우려하며 다음 해인 2009년 상반기에 가출 청소년 수는 더 늘어날 것이고, 청소년을 보호할 사회 안전망을 확보하는 것이 시급하다고 했다.

하지만 그런 아이들을 돕고 위기 상황을 해결할 방법을 함께 찾기보다는 비난하고 매도하면서 자신들의 불편한 마음을 처리하는 교사들이 많았다. 비난하지는 않았지만 적극적으로 나서지 않았다는 점에서 나도 마찬가지였다. '그런 우리들이 과연 교사가 맞나?' 뼈아픈 물음이 마음속에서 계속 올라왔다. 그러나 실제로 학교 현실은 참 단순했다. 그들을 나쁜 아이들로 규정하고, 문제가 생기면 책임을 물어 처벌하고 징계하고 퇴학시키면 그만이었다. 다수를 보호한다는 명분으로 말이다.

교사로서 첫 발을 뗀 고등학교에서 보낸 4년 동안 아이들을 통해서 세상을 보게 되었다. 내가 다 아는 게 아니구나, 나는 온실 속 화초였구나. 그 사실을 깨달으면서 아이들을 통해 교사로서 성장하고 새로 만들어지는 나를 발견했다. 그러나 그 과정을 이어갈 마음의 힘도, 체력도 없었다. 마치 전쟁터의 군인처럼 그 시간을 견뎌냈기 때문에 교사로서의 기쁨을 맛보기 어려웠다. 나는 미련 없이 중학교 발령을 기다렸다.

4년 동안 고등학교에서 쌓인 내공 덕인지 처음 중학교에 갔을 때 나는 중성적인 매력이 넘치는 교사가 되어 있었다. 여학생들 사이에서 인기가 많아 팬클럽이 생길 정도였다. 군인 출신이라는 소문도 돌았다. 생존을 위해 거칠어진 언어 습관을 고치느라 몇 년이 걸렸다. 폭력을 그렇게 싫어했으면서도 어느새 나도 거칠고 폭력적인 교사가 되어 있었다.

사람은 환경의 영향을 많이 받는 존재임이 분명하다. 밝고 사랑스러운 중학생들 덕분에 나는 꽤 부드럽고 따뜻한 사람이 되어갔다. 중학교에 온 뒤 1년 만에 결혼하고 임신을 했다. 학생들은 태교를 해주겠다며 아침 조회 시간, 오후 종례 시간에 꼬박꼬박 배 속 아기를 위해 노래를 불러주었다. 교사 생활을 시작한 이래로 가장 행복한 시간이었다. 학생들에게 소중한 존재로서 충분히 사랑받는 기쁨을 맛보며 사랑하는 마음으로 스스로를 바라볼 수 있었다. 교사이기에 누렸던 행복이었고 지금도 그 아이들에게 특별히 감사하다.

교실에서 벌어진 일은 나만의 책임일까

행복했던 시간도 잠시, 그다음으로 옮긴 학교에서 담임을 맡았는데 교실에서 여학생 일곱 명이 한 학생을 발로 차고 뺨을 때리는 집단 폭행이 벌어졌다.

실제 폭력을 휘두른 학생은 단 한 명이었는데 같은 학년 남학생들도 벌벌 떨 정도로 전교생이 두려워하는 여학생이었다. 당시 30여 명 학생들이 보고만 있었을 뿐 누구도 말리거나 교사에게 알리지 않았다. 맞은 학생은 곧바로 가방을 챙겨서 집으로 가버렸고 나에게 전화를 해서 다시는 학교에 오지 않을 거라고 했다. 그리고 정신과 병원에 한 달쯤 입원했다.

그 사이에 나는 많은 일을 겪어야 했다. 담임교사가 가해 학생의 폭력성을 알고서도 계속 두둔하여 일이 커졌고, 사건이 일어난 뒤에도 가해 학생을 감싸고 있다는 신고가 교육청에 접수되었다. 피해 학생의 부모가 아닌 제3의 신고자들이 여럿 있다고 했다. 피해 학생 부모는 자신의 아이가 학교에 돌아가 안전하게 졸업할 수 없는 상황이 되면 나를 가만히 두지 않겠다고 했다.

나는 어떤 동료 교사와도 의논할 수 없었다. 문제가 된 아이들의 지난해 담임이었던 교사들, 학년 부장, 학생 부장 모두 단호하게 대화와 협조를 거부했다. 말 그대로 혈혈단신 외돌토리였다. 폭력 현장에 있던 나머지 여섯 학생의 부모들은 전화로 협박했다. 가해자가 아닌 자기 아이들에게 처벌이 내려지면 가만두지 않겠다는 것이었다. 결국 학부모들의 신고로 교육청에서 개인 감사를 하러 나왔고 그동안 담임으로서 생활지도한 내용을 정리해서 보고해야 했다.

가해 학생은 분노 조절에 어려움이 있었고, 폭력성이 있었다. 가해 학생은 아버지가 있긴 했지만 그 학생을 없는 존재로 취

급했고 어머니는 어디에 있는지도 몰랐다. 몸도 제대로 움직이기 힘든 할머니가 아이를 돌보는 유일한 보호자였다. 나는 걱정이 되어 그해 초부터 지역 청소년정신보건센터에 상담을 요청하여 그 학생이 심리검사와 상담을 받게 하고 있었다. 그 과정에서 학교로부터 어떤 도움도 받지 못했다. 유일하게 도움을 주었던 곳이 청소년정신보건센터였다. 센터에서 가해 학생을 심리검사한 결과, 극도의 우울증 상태, 분노조절장애 등 몇 가지 진단이 나왔고, 대학 병원 정신과와 연계하여 치료하려던 중이었다. 그런 일련의 과정을 보고서로 작성해 제출했다.

어느 날 수업을 마치고 나오는데, 학년 부장 선생님이 난감한 표정으로 나에게 말했다.

"정말 그러고 싶지 않았는데 교감이 보고서에 관리자들이 한 일이 하나도 적혀 있지 않다고 다시 써오라고 하더라고. 내가 선생님 컴퓨터 열고 다시 작성해서 도장 찍고 제출했어. 나도 어쩔 수 없었어."

엄청난 분노가 일었다. 그런데 누구에게 분노를 쏟아내야 할지 갑자기 아득해졌다. 많은 사람이 나를 가만두지 않겠다고 으름장을 놓을 때는 내 이야기조차 들어주지 않던 그들이 이런저런 일들을 했다며 거짓 보고를 한 것이다. 나는 법적 대응을 하기로 마음먹었다.

하지만 그보다 먼저 피해 학생과 가해 학생 문제를 해결해야 했다. 교육청 장학사가 가해 학생을 전학 보내는 것이 최선인데 왜 아무런 조치도 취하지 않느냐고 했다. 문제를 해결하기 위해 동분서주했던 여러 장면이 머릿속에 스쳐 지나갔다. 입원한 피해 학생을 매일 찾아가서 마음을 다독여주었다. 가해 학생의 아버지를 찾아다녔지만 만날 수도 통화할 수도 없었다. 아이의 할머니는 "내가 이 몸을 끌고 가서라도 맞은 학생 부모님과 아이에게 무릎 꿇고 빌게요"라고 했지만 차마 그러시라고 할 수 없었다. 전화한 장학사에게 이렇게 말했다.

"장학사님은 담임 안 해보셨어요? 어디로 보내도 같은 일이 반복될 걸 뻔히 아는데, 그 학생 상황을 아는 제가 책임질게요. 제가 데리고 있을 겁니다. 잘못되면 제가 책임지겠습니다."

그때는 학교 간 강제 전학 제도가 없었다. 그것은 내게 불행이자 다행이었다.

피해 학생은 깊은 우울감에 빠져 있었다. 무엇보다도 아무도 도와주지 않았던 상황이 떠오르면 두렵고, 친구들을 믿을 수 없다는 고통이 컸다. 나는 아이에게 자신이 얼마나 소중하며 사랑받는 존재인지 끊임없이 들려줘야 한다는 생각에 이야기를 조심조심 풀어나갔다. 아이에게 하는 이야기는 곧 나 자신에게 하는 이야기였다. 그리고 그 아이의 상태가 곧 나의 상태였다. 나는 교사고 어른이고 나의 교실에서 벌어진 일이기에 억울함과 비난을 견디고 책임져야 했다.

두 아이를 다 끌어안고 가야 했다. 도움받을 곳도 없었고, 방법도 떠오르지 않았지만 나는 모든 것을 책임지겠다고 선언했다. 나에게는 그것이 최선이었다. 상황을 회피하고 싶지도 않았다.

"저 학교 갈게요. 선생님이 말한 예수님은 모르겠고 선생님 때문에 학교에 갈 거예요."

피해 학생은 이런 메일을 보내고는 다음 날 학교로 돌아왔다. 고맙고 또 안심이 되어서 눈물이 났다. 가해 학생이 없는 다른 반으로 옮겨줄까 물었더니 아이는 그냥 견뎌보겠다고 했다. 아이가 혼자서 교실에 들어가기 무섭다고 해서 함께 들어가 아침 조회를 하고 나는 교실 밖으로 나왔다. 조금 뒤에 아이가 교실에 못 있겠다고 말했다. 그날은 집에 돌아가기로 했다. 다음 날은 "저 혼자 교실에 들어가볼게요" 하고는 교실로 들어갔다. 아이는 그 후 매일 학교에 나왔다. 가해 학생과 피해 학생은 한 교실에서 안전하게 지내고 서로를 더 이상 힘들게 하지 않는 방법을 배우며 한 해를 마무리했다.

그해 담임교사로서 학생들과 겪은 중요한 일들을 기록한 교무 수첩은 아직도 버리지 못했다. 그때는 특히 학부모들이 원망스러웠는데, 부모와 학생들 위에 내가 있다는 생각, 그들이 나를 존중해야 한다는 생각이 나의 무의식에 자리 잡고 있어서 그랬던 것 같다. 학생의 마음을 공감하지도 못했고, 특히 학부모의 마음을 알려 하지도 않았다. 부모들이 이기적으로 자기 자식만 생각해서 격렬하게 비난하고 압박한다고만 여겼다.

그런데 나는 내가 겸손하고 타인의 마음을 이해하는 넓은 마음을 가졌다고 스스로를 기만하고 살아왔다. 교사 집단에 속한 나는 그동안 얼마나 교만하고 권위적이었던가. 학교의 막강한 권위에 맞서 자식을 끝까지 지지해주는 부모들은 학교와 교사가 학생들의 문제를 학생과 부모의 입장에서 더 깊이 고민하도록 하고 생각하지 못한 다른 측면을 보게 한다. 부모들의 마음을 조금씩 이해하려 노력했고, 학생들이 왜 그런 행동을 하게 되었는지 이해하려고 노력했다. 더 이상 부모들이 적으로 보이지 않았다. 그때의 나로서는 쉽지 않은 전환이었다.

이후 학생과 학부모를 만나며 동등한 존재로 서로의 진심을 주고받는 관계의 소중함을 알게 되었다. 동등하게 만나는 관계는 편안하고 평화롭다. 동료 교사들과 관리자들에게 분노했던 마음과 법적으로 대응하겠다는 결심은 기억에서 사라졌다. 그럼에도 나는 12월 말 주저하지 않고 전출 희망서를 썼다.

무기력한 교실, 복장 지도에 지친 교사

교사가 된 지 10년이 되었을 때, 무력감이 나를 짓눌렀다. 수업 시간에 떠들거나 엎드려 자는 학생이 계속 늘어났고 그런 행동을 고치라고 하면 상상하지 못한 욕설을 시작으로 책상과 걸상을 걷어차고 교실을 뛰쳐나가는 학생들이 생겨났다. 자주 같은 꿈을 꾸었다. 교탁 앞에 서서 뭔가 말하는데 아무도 나를 보지 않는 꿈. 무서웠고, 학교에 가기 싫었다.

나는 어느새 통제하는 교사가 되었지만 통제하기가 점점 더 어려워졌다. 학교 폭력이 심각한 문제가 되고 있었다. 그런 상황에서도 교복 상태와 두발 상태를 매일 검사하고 위반 학생을 지도해야 했다. 교사들끼리 "우리가 왜 교복 지도 따위를 하고 있어야 해? 교복은 사라져야 한다고" 이야기를 나누기도 했다.

아침부터 교사와 다툰 학생들은 수업 시간에 교사의 말을 들으려 하지 않는다. 학생들이 빈정거리거나 놀리면서 교사에게 도전하면 교실에서 학생과 교사가 안전한 관계를 유지하기 힘들다. 교장을 비롯한 보직 교사들은 무엇보다도 학부모들이 지도를 원하며 교복을 제대로 입지 않는 학생이 많은 학교는 학부모의 평이 나쁘기 때문에 두발 지도와 교복 지도가 필요하다고 한다. 하지만 나는 과연 그런지 의문이 든다. 민주 인권 교육과 교권 사이에 해결의 실마리는 없는 듯했다.

교복이 아닌 사복을 입으면 누군가에게 피해를 주는 걸까? 나는 피해를 주었다는 이야기는 들어본 적이 없다. 학생들은 점점 더 교복을 다양하게 변형해서라도 자신의 개성과 멋을 표현하고 싶어 했다. 학교는 그럴수록 세밀한 교복 규정을 만들어내서 교사에게 교복 길이와 폭, 주름 등을 매의 눈으로 감시하게 한다. 또한 벌점을 주고 방과 후에 남겨서 학생을 지도하고, 부모에게 전화해서 알리게 한다. 그런 일을 해야 하는 교사는 수업 내용을 연구할 시간도 에너지도 없었다. 그러니 교사 스스로도 자기 수업에 만족하지 못했다.

이 시대가 요구하는 창의성과 자율성은 교과서나 시험문제를 바꾼다고 길러지지 않는다. 일상에서 스스로 몸과 마음으로 익히는 것이다. 자율성, 창의성, 문제 해결 능력 고양을 슬로건으로만 외치는 셈이니 답답하고 헛웃음이 나왔다. 수업이 제대로 이루어지는 교실이 거의 없었다. 신자유주의 분위기가 사회에 득세하면서 경쟁은 더욱 거세졌다. 내가 교사로서 첫발을 내딛던 순간부터 이미 교실 붕괴는 심각했다. 그사이에 정부는 수준별 수업과 교원평가제도 등을 내세워서 학생들을 나누고 교사들을 분열시켰다.

갈수록 복잡하고 해결하기 어려운 학교 폭력 사건들이 일어났다. 학생들에게 폭행을 당하는 교사들이 늘어났고, 학교에서 서열은 일진 학생, 남자 교사, 일반 학생, 여자 교사 순이라는 이야기도 돌았다. 여자 교사들은 교실에 들어가는 것이 점점 두려워졌다. 학생에게도, 교사에게도 학교는 위험한 곳이었다. 일진이라는 학생들은 연대감을 갖게 한답시고 후배들에게 서로 구타하기를 강요하고, 흡연과 본드 흡입을 시키기도 했다. 학생들과 학부모들은 이런 불안전한 상황을 피해서 사립학교에 가고 싶어 했다.

공립학교는 〈초중등교육법〉을 엄격하게 준수한다. 2010년 이후 개정된 〈초중등교육법〉에서는 학교에서 일체의 체벌을 금하고 있다(〈초중등교육법〉 시행령 제31조 8항). 공무원 신분인 공립학교 교사들에게 법은 더 엄격하게 적용된다. 학생을 통제하는 방식의 하나였던 체벌이 1998년 이후 빠르게 사라지면서 공립학교는 많은 혼란을 겪었다. 사립학교에는 여전히 강력한 체벌과 처벌이 있었다. 법의 틀에서 활동하는 공립학교는 질서 없고 문제 학생들이 많고 학습 능력을 키워주지 않는 문제 학교, 그곳의 교사는 무능력한 교사들로 인식되기도 했다.

흔히 중학교 3학년 학생들에게 공부를 열심히 하려면 사립학교에, 내신 성적을 잘 관리하려면 공부 안 하는 학생들이 많은 공립학교에 가야 한다고 말한다. 공립학교의 교육목표는 특별한 학생을 위한 차별화 교육이 아닌 보편적 교육이라는 공교육의 본질 실현이지 상급 학교 진학이 아니다. 그런데 학교가 공교육의 역할에 충실하려 할 때 교사는 학부모에게 비난받고 학생들에게 외면당한다. 입시 위주의 교육 시스템이 바뀌지 않는다면 학교, 학부모, 학생은 계속 고통을 겪을 것이다.

배움의 공동체 수업

교직 생활을 끝내고 싶었던 무렵 나는 새로운 변화의 바람을 만났다. 혁신학교, 배움 중심 모둠 협동 수업, 회복적 생활교육 등을 알게 되었고, 나는 스스로에게 한 번 더 노력해볼 기회를 주기로 했다. 부지런히 찾아다니며 배웠고, 함께 배움에 나선 교사들이 동료가 되었다. 그들과 지속적으로 연결되고 연대가 시작되면서 기대와 설렘이 다시 찾아왔다. 함께라면 해볼 수 있겠다는 용기가 생겼다.

내가 근무하는 학교를 혁신학교로 만들고 싶은 욕심이 생겼다. 이 도전이 기회라는 생각이 들었다. 마음 맞는 동료 교사를 만나 둘이 되니 용기가 생겼고 힘도 생겼다. 마침 당시 교육감이 혁신학교를 주요 공약으로 내놓은 터라 우리 두 사람은 교장, 교감, 그리고 동료 교사들을 설득해서 100퍼센트 동의를 받아냈다. 동료 교사들은 첫째는 교육 상황이 이보다 더 나쁠 수는 없고, 둘째는 교사로서 자존감을 회복하고 가르치고 배우는 즐거움을 경험해보자며 동의했다.

첫걸음은 수업 바꾸기였다. 교육 대학교에서 주최한 사토 마나부 교수 초청 강연이 나에게 큰 영감을 주었다. 마나부 교수는 수업이 바뀌어야 학교가 바뀐다고 주장했는데, 핵심은 교사들이 배려와 존중을 학생에게 요구할 것이 아니라 교사 자신이 먼저 온몸으로, 온 마음으로 보여주라는 것이었다. 서로에게 느끼는 두려움이 사라질 때 안전한 관계가 형성되고, 안전한 관계가 형성되어야 진정한 배움도 가능해진다고 했다. 그리고 두려움을 극복하는 것은 서로에 대한 신뢰라고 했다. 결국 학교가 안전하고 교사가 믿을 만하다는 것을 학생들에게 지속적으로 보여줘야 한다는 것이었다.

명쾌하고 명료했다. 그동안 답을 찾지 못해 막막해하던 마음에 한줄기 빛이 비치듯 해결책이 보이기 시작했다. 교사의 힘으로 그 일을 할 수 있다는 것을 자신의 경험을 통해 확인했다는 그의 주장은 매우 설득력이 있었다. 마나부 교수는 행동주의(인간 발달에서 유전적 조건보다 외적 보상이 학습 효과를 높인다는 이론)가 가진 한계를 극복하고 구성주의(인간 발달은 유전적 요인과 환경의 상호작용에 따라 이루어진다는 이론)에 기반해 내적 동기를 이끌어내려는 노력이 필요하다고 했다.

상과 벌에 따른 긍정적 행동은 상이 없어지면 사라지기 때문에 상과 벌이 아닌 협력하는 관계를 통해 긍정적인 행동을 자발적으로 선택하여 지속하게 하는 수업을 해야 한다는 것이다. 실천해보고 싶었지만 현실에서 그렇게 수업하기는 결코 쉽지 않았다.

마나부 교수가 말한 '배움의 공동체 수업'은 수업 기술이나 교사의 실행 과업을 세세히 알려주는 것이 아니었다. 학생들의 배움과 의욕과 배움의 질을 끌어올리는 수업, 교사의 말을 10분 이내로 줄이는 수업, 교사는 작아지고 학생들이 배움의 과정을 익히는, 학생들이 잘 배우는 수업을 설계한다고는 했지만 부족했고 학생들을 참여하게 하는 것은 어려웠다. 하지만 학생을 먼저 존중하고 배려하기, 외적 보상이 아닌 내적 동기를 이끌어내기, 교사나 어른들이 원하는 행동만 강요하는 것이 될 수 있는 칭찬 금지 등의 실천 기준을 지키려 했다. 동료 교사들과 공부하고 또 공부하고, 읽고 또 읽었다.

그렇게 첫 학기를 보내고 변화된 수업 방식이 도움이 되었는지 한 학년 전체에게 물어봤는데, 아이들의 반응이 놀라웠다. 도움이 되었다는 것이다. 이런 방식의 수업을 더 많은 선생님이, 더 많은 수업에서 한다면 실험 대상이 되겠다는 이야기도 덧붙였다. 학생들은 이렇게 말했다.

"실험 대상이 되어도 괜찮아요. 이런 방식으로 수업하면 좋겠어요. 선생님이 우리에게 화 내지 않잖아요. 화 안 내도 수업이 되잖아요."

의외의 좋은 반응을 얻은 교사들은 더욱 용기가 났다. 교사들은 이제 학생에게 문제가 있거나 학생이 배우려 하지 않아서 수업을 못 하겠다는 핑계를 댈 수 없게 되었다. 그 대신 학생들이 배움에 몰입해 깨달을 수 있는 수업을 만들기 위해 교사 스스로가 끊임없이 도전하고 공부해야 했다. 수업이 바뀌면 학생들은 수업에 참여해 배우려 한다는 사실을 확인했고 누구든 배우고 싶어 한다는 것에 동의하게 되었다. 그런 욕구를 이끌어내기 위해서는 교사들이 스스로 배워야 하고 그렇게 배운 것을 바탕으로 수업을 바꾸어야 한다. 학생들에 비해 교사들이 변화하는 속도가 많이 더디기 때문에 시간과 기다림이 필요하다.

또한 혼자서 시도할 때 그 변화는 실현하기 어렵다는 것도 알게 되었다. 비혁신학교에서 근무할 때 그 학교 선생님들 가운데 자신은 혁신학교가 싫고 혁신의 '혁'자도 듣기 싫다고 대놓고 말하는 선생님들도 있었다. 혼자라도 해보려 했지만 쉽지 않았다. 내가 기존 방식과 다른 방식으로 수업을 하자 학생들이 의문스러워했고, 의문을 넘어서서 나를 믿지 못한다는 느낌이 들었다. 새로운 방식으로 수업하려면 교사와 교사, 교사와 학생, 교사와 학부모가 서로를 신뢰해야 하고 다른 교사들과의 의견 차이가 그들 간의 관계에서 큰 문제가 되지 않아야 한다. 이 모든 일이 계란으로 바위를 치는 것 같아서 그 학교에서는 오래 견디지 못하고 중도에 다시 혁신학교로 옮겼다.

'통제'보다 '대화'를 원하는 아이들

지난 10여 년 동안 혁신학교운동을 하면서 많은 변화를 경험했다. 처음에 집중했던 생활교육은 학생들을 통제와 행동 수정의 대상으로 보고 교사들이 제시한 옳고 그름의 기준에 따라 상과 벌로 통제하던 기존 방식에서 벗어나 학생 스스로 규칙을 정하고 자율적으로 규제하도록 돕는 교육이다. 또한 학생 자치를 활성화하고, 일방적 훈계가 아니라 서로의 진심을 공감하는 대화로 학생과 만나고 학생 상호 간에도 그런 대화와 만남이 가능하도록 돕는 교육이다.

학생 간 갈등에서도 가해자와 피해자를 구분하여 가해자가 처벌받은 것으로 책임지게 하는 방식에서 벗어나 피해자의 피해를 회복하고, 서로의 관계를 회복시키는 것에 집중하는 갈등 해결 방식이기도 하다. 이런 생활교육을 회복적 생활교육이라고 한다. 혁신학교 만들기를 하면서 회복적 생활교육과 비폭력 대화를 배웠고 이를 학교에서, 수업에서 실천해왔다.

비폭력 대화, 회복적 서클, 교사 신뢰 서클, 청소년 평화 감수성 훈련 등 평화교육을 통해서 학생은 시민이라는 의식을 갖게 되었다. 학생을 어린아이로 여기고 대하면 학생은 미숙한 행동을 지속하려 하지만 시민으로 대하면 시민으로서 책임감을 발휘하기 시작한다는 것이다. 나는 지난 9년간 이를 실제로 경험했다.

나는 학생들 스스로가 자신들이 지킬 생활 규정을 개정하고 만들게 했다. 교사가 제안하는 열 가지 생활 규정과 학생이 제안하는 열 가지 생활 규정을 조율하여 교사 학생 협약도 만들었다. 그런 과정을 거치면서 학교 폭력과 수업 방해가 줄어들고 학생들 스스로 다양한 축제와 행사를 만들어서 운영할 수 있게 되었다. 입학식 행사와 졸업식 행사도 학생들이 만들었다. 교사의 권한이 조금씩 학생에게 위임되면서 학생들은 더 책임감이 강해지고 활기를 띠었다. 스스로 만든 규칙을 더 잘 지키려 했고 자신들의 권리는 물론이고 타인의 인권과 권리에 더 민감해졌다. 학생들은 점차 주체성 있는 건강한 시민이 되어갔다.

물론 모든 학생이 이렇게 바뀌었다고 말할 수는 없지만 많은 변화가 있었고 그것만으로도 의미가 있었다. 내가 경험한 두 혁신학교 모두 학생과 학부모와 교사가 만족하지 못하는, 자부심 없는 그런 학교였다. 그러나 교육 방식이 바뀌면서 건강하고 즐거운 학교로 서서히 변해갔고, 변화의 주체는 학생들이었다.

교사들이 도움을 청한 학교급식의 잔반 문제를 학생들이 직접 해결한 일은 가장 성공적인 사례였다. 대의원회의와 학급회의를 통해 급식 문제를 해결할 방법을 논의하던 중 다음과 같은 의견이 나왔다. 점심시간에 학생회 봉사부가 매일 잔반을 남기지 않은 학생에게 스티커를 주고 그 스티커를 급식실 벽에 있는 학급 스티커 판에 붙이게 한 뒤 월말에 스티커가 가장 많은 학급에 간식을 제공한다는 것이었다. 그 결과 학교급식 잔반량이 이전의 3분의 1 수준으로 줄었다.

4.16세월호참사 추모 주간을 맞아 학생들은 이 사건을 기억할 프로젝트를 마련했다. 여러 교과 선생님에게 4.16세월호참사에 관해 이야기하는 수업을 학생들이 준비한 세월호 유가족 초청 행사 일정에 맞추어 진행해달라고 했고 학생회는 며칠 동안 정성껏 그 행사를 준비했다. 또한 학교의 5.18민주화운동 추모 행사에

5.18민주화운동 어머니회를 초청하여 공연도 했다. 학교 안에 평화의 소녀상을 세우기 위해 1년 동안 수요집회에 참여하고, 모금하고, 교사들에게 위안부 문제를 교과 수업 활동에서 다루고 자치활동 시간에 공유할 수 있게 해달라고 요청하기도 했다. 이쯤 되면 학생들이 더 이상 가르칠 대상이 아닌 동료로 여겨지기도 한다. 이렇게 묻는 학생도 있다.

"수업 방식을 바꿔달라는 얘기를 하려면 누구한테 어떻게 말해야 해요? 토론식 수업을 하자고 책상을 디귿자로 배치하고서 대부분 강의식 수업을 하니 목 디스크 걸릴 것 같아요."

교사의 마음부터 챙기자

비폭력 대화와 회복적 서클은 친구를 살리는 도구가 되었다. 마음의 병을 앓는 학생이 있었는데, 그 학생은 학교생활의 절반 이상을 상담실에서 보냈다. 2학년 때는 상황이 훨씬 악화되어 치료와 교육을 병행하는, 병원 안 학교에 들어가기도 했다. 아이는 다시 학교로 왔지만 교사들은 어떻게 아이를 돌보고 도와줘야 할지 갈피를 못 잡았다. 일단 나는 그 아이가 다른 아이들과 어울려본 적이 없고 어울림을 두려워했기 때문에 친구와 학교생활을 함께하게 해주고 싶었다. 그래서 믿을 만한 학생 세 명을 만나서 마음이 아픈 친구 곁에서 도와줄 수 있는지 물어보았다. 아이들은 잠시의 망설임도 없이 기꺼이 도와주겠다고 했다. 2년 동안 세 친구들은 혼자 밥 먹는 아이 옆에 앉아서 같이 밥을 먹고, 같이 밥 먹으러 가자며 데리고 다녔다. 학교에 오지 않으면 전화를 하고 학교로 불러들였다.

그렇게 그 학생은 학교에서 하루하루를 살 수 있었다. 친구들의 힘으로 약을 끊고 모둠 학습에 참여했다. 토론하고 발표도 했다. 1학년 때 학습 부진 경계선에 있던 학업 수준이 3학년이 되자 상위 30퍼센트에 들었다. 친구들과 밥 먹고 이야기하고 함께 옷 사러 가고, 함께 노래방 가서 노래 부르고, 함께 영화를 보는 그 사소한 일들이 가능해지면서 아이는 건강함을 회복한 것이다. 그 아이에게는 친구라는 약이 필요했고 학급의 건강한 아이들이 그 역할을 해냈다.

평화교육을 통해 나 자신과 화해했고 스스로를 돌보는 힘과 매 순간 스스로 의식하며 선택하는 자유, 불안에서 해방되는 자유를 얻었으며 관계의 평화와 안전을 누리게 되었다.

교사 자신이 건강하지 못하면 자신의 상처와 학생의 상처가 만나서 서로의 상처를 할퀴며, 둘 다 그 고통의 악순환에서 결국 헤어 나오지 못한다. 그리고 상처를 움켜쥐고 있는 교사와 부모가 자신들의 마음의 문제를 해결하지 못하면 아이들에게 화내고 책임을 전가하며 분노의 화살을 쏟아붓는다. 그렇게 어른들의 분노의 배출구가 된 아이들이 누군가에게 자신의 고통을 표출하기 위해 또 다른 희생양을 찾아서 공격하는 악순환이 반복된다.

피곤하고 지친 교사들이 많은 학교에서 학생과 교사의 관계는 붕괴될 수 있고 지치고 피곤한 부모는 가정을 파괴할 수 있다. 내 탓을 하거나 남의 탓을 하는 대신 서로를 믿고 모두가 진심으로 원하는 것이 무엇인지 알아내면서 그것을 실현할 방법을 함께 탐구한다면 서로의 관계는 편안하고 평화로워질 것이다. 평화교육은 내 삶이 피폐해지고 몸과 마음이 병들어갈 때 나 자신을 회복시켜 준 놀랍고 고마운 선물이었다. 학생들과 관계를 잘 맺기위해 평화교육을 배웠는데, 오히려 나 자신을 가두어놓은 상처의 감옥에서 나 자신이 해방된 듯하다.

안타깝게도 교사도, 부모도 경쟁 사회 시스템에서 살아가며 마음과 몸의 건강을 돌볼 여유가 없다. 지금의 우리 아이들 또한 더 치열한 경쟁에 내몰리며 자신의 아픔을 돌볼 여유를 갖지 못하고 사는 것이 마치 습관처럼 되어버렸다. 자신을 쉴 없이 몰아붙이며 일에 중독된 사람들처럼 살아가는 현실을 바꾸는 것이 우리 사회가 함께 해결해야 하는 숙제다.

나는 교사와 학생이 시험공부를 위해 아등거리는 대신 각각의 교과의 본질을 함께 이야기하고 배우는 학교, 친구를 경쟁 상대로 여겨 경계하고 질투하거나 불안에 떨며 서열에 따른 위계에 적응하는 방법을 배우는 대신 함께 협력하고 소중한 배움의 동반자이자 삶의 동반자로 친구를 만날 수 있는 학교를 만들고 싶고 그런 학교의 교사가 되고 싶다.

교실 안에서 정서적 중심잡기

혁신학교운동을 하면서 교사 생활을 한 지 10여 년이 지나서야 교사의 정체성을 생각하게 되었다. 가슴이 다시 뛰었고, 교사로서 지녀야 하는 철학과 수업에 대해 공부하기 시작했다. '이제는 학교가 일방적 지시 조직이 아닌 함께하는 공동체가 될 수 있겠구나'라고 생각하니 교사로서 살아 있다는 느낌이 들었다. 제도와 시스템만으로 학교가 바뀌는 게 아니라 교사들이 마음을 모으고 함께하면 바뀔 것이라는 믿음도 생겨났다.

하지만 의욕이 앞서다 보니 마음이 급했다. 제도의 벽을 넘기도 힘겨웠지만 동료 교사들의 반대와 비난이 가장 마음 아팠다. 현재의 대입 제도에서 혁신학교교육은 학부모에게도 인정받기 힘들었다. 수많은 반대를 동의로 바꿔가기 위해 애쓰는 동안 학교 업무를 무리하게 감당하려 했고, 학교 업무가 끝나면 뜻을 같이하는 사람들과 만나서 공부하고 연습하고 부단히 배웠다. 그러는 동안 몸은 혹사당하고 있었고 결국 큰 수술을 받아 쉴 수밖에 없는 상황이 되었다.

처음에는 내가 왜 이런 병에 걸렸는지 받아들이기 어려웠고 억울했다. 하지만 곧 나의 조급함과 내 마음의 습관, 몸의 습관이 만들어낸 병임을 깨달았다. 몸과 마음은 하나로 연결되어 있었다.

나는 어떤 삶을 살았는지, 나는 내가 원하는 삶을 살기는 한 것인지 계속 물었다. 안타깝게도 삶의 방향을 주체적으로 선택하지 못했다는 것을 알게 되었다. 인정받고 싶은 욕구에 목말라서 매 순간 누군가의 칭찬이나 인정에 끌린 시간들이었다. 어려서는 부모, 자라면서는 친구, 이제는 동료, 학생, 학부모까지. 그들 중 어느 누구도 의도적으로 나를 조정한 사람은 없다. 하지만 나는 인정받는 것을 스스로 목표로 선택하고 자신을 밀어붙이며 살아 왔음을 알았다.

나는 늘 강한 자가 약한 자를 괴롭히는 모습을 보기 힘들어 했다. 학생이 학생을 괴롭히는 것, 교사가 학생을 함부로 대하는 것, 상급자가 하급자에게 부당하게 행동하는 것, 그리고 동료 교사들이 아파하는 것도 그저 바라만 보기에는 늘 불편하고 힘들었다. 나는 분노와 시도 때도 없이 솟구치는 화를 잠재우느라 힘든 시간을 보냈다. 이런 내 자신의 모습과 성격을 벗어던지고 싶었지만 그런 것들은 쉽게 변하지 않았다.

나의 분노, 정의감, 그리고 그 사이를 오가는 강렬하고 부담스러운 감정이 나를 몰아붙였다는 것을 비폭력 대화 훈련을 하면서 알게 되었다. 비폭력 대화 훈련 과정 중에는 코어 자칼(Core Jackal, 내면의 상처받은 어린아이) 다루기 훈련이 있다. 나는 그 훈련을 통해서 비로소 나의 내면 깊은 곳에 자리한 아픔을 알아차릴 수 있었다. 그리고 그 아픔에 공감하고 스스로 돌보는 힘을 얻게 되었다.

내가 30여 년간 분노해온 대상은 나 자신이었고, 나를 미워하고 자꾸만 눈앞에 닥친 숙제를 해결해야 한다며 다그쳐온 것이다. 내 분노의 실체를 만나고 나니 많은 것이 분명하게 드러났고 순간 자유로움이 찾아왔다. 그토록 오랫동안 미움받고 죄책감에 짓눌리며 살아온 나의 무의식 속의 어린아이와 화해하고, 그제야 나의 내면 아이의 아픔과 고통을 위로하고 끌어안아준 것이다.

20년 전 새내기 교사로 '형님'이라 불렸던 아이와 한바탕 난리가 벌어졌을 때 그 아이와 내가 똑같다던 그 선배의 말이 이제야 이해가 된다. 교사는 늘 두려움에 압도되어 살고 있고 그 두려움을 들키지 않으려고 애써 강한 척하며 산다. 강한 척하느라 자신과 타인을 아프게 하고 스스로 힘들어 한다. 그것이 바로 나와 그 아이의 같은 점이었다. 또한 내가 정한 '올바름'의 기준에 맞춰 학생들에게 나도 모르게 폭력을 저질러왔다는 것을 깨달았고, 내 안에 강한 폭력성이 있다는 것을 인정하게 되었다.

나 자신과 화해하면서 30여 년간 스스로 가둔 감옥에서 해방될 수 있었다. 그 감옥에서 벗어나는 그 순간부터 여유가 생겼다. 이제야 다른 사람들의 마음을 잘 들여다보게 되었고 다른 이들의 감정에 휩쓸리지 않고 정서적 중심잡기가 가능해졌다. 마음의 조급함을 조절하며 나무가 자라는 속도로 서서히 내가 원하는 것을 키워가는 즐거움을 누리게 되었다. 그 뒤로는 나와 다른 생각을 가진 사람이 있어야 더 안전한 느낌이 든다. 다름이 불편하게 느껴지지 않고 오히려 다름이 있어 마음이 편해지는 놀라운 변화를 경험하고 있다.

교실이 제대로 작동되는 것을 볼 때 대부분 교사는 '내가 내 역할을 잘 하고 있구나' 하고 생각하며 보람을 느낀다. 하지만 아무것도 하지 못할 때는 무기력해지고 나 역시 그러하다. 교실 붕괴를 초래할 만한 문제가 해결되거나 수업이 잘될 때, 학생들의 인격이 형성되는 과정에서 긍정적 영향을 미치거나 삶의 질이 높아지도록 도울 때 교사로서 스스로가 생생히 살아 움직인다는 느낌이 든다. 학생들을 위해 아무것도 못할 때에는 교사로서의 존재 이유를 찾지 못하고 좌절하게 된다.

교실 붕괴로 힘들어했을 때 중학교 3학년 여학생 세 명이 원서를 쓴다고 나를 찾아왔다. 어떤 학교를 원하는지 묻자 "우리 학교 같은 학교만 아니었으면 좋겠어요", "떠들고 수업 방해하는 아이들보다 날마다 학생들을 비난하고 소리치는 선생님들이 더 싫어요"라고 답했다. 이 말들은 지금도 내 마음에 아프게 남아 있다. 나도 학생을 비난하는 교사 중 한 명이었을 것이다. 아이들 마음이 조금씩 보이는 지금, 감히 그들의 친구가 되고 싶다. 아이들이 싸우는 것을 봐도 이제는 지치지가 않는다. 싸움은 반복될 것이고 아이들은 때가 되어야 바뀌는 것을 알기 때문이다.

나는 학생들이 누군가에게 맘껏 말하고 싶을 때 찾아오는 선생님이 되고 싶다. "안 돼", "나중에 해", "참아야 해", "그렇게 하지 말고 이렇게 해야 해" 같은 훈계를 거두고 그들의 마음, 진심의 소리를 그냥 들어주는 걱정 인형 같은 존재이고 싶다. 선의로서 스스로 선택한 그들의 도전이 학교에서 가능하도록, 성공하도록 도와주고 싶다.

교사가 되어서 교사로 살아가는 길, 그 길을 가는 것이 수행인 듯해 힘들 때도 있지만 이제 즐기는 중이다. 수행의 길에서 얻는 찰나의 소중한 통찰은 내 삶의 빛이 되어주고 있고, 내 삶의 보석을 찾아 삶을 더 즐길 수 있게 해준다. 소중한 만남이 수없이 펼쳐지는 흥미진진한 그 여행길을 계속 갈 수 있어 참으로 다행스럽고 감사하다. 이런 마음을 갖기까지 많이 고뇌하고 아파했지만 사람은 아픔을 통해 성장한다는 말을 믿는다.

교사이기 위해
학습자로 산다

꿈이룸학교 교장
우소연

아름다운 요리가 앞에 있어도 먹어보지 않으면
그 맛을 알 수 없고, 지극한 도리가 앞에 있어도
배워보지 않으면 그 위대함을 알 수 없다.
그러므로 배우고 나서야 비로소 자신의 부족함을 깨닫고,
가르쳐보고 나서야 교육의 곤란함을 깨닫는다.
자신의 부족함을 깨달은 후에 사람은 진정으로 반성할
수 있고, 교육의 어려움을 깨달은 후에 교육자는 실력을
보강하게 된다. 그러므로 가르치는 자와 배우는 자는
서로를 키운다.

_《예기禮記》 중에서

교사에게 요구되는 여러 자질과 역량 가운데 빼놓을 수 없는
것이 바로 호기심이다. 대안교육의 길을 택한 우소연 교사에게는
전혀 다른 배움의 길을 찾아가는 과정 자체가 최고의 배움이다.
학습의 기회와 경로가 다양하게 열리는 시대에 학교는 필요한가?
학생들에게 점점 중요해지는 것은 변화를 해석하고 생애를 스스로
설계할 수 있는 힘이다. 삶에 대한 근원적인 질문을 함께 던지며
씨름하는 장, 바로 그것이 학교의 미래형이다.

사회를 바꾸는 일을 하고 싶었다

나는 교사가 되고 싶었던 적이 없었다. 1992년 대통령 선거 당시 졸업을 앞두고 학생회에서 활동하며 민주 단일 후보를 대통령으로 만들기 위해 밤낮없이 뛰었던 때에야 교사라는 직업을 생각하게 되었다. 거리에 나온 많은 시민은 민주정부를 세워야 한다며 민주 단일 후보였던 김대중 후보를 지지했다. 그런데 선거 결과는 민주 세력의 패배였다. 왜 다른 결과가 나왔는지 이해할 수가 없었다. 선거와 관련된 신문 기사와 분석 자료를 찾아 읽으면서 내 나름대로 내린 결론은, 시민들은 민주주의를 외치는 집단이 제기하는 내용에는 동의했지만 그 집단을 정치 문제를 해결할 '대안 세력'으로 인정하지 않았다는 것이다. 그때 문제 말고 문제를 해결할 대안을 찾는 게 중요하다는 것을 알았다. 그래서 사회에 진출할 때는 사회 진보를 앞당기는 일을 하기로 마음먹었다.

일의 범위를 좁히기 위해 대안을 찾는 일이기도 하면서 즐겁게 할 수 있는 일이 무엇인지 생각해보았다. 대학 시절엔 지식인으로서 어떻게 사회적 책무를 다할지 고민했는데, 사회 진출을 준비하면서는 처음으로 내 자신에게 무엇을 좋아하며, 어떻게 살고 싶은지 물었다. 그러자 어린 시절에 즐겁게 했던 교사 놀이가 떠올랐다. 몸집이 왜소해서 놀 때마다 친구들에게 늘 뒤처지던 내게 인심 좋은 친구들이 교사 역할을 맡겼고 학생 역할을 맡은 친구들은 내 지도에 따라 우렁찬 목소리를 내기도 했다. 그때의 희열감이 생생했다.

사회를 바꿀 수 있는 교사가 되고 싶었기에 마지막 남은 대학 1년 동안 교사가 되기 위해 필요한 과목을 들으며, 어떤 교육을 할지 구체적인 방향을 잡아갔다. 나는 일반 학교 교사나 교육 잡지 기자, 또는 전교조와 같은 교사 단체 활동보다는 지역사회에서 사람들과 함께하며 새로운 교육과정을 만드는 일에 관심이 있었고 누구보다 잘할 수 있을 것 같았다. 아이들이 좋거나 가르치는 일이 좋아서라기보다는 내가 원하는 세상을 만드는 데 교사의 역할이 필요했기에 교사가 되고 싶었던 것이다.

나의 첫 실험, 창조학교

첫 번째 직장은 성남에 있는 주민생활협동조합이었다. 대학을 졸업하고 교육에 대해 비슷한 생각을 가진 교사들과 방과 후 학교를 운영한 적이 있었는데, 학부모의 호응을 얻지 못해 결국 학교 문을 닫았다. 나는 교육과정을 새로 만드는 일이 재미있었고 교사들과 함께했던 교육을 지속하고 싶었기 때문에 학부모의 공감을 얻어낼 방안을 찾아내어 이를 실현할 만한 학교를 구상했다.

학교 기획안을 만들어 지인들에게 나눠 주었고, 이런 일에 관심 있는 단체나 사람을 찾아달라고 부탁했다. 두 군데에서 함께 일해보자는 제안이 들어왔는데, 그중 한 곳인 성남의 주민생활협동조합이 여성 조직이라는 점이 마음에 들어 그곳을 선택했다. 그곳의 여성 소모임 회원들과 초등 방과 후 대안학교를 만들기 위해 첫 모임을 시작했다. 학교교육에 불만이 많았던 학부모들과 교사들은 교육에 대한 새로운 대안을 찾고 싶어 했다. 먼저 학부모 교육부터 시작했다.

학교가 만들어진 가장 결정적인 계기는 성남 시민을 대상으로 진행한 '학부모 강좌'였다. 학부모 강좌는 교육철학과 새로운 교육 방법론을 소개하는 강좌였는데, 지역신문의 작은 지면에 낸 광고를 보고 70명이 넘는 학부모가 찾아왔다. 학부모 강좌가 끝날 즈음 '초등 대안학교 준비 모임'을 결성했다. 준비 모임에서 부모들과 책을 읽으며 교육 방향을 논의했고, 준비 모임에 참여한 부모들의 자녀를 대상으로 '창조 트레이닝'이라는 프로그램을 진행했다. 창조 트레이닝은 창조성을 깨우는 다양한 수업으로, 앞으로 교육이 어떤 방향으로 나아갈지 보여주는 수업 모델이 되었다. 부모들은 창조 트레이닝을 통해 대안학교를 쉽게 이해할 수 있었고, 이를 통해 나와 부모들은 학교 만들기를 좀 더 빨리 진전시킬 수 있었다.

아이들은 학년별로 주 1회 창조 프로그램에 참여했다. 창조 프로그램은 창의적 활동과 공동체 활동을 융합하여 구성한 교육이었다. 1~2학년은 창조 트레이닝, 3~4학년은 생각하는 글쓰기, 5~6학년은 논리와 체험이 주제였다. 그 외에 마당극, 과학 실험 등이 있었다. 교사가 학생들의 특징이나 발달단계를 고려해서 각 학년별 교육 내용을 담은 1차 계획안을 작성하고, 학부모 모임에서 해당 교과 토론회를 통해 교육계획안을 최종 결정했다.

창조 프로그램은 내가 주ᵗ 교사고 학부모 한 명이 보조 교사가 되어 함께 진행했다. 이렇게 학부모를 참여시킨 것은 학부모 가운데 교사 활동에 관심 있는 사람에게 전문적인 교사로 성장할 기회를 제공하기 위해서였다. 학부모 교사는 아이들이 소외되지 않고 활동 중심 교육 프로그램에 참여하도록 주 교사와 함께 아이들을 관찰하고 주 교사를 돕는 역할을 했다. 보조 교사인 학부모와 각 수업별 교육계획안을 같이 의논하고, 수업 중에 아이들이 보여준 모습을 같이 이야기하니 주 교사가 아이들을 이해하는 데

도움이 되었다. 보조 교사는 대개 자기만의 일을 찾고 싶어 하는 부모가 나서서 맡았다. 나중에는 이분들이 교사 교육을 외부에서 받은 뒤 창조학교 주 교사로 활동하기도 했다.

지역사회에서 부모들과 함께 학교를 만들 때 20대였던 나는 어떤 교사로 서야 하는지 고민했다. 그때는 나보다 나이가 많은 부모들과 함께 일했기 때문에 아이들에게 삼촌이나 이모 같은 교사가 되면 좋겠다고 생각했다. 어린 시절 나는 삼촌들과 나눈 추억이 많다. 주말이면 손을 꼭 잡고 책방으로, 미술관으로 데리고 다니고 어린이신문에 나온 숨은그림찾기를 같이하던 삼촌은 나와 부모와의 관계보다 평등한 관계를 맺으며 친구처럼 나를 대했고 다양한 경험을 하게 해주었다.

대중음악 밴드인 '사랑과 평화'의 음악, 삼촌이 직접 마루에서 시험 공연한 인형극, 나를 보고 쓴 '딸 가진 아비의 걱정'이라는 글, 자전거 바퀴로 만들었던 다람쥐 통 등이 아직도 기억난다. 삼촌과 함께했던 시간이 내게는 동화 속 세상 같았다. 20대 삼촌들은 나를 늘 부모님과 학교 울타리를 벗어난 새로운 세계로 안내해 상상력을 자극했다. 내가 세대가 다양한 어른들 품에서 자라며 따뜻한 시간을 보냈기 때문에 지역사회에서 이모나 삼촌 같은 교사가 부모의 함께 아이들을 키우며 아이들이 동화 같은 시간을 보내길 바랐다. 드디어 학교라는 공간을 통해 그 꿈을 실현해나갔다.

시간표와 교과서가 없는 학교

나는 창조 프로그램을 대표 교육과정으로 하는 방과 후 대안학교인 '창조학교'를 설립하며 교사 생활을 시작했다. 교사로서 준비도, 경험도 부족했지만 그렇기 때문에 오히려 교육에 많은 질문을 던졌다. 당시 학교의 권위주의적 분위기와 여러 사회문제가 겹치면서 학교 붕괴가 시작되던 때라 학교교육에 문제를 제기하고 그 대안을 마련하는 일이 사회적인 관심사였다. 그동안 학교교육이 앎과 삶이 분리되고, 지식을 전달하는 교육에 한정되어 있으며, 사회 변화에 따른 학생의 변화를 따라가지 못한다는 비판이 있었다. 이런 비판에 동감하면서 그렇다면 교사의 지식 전달 없이도, 시간표나 교과서 없이도 학생이 배울 수 있는지 알고 싶었다.

방학 때 충청도 대곡 분교에서 연 캠프에 갔을 때였다. 방학 캠프는 부모들과 함께하는 특별 프로그램으로, 새로운 교육 방식을 실험할 기회였다. 어떤 교육이든 교사의 계획에 따라 교육 시간과 내용이 결정되는데, 이 캠프에서는 교육 시간과 내용을 정하지 않고도 학생이 배울 수 있는지 실험해보기로 했다.

주제는 마을에 사는 사람, 나무와 꽃, 물고기, 곤충 들과 관계 맺기를 하며 생태적 감수성을 기르는 것이었다. 캠프에 가기 전에 교사들은 답사를 몇 번이나 하면서 마을 생김새와 나무와 꽃, 물고기 등을 조사했고, 자연 놀이를 가르칠 준비를 했다. 하지만 캠프가 시작될 때 교사는 교육계획안대로 움직이기보다는 아이들의 활동과 상황에 더 집중하기로 했다. 교사가 자신이 아는 지식과 방법대로 아이들을 이끌고 가기보다는 아이들의 움직임과 관심사에 따라 교육을 하기로 한 것이다.

교사들끼리 정한 규칙은 다음과 같았다.

'해가 뜨고, 아이들이 삼삼오오 일어나면 운동장에서 운동을 시작한다. 밥 먹는 시간은 정해놓지 않고 배고프면 밥을 먹는다. 세세한 시간 계획표는 없애고, 오전과 오후로 나누어 활동한다. 산, 들, 물가 등 아이들이 함께 가고 싶은 곳을 돌아다니며 논다. 교사는 보조 가방에 연필과 종이를 넣어두었다가 아이들이 그리고 싶거나 표현하고 싶은 것이 있을 때 종이와 연필을 주어 스스로 즐길 기회를 마련해준다.'

캠프 첫날, 교사들과 아이들은 마을을 돌아다니며 어른들에게 인사를 했다. 그때 마을에 사는 한 아이를 만났는데, 그 아이가 캠프에 놀러와 사흘을 우리와 같이 지냈다. 우리는 교사와 아이 각자가 별명을 만들어 이름 대신 별명을 불렀는데, 그 아이는 자신을 '경찰'이라 불러달라고 했다.

둘째 날에는 산에 올라갔다. '경찰'도 산에 같이 갔고, 우리는 '경찰'과 한 팀이 되어 산길을 어슬렁어슬렁 올라갔다. 교사들은 미리 답사해둔, 나무와 풀이 우거진 길로 아이들을 데려갈 참이었다. 교사들이 그 길로 올라가려던 차에 '경찰'이 "내가 아는 좋은 길이 있어요"라고 말했다. 모든 아이가 그 말에 솔깃했다.

'경찰'의 안내에 따라 길을 오르기 시작했는데, 길이 험해서
아이들이 지쳐갔다. 모두가 숨을 헐떡거리며 길을 잘못 든 것은
아닌지 걱정할 즈음 시야가 확 트인 동산이 보였다. 그때 '경찰'은
동산에 있는 무덤을 가리키며 "여기가 우리 아빠 무덤이야"라고
말했다. 우리가 그날 '경찰'에게 어떤 말을 건넸는지 기억나지 않
지만 함께 〈하늘나라 동화〉라는 노래를 부른 기억이 생생하다.

캠프에서 자연스럽게 주변 식물을 관찰하면서 아이들의 생
태적 감수성이 높아졌다. 지식을 전달하기 위해 아이들에게 집중
하라고 강요하지 않아도 아이들은 경험을 통해 배웠다. 교사는 중
간중간 아이들이 관심 있는 꽃을 그릴 때 꽃 이름을 알려주거나,
가는 길이 지루할 때는 아이들과 함께 칡잎으로 가방을 만들고,
질경이로 풀 씨름을 하는 등 자연 놀이를 했다.

나중에 교육철학을 공부하면서 이와 같은 교육이 교육학자
존 듀이John Dewey가 말한 '경험의 지속적인 재구성' 과정이라는 것
을 알게 되었다. 듀이는 교육은 경험이 계속적으로 재구성(또는
성장)되는 과정이며, 더 성장하는 것 이외의 다른 목적을 가지지
않는다고 말했다.

캠프 활동을 통해 아이들만 배워나간 것이 아니라 교사인
나도 배워나갔다. 그 이후로 무엇을 가르칠지가 아니라 아이들을
어떻게 경험하게 할지에 관심을 쏟게 되었다.

내가 구성한 교육과정과 내용은 학부모와 함께 만든 공동체

의 생산물이었다. 나는 교육계획안을 마련한 다음, 학부모와 논의해 최종 교육과정을 완성했다. 학생과 부모와의 상호작용을 통해 교육이 완성된다고 믿었고, 부모의 경험은 아이들에게 좋은 교육 소재였기 때문이다. 교육과정이 완성되려면 학부모 모임을 몇 번 해야 하고, 교육과정을 합의하기 위해 신경 써야 할 것이 많지만 이를 통해 얻는 것이 많았다.

교육에 참여하면 할수록 부모들은 학교교육의 방향을 더 잘 이해하는 협력자가 되었다. 이때 교사와 부모 간에 정한 아주 중요한 규칙은 '교육 효과를 묻지 말자'는 것이었다. 부모가 자녀의 교육 효과를 묻는 순간, 교사는 교육을 잘하는 것보다 아이에 대한 부모의 기대치를 채우는 것을 목적으로 삼기 쉬운데 그것을 막기 위해서였다.

창조학교에서 실험하는 교육이 어떤 결과를 낳는지는 아이들이 20대가 되어 자신의 생각을 정리할 수 있을 때 듣기로 했다. 15년쯤 흘러 아이들이 20대가 되었을 때 그 시절의 추억을 내게 들려주었다. 콧물을 유난히 많이 흘리던 일곱 살 정한이는 20대가 되어 나의 또 다른 제자들을 위해 자원봉사하며 이렇게 말했다.

"우짜짜(내 별명), 어렸을 때 나는 세상을 내 힘으로 만들 수 있었어. 산에서 집을 짓고 놀러 다니면서 내가 생각한 걸 다해볼 수 있었지. 그래서 행복했어. 지금은 이런 내 경험을 다른 사람들과 어떻게 나눠야 할지가 고민이야."

정한이가 들려준 '세상을 만들어본 경험'은 교사인 내게도 있었다. 온 동네를 학교 삼아 노는 것이 교육이자 삶이 되었고, 어린 교사는 학부모와 학교를 함께 운영하며 아이들이 자유롭고 창조적인 삶을 살기를 바랐다. 이와 같은 상상이 아이들과의 활동으로, 학부모와의 학교 운영으로 실현되면서 나도 처음 세상을 만들어보았다.

세상을 알려면 자신이 직접 세상을 만들어봐야 한다는 이탈리아 소설가 체사레 파베세^{Cesare Pavese}의 말처럼 아이들과 상상한 것은 무엇이든 만들어보려고 노력하며 교육이 무엇인지 찾아갔다. 그때의 나는 아이들이 살아갈 미래와 아이들의 변화 속에서 무엇이 좋은 교육인지 질문하고 설계하는 건축가였던 것 같다.

교사의 성장이 교육의 성장이다

부모의 성장 또한 창조학교를 운영할 때 예상하지 못한 일이었다. 창조학교는 부모와 함께 만드는 학교 모델이었기 때문에 교육 활동에 부모를 적극 끌어들였다. 주 교사는 나 하나였고, 부모들은 한 학기 동안 보조 교사로, 방학에는 캠프 교사로 참여했다. 이런 이유로 부모 교육이 매우 중요해져서 부모에게 생태, 역사, 놀이, 리코더 연주 등의 교육 방법을 가르치고 아동심리, 평화롭게 대화하기와 같은 교육을 했다.

특히 방학 캠프를 앞둔 부모 교육이 인기가 있었다. 방학 캠프는 많은 부모가 교육에 참여할 수 있고, 짧은 기간 동안 아이들을 만나는 것이라 부담이 적었다. 3박 4일 동안 진행되는 캠프를 위해 부모들은 한 달간 교사 교육을 받았다. 교사로서 다른 아이들을 만난다는 설렘이 있었고 이런 과정을 통해 아이를 잘 이해할 수 있어 부모들은 교육에 참여하는 것을 좋아했다.

우리 학교는 마을이 학교고, 이웃이 교사였기 때문에 자연스럽게 동네를 둘러싼 불곡산, 맹산, 남한산성의 역사와 생태에 관한 교육을 했다. 교육에 적극적으로 참여한 부모들 중에는 이를 계기로 전문교육을 받아 숲 해설가로 일하는 분들도 있다. 나는 아동심리를 이해하기 위해 도널드 위니컷^{Donald. W. Winnicott}의 대상관계이론을 배웠는데, 그 이론에 매료된 어떤 학부모는 대학원에 진학하여 전문 과정을 밟아 상담가가 되었다. 우리 학교에서는 가을이면 밤껍질, 겨울이면 귤껍질을 이용해 천연 염색을 했는데, 그때 보조 교사를 하던 부모는 이를 자신의 예술 작품에 접목하기도 했다.

교육학자인 마이클 에루트^{Michael Eraut}는 사람들은 흥미나 여러 우선순위에 따라 비형식적으로 학습을 시작하는데, 이러한 학습이 의식적이거나 인지되지 않는다 하더라도 학습 흥미와 욕구는 분명히 확인할 수 있다고 주장했다. 그리고 개인적 흥미나 여가에 관련된 활동이 보다 형식적인 학습으로 발전하는 경우도 자주 있다고 했다. 에루트의 말처럼 학습을 '한 개인의 능력이나 이해가 변화되는 것'이라고 한다면, 우리가 진행했던 방과 후 학교 형식의 대안학교나 학부모 교육과 같은 비형식적 교육도 학습 개념에 포함될 것이다.

처음에는 학교 운영을 나와 주민생활협동조합의 교육 담당자가 했지만 부모의 역할과 책임이 점점 커졌다. 이 모든 것은 교사와 학부모가 함께 대화했기 때문에 가능했다. 서로가 교육에 대해서, 아이들에 대해서, 마을에 대해서, 학교에 대해서 자신의 생각을 내보이고 다른 사람의 생각을 존중하며 어떻게 하면 좀 더 좋은 부모가, 교사가, 학교가, 마을이 될지 끊임없이 이야기해나갔다. 철학자 한스게오르크 가다머Hans-Georg Gadamer는 대화를 나누는 사람들이 서로를 새롭게 이해하게 되는 것을 '지평의 융합'이라고 말했다. 지평의 융합은 또한 자신의 생각을 검토할 기회를 마련해준다.

가다머가 말한 '지속적인 대화의 과정'은 내가 이해한 것과 다른 사람이 이해한 것이 융합되어 새로운 의미가 도출되면서 새로운 지평이 열린다는 뜻이다. 좋은 교육이 무엇인지 논의하는 과정에서 학부모는 '우리 아이'를 넘어 우리 '모두'의 아이들을 건강하게 키워낼 학교를 어떻게 만들지 고민하게 한다.

창조학교에서의 경험 덕분에 나는 나를 새롭게 바꿔나갈 수 있었다. 또한 혼자 꿈꾸고 움직이는 몽상가였던 내가 다른 사람의 생각을 받아들이는 훈련을 했던 시간이었다. 학부모들은 20대인 교사가 교육의 이상적인 모습을 지향하되 그 실천이 현실에 발붙일 수 있도록 학교와 교육과 교사에 대해 매우 현실적이며 구체적인 제안을 했다.

그들은 아이를 무릎에 앉히고 젖을 물리며 부모 교육을 받았고, 음식물 쓰레기를 최대한 줄여 함부로 버리지 않도록 신경썼다. 삶에서 배우고 행해야 할 가치들을 몸소 보여준 실천가들이었다. 자기 방 하나 치우는 것도 힘이 드는 '꿈꾸는 생활 무능력자'인 내게 그들은 삶이 곧 교육이라는 것을, 생각과 행동을 생활에서 어떻게 일치시켜야 하는지를 알려주었다. 그들은 내 인생의 언니들이었다.

부모들이 학교를 스스로의 힘으로 운영할 수 있게 되었을 때 나는 학교를 그만두었다. 아이들의 개성을 존중하는 것과 공동체에서 더불어 살아가도록 하는 교육은 상반될 수 있는데 학교에서는 이 둘의 가치를 지키는 것이 중요했다. 자유와 공동체라는 이 두 가지 역설이 학교교육에서 어떻게 구현되어야 하는지 알고 싶어서 나는 대학원에 진학하기로 했다.

부모들은 참된 교사 한 명을 키우는 것이 매우 중요하다며 학교 수익금의 일부를 대학원 학비로 보태주었다. 부모들은 자신들이 교사 경험을 하고 직접 교육에 참여하면서 교사가 중요하다는 것을 알았다고 했다. 나는 그때 부모들의 그 마음을 잊을 수 없다. 문득 다른 길로 가고 싶을 때, 내가 어떤 교사인지 어떻게 살아가야 할지 방향을 정해야 할 때 난 그날을 떠올린다. 그들에게 부끄럽지 않도록 자기 검열을 하는 셈인데, 그것은 함께 꿈꾸었던 사람들이 내게 보내는 응원이 내 마음을 붙들고 있기 때문이다. 창조학교는 그렇게 나를 교사로 만들었다.

발도로프 교육: 교사의 주도성이 배움을 방해한다

발도로프학교 교사 교육을 통해서 나는 교사가 무엇인지 깊이 성찰하게 되었다. 창조학교 시절에 방학이면 한국슈타이너협회에서 개최한 교사 교육에 참여했다. 발도로프학교는 루돌프 슈타이너Rudolf Steiner의 인지학에 뿌리를 두는데, 인류의 발전 과정이나 현대인의 과제 등을 통해 인간이란 무엇인지 통찰하고 그에 따른 교육의 과제를 이해하도록 했다.

인지학 수업을 들으면서 인간이란 감각과 사고로 이루어진 존재이자 영적인 존재이며, 인류사의 관점에서 인간인 나를 바라봐야 한다는 것을 배웠다. 결국 인간은 자기 삶의 과제를 스스로 찾기 위한 여정을 떠나며, 교사란 이성을 깨우는 수업과 자신의 감각과 영혼을 깨울 수 있는 예술 활동으로 학생 각자가 자신이 왜 태어났고, 무엇을 할지 찾아 나서도록 안내하는 사람이라는 생각을 했다.

이는 습식 수채화와 같은 예술 활동을 통해서 감각적으로 내게 더 강하게 다가왔다. 습식 수채화란 젖은 종이 위에 그린 수채화를 말한다. 습식 수채화를 통해 빨강, 노랑, 파랑 삼원색만 사용하고, 물을 머금은 종이에서 빨강과 노랑이 만나고, 파랑과 빨강이 만나고, 세 가지 색이 만나서 만들어내는 색들의 미묘한 차이를 느낄 수 있다. 물을 머금은 종이에 어떤 날은 빨강, 어떤 날은 파랑만 칠하면서 내 마음이 색에 따라 다르게 일렁이는 것을 느낄 수 있었고, 색이 섞이고 번지는 것에 따라 내 감정이 변하기도 했다.

파란색을 바탕으로 모든 색이 섞이는 습식 수채화를 그리던 날, 수업이 끝날 때 장맛비가 내렸는데 수업 시간에 그린 색채와 너무 비슷해서 함께 수업을 받던 선생님들이 모두 하늘을 바라본 기억이 난다. 그날 세상이 색으로 이루어졌다는 것을 감각적으로 처음 경험했다.

발도로프학교 교사 교육은 3년 동안 방학 때마다 진행되었고, 마지막 해 겨울에 나는 독일로 연수를 갔다. 독일 연수는 교사로서 자세를 바로잡는 계기가 되었다. 연수 기간 동안 발도로프 유치원부터 고등학교까지 방문하여 학교를 관찰하거나 수업에 참여했는데, 유치원에서의 경험이 특히 기억에 남는다.

유치원에 견학을 갔을 때에는 한국에서 아이들과 놀던 경험을 살려 자연스럽게 독일 아이들과 어울렸다. 나무 블록을 쌓으며 같이 집을 지었고, 한 손으로 공을 잡고 위아래로 돌리며 놀았다. 그러고는 아이들과 친해져서 내 주위의 서너 명의 아이와 스스럼 없이 지낼 수 있었다. 견학에 함께 참여한 선생님들은 아이들과 잘 어울린다며 부러워했지만 그날 수업이 끝날 즈음에 나를 보는 유치원 원장의 눈빛이 좋지 않았다.

다음 날 통역을 맡은 선생님에게 이유를 물어봐달라고 했다. 유치원 원장은 교사가 주도적으로 놀이를 이끄는 바람에 '아이들이 스스로 자신의 세계를 만들어가는 놀이를 방해했다'고 지적했다. 교사가 주도적으로 움직이지 말고, 아이들이 스스로 놀이를 하며 세상을 배워가도록 하라는 말이었다. 그 말을 듣는 순간 머리를 쾅 맞은 느낌이었다. 그 뒤로는 아이들보다 반 보 느리게 움직이며, 아이들이 스스로 놀 수 있도록 돕기만 했다.

한 걸음 떨어져 지켜보니 아이들이 놀이터에서 어른의 세계를 모방하며 세상을 배워가는 것이 보였다. 그때 알았다. 교사의 주도성이 아이들 스스로가 세계를 만들어가는 것을 방해할 수 있다는 사실을. 교사는 아이들이 스스로 자신의 세계를 구현할 외연을 만들어주는 길잡이라는 것을.

어떻게 그동안 욕을 참았던 걸까

대학원을 졸업한 뒤 형편이 어려운 아이들을 위한 대안교육을 해야겠다는 생각에 사회적으로 소외된 청소년을 만나 그들을 교육하는 일을 했다.

그중 하나가 하자센터의 연금술사 프로젝트로 진행한 '달콤한 Co-끼리'라는 일학교였다. 연금술사 프로젝트는 대학에 진학하지 않은 17살에서 24살 청소년들이 일을 하며 먹고살 수 있게 일에서의 역량을 키우자는 취지에서 시작되었다. '달콤한 Co-끼리'는 그 프로젝트를 통해 만들어진 두 번째 창업 매장이었다. '달콤한 Co-끼리'는 유기농 수제 컵케이크 매장이었고, 이태원의 유명한 컵케이크 사장님이 레시피와 비법뿐 아니라 매장 운영 방법까지 전수해주었다.

일학교의 목표는 아이들이 육체노동을 통해 인내력과 지구력을 기르고, 물건을 생산하고 파는 과정에서 동료, 손님, 지역사회와 원만한 관계를 맺으며, 돈, 직업, 사회에 대해 현실적으로 이해하며 기획력, 문제 해결력 등의 역량을 키우는 것이었다. 교사와 참여 청소년 모두가 현장에서 일하며 가르치고 배우기 위해 창업을 했다.

참여 청소년은 총 다섯 명이었으며 대안학교 졸업생 세 명, 6년간 집에만 머물던 학교 밖 청소년 한 명, 학교 밖 청소년 경험을 가진 전문대학 졸업생 한 명이었다. 교사와 참여 청소년은 공동 창업자였다. 나는 아이들이 몸을 써서 일하는 데 능숙해지고 협업할 수 있도록 일학교 교육과정을 설계했다. 창업 초기엔 완성도 있는 맛있고 예쁜 컵케이크를 굽느라 새벽까지 일을 했고, 크리스마스 등 기념일에는 색다른 컵케이크를 디자인하기 위해 며칠 동안 디자인 기획을 했으며, 장사가 잘되지 않는 날이면 밤에 거리로 나가 시식회 등 홍보 행사를 했다. 그때를 생각하니 아이들이 감당하기 어려운 노동을 하며 장사가 잘되어 자립할 수 있는 매장을 운영하기 위해 발버둥쳤는데 내가 잘 몰라준 것 같다.

그 당시에는 아이들의 출퇴근 시간 관리가 가장 어려웠다. 시간을 잘 지키는 아이는 마냥 늦는 아이가 불만이고, 못 지키는 아이는 시간은 못 지켜도 다른 일은 열심히 하는데 그걸 몰라줘서 섭섭해했다. 나는 일터가 학교인 이 공간에서 규칙을 지키지 못해도 서로 도와가며 나아가는 것이 필요하다고 생각했다. 아이들마다 일의 역량이나 책임에서 편차가 있었지만 각자의 역량과 수준에 맞게 성장하기를 바랐다.

처음에는 아이들이 나의 운영 방식에 공감했지만 서울 한복판에서 장사하며 임대료를 내고 매장 운영비와 인건비를 마련하는 일이 현실로 다가오면서 '약속 깨기'라는 작은 틈이 큰 갈등을 일으켰다. 규칙이 지켜지지 않는 시간이 쌓여 동료 간의 신뢰가 사라지면서 팀워크가 깨졌고, 모두가 자신의 편의대로 일이 진행되길 바랐다. 결국에는 남은 청소년 한 명과 내가 가게를 운영했다. 다음 기수의 청소년이 들어와 일학교가 유지되길 바라면서. 그러나 이런 꿈도 현실화되지 못했다. 우리는 운영비와 인건비를 마련하기 위해 대량 주문을 받았고, 노동량은 점점 늘어났다. 새벽부터 다음 날 새벽까지 일을 하며 이 사업을 왜 시작했는지 의미를 공유할 여력이 없어졌다. 우리는 폐업을 결정했다.

내게도 노동은 쉬운 일이 아니었다. 매일 청소, 설거지, 베이킹, 서빙을 반복했고 대량 주문이 들어오면 장보기, 재료 손질, 요리하기, 포장하기까지 꼬박 하루가 걸렸다. 모두가 즐길 수 있는 공간을 만들고 싶었지만 그 공간을 즐길 틈 없이 일에 파묻혀 있었다. 나는 교사라기보다는 장사하는 사람에 가까웠다. 가끔 예약 주문으로 공공 기관에 배달을 갈 때마다 전과는 다르게 마음이 위축되었다. 배달할 물건을 들고 갈 때와 회의하러 갈 때 사람들이 나를 대하는 태도가 달랐다.

월급 100만원을 받고도 명품 백을 갖고 싶어 하고 끊임없이 자신의 환경에 불만을 쏟아내면서 미래를 불안해하는 아이들. 직업에 귀천이 있고, 학력이 모자라면 이력서 넣을 곳도 없는 현실을 마주한 아이들이 그 상태를 벗어나고 싶어 몸부림쳤다는 것을 뒤늦게 깨달았다.

나는 뭐든 열심히 하면 이루어진다고 믿었다. 교사의 덕목은 성실함이고 꾸준히 무언가를 하면 되는 것 아니었던가. 그런데 안 됐다. 자의 반 타의 반으로 가게 문을 닫고 나니 몸을 다 쓰고, 내 시간, 내 에너지를 다 써도 안 되는 게 있다는 것을 깨달았다. 다른 일을 할 수 없을 만큼 몸도, 마음도 만신창이가 되었다.

내 인생은 완벽히 실패했다고 느낀 그때 아이들에게 익숙하게 듣던 욕을 내 입으로 하며 지냈다. 잘 때도 욕을 하고, 자면서도 욕을 하고, 깰 때도 욕을 했다. 휴대전화 메모에는 '강하면서 약한 말. 시팔'이라고 적었다. 욕은 아이들의 잘못된 언어 습관이라고만 생각했는데, 실패를 도저히 받아들일 수가 없고 억울한 마음이 들고 어디다 하소연할 데도 없고 앞으로 살길이 막막하니 욕이 절로 나왔다. 욕이라도 하면 속이 풀렸다. 이런 내가 어떻게 그동안 욕을 안 했던 걸까?

나는 그동안 무언가를 생각하고 해나가면 실제로 이루어지는 삶을 산 것이다. 이루어지지 않아도 내 삶은 상상할 수 있는 범위 안에 있었다. 하지만 아이들은 욕밖에 할 수 없는 상황을 자주 겪으며 살았고, 환경도 마음대로 안 되고 자신도 마음대로 안 되니 '시팔' 욕이 나왔을 것이다. '시팔'이라는 단어를 내뱉을 때 말고는 강할 수가 없었을 것이다. 그래서 그 말이 강력하면서도 매우 약한 말이었다. 아이들에게 욕이 아리랑에서 느껴지는 한이라는 걸 알았다. 나는 그제야 아이들의 욕이 어디에서 나오는 건지 알 수 있었다.

학교교육은 중산층 문화에 기반을 두고 교사 또한 계급적 지위를 가지고 있다. 사람들은 교육이라는 틀이 모든 것을 아우른다고 하지만 가난한 아이들도 그렇게 생각하는지 모르겠다.

문화인류학자 폴 윌리스[Paul Willis]는 《학교와 계급재생산》에서 학교는 학교를 성실하게 다니고 누구라도 적합한 능력을 갖추기만 하면 사회적으로 성취할 수 있다고 가르치지만, 노동자계급의 학생들은 이것이 거짓임을 간파하고 있다고 말한다. 진보 교육자들은 윌리스의 말에 동의하면서 아이들이 자신의 삶에 주어진 조건대로 살 수 있도록 배려하고자 한다. 교사들은 최대한 그들의 생각과 문화를 존중하는 방식으로 수업하려고 하지만 노동자계급 아이 중에는 주류 사회에 진입하기를 희망하며 그에 걸맞은 교육을 받길 바라는 아이들이 있다.

진보 교육자들의 생각과는 다르게 아이들에겐 당장 생계가 급하고, 아이들은 위축되거나 다른 사람들에게 무시당하지 않고 살고 싶다. 그럼에도 진보 교육자들은 노동자계급 아이들에게 주류 사회에 들어가는 것은 헛된 꿈일 뿐이라는 점만 강조해서 말한다. 진보 교육자들은 가난한 아이들의 목소리를 듣기보다는 아이들의 입장을 대변하는 대리자로 행세하며 자신의 진보적 사상을 전달하고자 한다.

진보 교육자인 내가 어떤 면에서는 아이들의 걱정과 불안을 침묵으로 잠재우고 이상적으로 살도록 한 것은 아닌지 돌아보게 된다. 이는 리사 델핏Lisa Delpit의 글《침묵의 대화》에 잘 드러나 있다. 델핏은 유색인들이 교육에서 일어나는 현실적인 문제를 제기하면 백인 교육자들은 그들의 견해를 사변적으로 여기거나 들으려 하지 않기 때문에 유색인들이 점점 입을 다물게 되며 이를 '침묵의 대화'라고 했다.

다른 사람들은 이미 알고 있는 것을 나는 온몸으로 겪고 나서야 깨달았는지도 모르겠다. 세상 물정 모르는 '교사'의 말은 아이들에게 통하기는 어려웠을 것이다. 나는 그렇게 바닥을 쳤고, 수면 위로 올라오는 데 1년의 시간을 보냈다. 1년 동안 나는 사람들 만나기를 꺼렸다. 새벽에는 혼자 자전거를 타고 한강을 달렸고, 강물을 바라보면서 앞으로 어떻게 살아야 할지 생각했다. 왜인지 모르겠지만 낙담한 순간에도 강가에 앉아 있으면 다음엔 아이들과 어떤 작업을 하고 싶은지 아이디어가 떠올라 스마트폰에 녹음을 하곤 했다.

혼자 마음을 추스르기 어려워서 리더십 코칭을 하던 분에게 상담도 받았다. 나는 패배감이 컸고 우울했는데, 한병철의《피로사회》를 읽으며 내 우울감의 원인을 찾을 수 있었다. 목표를 달성하기 위해 나를 계속 채찍질해댄 것이 원인이었다. 한병철은 현대 사회에서 사람들이 성공하기 위해 스스로를 착취하는 방식으로 일을 하며, 이런 것은 우울감으로 이어진다고 말했다. 고개가 끄덕여졌고 열심히 살려는 노력이 나를 힘들게 한다는 생각을 했다.

스스로를 착취하는 버릇을 버려야 이 늪에서 빠져나올 수 있다는 것을 깨달았다. 나는 실패를 인정하기로 했고, 앞으로 겪을 수 있는 실패를 용인하기로 했다. 아이들과 내가 모두 행복해지는, 좋은 교육이 무엇인지 살면서 끊임없이 물어야 하지만 거기에 마음이 붙들려 나를 혹사하지는 않기로 했다.

일학교를 함께했던 아이들과도 연락을 끊은 상태로 지내다 세월이 흐른 뒤 다시 만났다. 나와 끝까지 있었던 아이는 그사이 취직을 했다. 매장 일이 너무 힘들어 앞으론 육체노동은 안 할 거라며 울부짖던 아이였다. 자신이 들어갈 만한 사무직 일자리가 없어 좌절도 많이 했지만 다행히 지금은 '사회연대은행'이라는 NPO(비영리 조직)에서 일한다. 일학교에서의 창업 경험을 회사에서 인정받아 입사를 했고, 지금은 어려운 창업자를 돕는 일을 한다. 매일 지각하던 아이는 군대에서 공인중개사 자격시험을 공부해서 공인중개사 사무소를 차렸다. 그 아이는 지각하는 이유를 만들어내는 데 선수였는데, 지금은 직원들이 지각을 한다며 속을 끓이고 있다.

창업을 했던 3년 동안 겪은 일이 모두에게 특별한 경험이었는지 우리는 여전히 서로를 의지한다. 폐업 당시 서로에게 섭섭한 마음도 많았는데, 지나고 나니 우리는 감당하기 버거운 일을 했으며, 목적을 이루기 위해 각자가 최선을 다했다는 것을 알게 되었다.

퍼실리테이션 수업: 듣고 말하며 학습 동기를 키우다

1년간의 회복기를 마치고 서울시립청소년드림센터에서 일

했는데, 그곳 드림센터 교육팀에서 대안학교 두 곳의 운영을 총괄하는 일을 맡았다. 한 곳은 학교를 다니지 않는 청소년을 위한 도시형 대안학교였고, 다른 한 곳은 학교에 적응하지 못하는 학생들이 다니는 위탁형 대안학교였다. 그동안 내가 일했던 대안학교 아이들보다 이곳 아이들을 둘러싼 환경이 훨씬 어렵고 복잡했다. 부모가 아이 의견을 존중하여 대안학교에 온 아이도 있었지만 등판 한가득 문신이 그려진 아이, 아버지의 폭력으로 집을 나온 아이, 난독증으로 학습에 어려움을 겪는 아이, 8학군 학교에서의 치열한 경쟁을 견디지 못해 무기력에 빠진 아이 등 아이들마다 사연이 있었다.

아이들은 검정고시 수업 이외의 학교 활동에 관심이 없었고, 왜 학교를 다니는지 목적도 없었다. 어떻게 학교를 운영해야 할지 고민하던 차에 교사와 학생 모두가 참여하는 수업 발표회를 기획했다. 아이들이 어떤 생각을 하는지 알고 싶어서였다. 몇몇 학생은 밴드 공연이나 춤 공연을 했고, 몇몇 학생은 에세이를 썼다. 그중 17살 영우가 쓴 에세이는 학생들의 생각이 반영된 학교를 만드는 데 큰 기폭제가 되었다.

키 큰 다문화 학생 영우는 부모가 이혼한 뒤 엄마가 중국에서 한국으로 돈 벌러 떠나, 중국에 혼자 남아 견뎌야 했던 어려움에 대해 말했다. 영우는 글이 끝날 때쯤 교사들에게 이런 말을 전했다.

"당신은 나와 같은 삶을 산 적이 있나요? 만약 그렇지 않다면 당신이 나를 가르치는 것처럼 나도 당신에게 가르쳐줄 것이 있어요. 저도 저의 경험에서 배운 것이 있으니까요."

그 말에 깊이 공감했다. 교사와 아이들의 삶이 다르기 때문에 아이들이 경험한 것을 많이 듣는 교육, 아이들 스스로 자신의 경험을 꺼내놓는 교육이 필요하다고 생각했기 때문이다.

그 이후로 나는 교사들에게 아이들을 '아는 척'하지 말아달라고 부탁했다. 또한 아이들을 잘 모르니 학교 운영이든, 교육이든 아이들과 의논할 제도적 장치를 교사들과 함께 마련하기로 했다. 우리는 말 잘하는 아이들의 의견만이 아닌, 모두의 의견을 모을 방법으로 '퍼실리테이션'을 선택했다. 퍼실리테이션은 교사가 강의를 하는 대신, 학생들의 경험과 생각에 기반해 학습하도록 촉진, 즉 학습자가 자신이 경험하며 알고 있는 것을 발전시키도록 하는 방식이다. 퍼실리테이션은 각 구성원이 자신의 생각을 자유롭게 표현하고, 각자의 의견을 경청하는 데 도움이 된다.

교실 벽에는 '모든 의견은 동등하고 가치롭다'는 말을 붙여놓았다. 교사가 옳다고 생각하는 방향으로 의견이 쏠리지 않도록 테이블마다 놓인 전지와 포스트잇에 각자가 생각하는 키워드를 적고 발표하며 의견을 수렴했다. 학교의 교육목표와 교육과정을 짜는 회의가 가장 중요했는데, 아래와 같이 단계를 거쳐 의견을 수렴했다.

- 도입 단계: 대화를 위한 기본적인 약속을 확인하고, 회의의 취지와 목적을 공유하는 단계.
  - 오늘 회의 목적은 학교의 교육목표와 교육 방법에 대해 합의하는 것이다.
- 발산 단계: 목적에 따른 다양한 아이디어를 모으는 단계.
  - 학교를 다니면서 이루고 싶은 것은 무엇인지 다양한 의견을 제안한다.
  - 그것을 이루기 위한 방법은 무엇인지 다양한 의견을 제안한다.
- 수렴 단계: 모인 아이디어를 분류하고 정리하는 단계.
  - 비슷한 항목끼리 분류하여 제목을 붙인다.
- 마무리 단계: 정리된 아이디어 중에서 무엇을 실행할지 결정하는 단계.
  - 수렴된 의견 중에 우리가 꼭 했으면 하는 제안에 투표한다.

첫 번째 단계인 도입 단계에서는 학교의 교육목표를 얘기했다. 우리 학교의 목표는 '청소년들이 건강한 시민으로 자라는 것'이었다. 시민과 건강한 시민의 개념을 아이들과 함께 살펴보고 나서 회의를 통해 아이들이 생각하는 교육목표와 교육 방법을 모으자는 제안을 했다. 두 번째 단계는 발산 단계로 이 단계에서는 아이들이 두려움 없이 어떤 의견이든 낼 수 있는 분위기를 만들었다.

아이들에게 "너희는 학교에 원하는 것이 뭐니?" 하고 묻자 한 아이가 "빅 픽쳐요!"라고 했다. 아이들이 그게 뭐냐고 수군거렸다. 한 아이가 "꿈을 가지는 거 있잖아. 꿈을 크게 그리는 거"라고 말했다. "스마트폰이 있으니 검색해보자. 빅 픽처가 뭔지." 이렇게 아이들이 말하는 것 모두를 칠판에 적었다.

웃긴 이야기도, 말이 안 되는 것도 진지하게 경청하며 칠판에 한가득 적고는 "너희는 어떻게 하면 빅 픽처를 이룰 수 있겠어?"라고 물었다. 아이들은 조금씩 더 진지해졌다. 한 아이가 "많이 겪어야죠. 내가 누구인지 알려면"이라고 했고 나는 또 이렇게 물었다. "겪는 데에는 두 가지가 있어. 그냥 겪는 게 있고, 겪은 일을 되돌아보며 생각하는 게 있어. 하나는 체험이고 하나는 경험이지. 너희는 어떤 것을 말하는 거니?"라고 물으면 "둘 다예요", "사회에 나가서 어떻게 살 건지도 중요해요"라는 대답이 나왔다.

수렴 단계에서는 칠판에 잔뜩 적은 것을 같은 항목끼리 분류했다. 논의를 거친 결과 경험과 체험, 자기 탐색, 진학과 진출, 이렇게 3가지 단계로 교육과정이 구성되었다. 아이들은 각 교육과정의 특성에 따라 그 과정을 함께할 선생님을 추천했고, 교사의 동의를 얻어 최종 결정했다. 재학생은 15세부터 21세까지로 나이 차이가 있었지만 나이와 실력과 상관없이 배우고 싶은 교육과정을 각자가 선택했다.

다음 날, 학교를 잘 나오지 않던 아이들이 전원 출석했고 지각도 줄었다. 1년 합계를 내보니 출석률이 90퍼센트를 넘어섰다. 아이들 중에는 초등학교도 가보지 못한 아이, 중국에 머물 때 학교 적응에 어려움을 겪어 심리적 난독증에 걸린 아이도 있었지만 전체 회의에서 의사소통하는 데에는 무리가 없었다. 아이들은 자신들이 무엇을 하고 싶은지 이야기하는 과정에서 다른 사람들이 무엇을 하고 싶은지 귀 기울여 들었다. 자신이 생각하는 것을 어떻게 말해야 할지 몰라서 전달이 서툴렀던 아이들도 시간이 갈수록 생각을 조리 있게 말했다. 친구들이 말하는 것을 듣고 자신들이 말한 것이 반영되는 경험은 아이들의 마음을 치유하는 데도 도움이 되었다. 잘 들어주는 것이 아이들의 학습 동기가 되었다.

나는 아이들이 스스로 참여해서 자신이 배우고 싶은 것과 경험하고 싶은 것을 결정하고 자신이 어느 단계로 나아가야 하는지 설계하는 것을 학습자 중심 교육과정이라고 부르고 싶다. 이는 평생 학습 영역의 대표적 이론가인 장 레이브[Jean Lave]와 에티엔 웽거[Étienne Wenger]가 주창한 상황 학습[Situated Learning]에 잘 표현되어 있다.

상황 학습은 학습자들이 학습의 능동적 주체가 될 수 있는 방법에 대해 새로운 관점을 제시한다. 레이브와 웽거는 학습자들이 학습 공동체에 능동적으로 참여하면서 학습자 스스로 학습 목표와 과정을 계획하는 것을 '학습 교육과정'이라고 부른다. 또한 학습자들이 수업이나 학교 운영에 학생들이 부분적으로 참여했을 때 학생들이 더 잘 배울 수 있다고 말한다. 이것은 교사가 제공하는 지식을 습득하는 것을 넘어 스스로 무엇을 배울지 구성하고, 자신의 목표에 따라 배워나가는 것을 포함한다. 레이브와 웽거는 학습 공동체에서 학습자들이 능동적으로 참여하고, 스스로 배우면서 전인全人으로 성장한다고 주장한다.

실제로 다양한 교육 현장에서 이러한 노력을 하고 있다. 최근 '거꾸로 교실'이라고 불리는 플립 러닝Flipped Learning은 인터넷 등을 통해 학생이 먼저 학습하고 수업 시간에는 학생들이 공동 과제를 의논하여 해결하는 방식이다. 도쿄에 있는 청소년센터인 유우스키나미는 센터를 지을 때 청소년을 참여하게 해서 그들의 요구대로 건물을 지었으며, 지금도 청소년들이 센터 운영을 한다.

'별별랩'이라는 대안 학습 공간에서는 학생들이 배우고 싶은 것을 스스로 계획하고, 그에 적합한 교사를 초빙한다. 학생들이 학교에서 자신의 의견을 말하고 자신이 제안하는 수업을 받을 수 있다는 것 자체가 배움의 동기가 된다. 아이들이 무엇을 배우고 싶은지 생각해보거나 그것을 어떤 방식으로 누구에게 배울지 결정함으로써 자기가 무엇을 좋아하고 어떤 사람인지 이해하는 자아감이 형성될 수 있다.

교사는 자신의 경험과 지식을 아이들에게 말이나 계획을 통해 전달하고 싶어 한다. 아이들의 말을 있는 그대로 듣고, 회의에서 결정된 대로 따르려면 교사의 습성을 버리고 자신을 비우려는 마음가짐이 필요하다. 전달하고 싶은 마음이나 아이들에게 거는 기대를 버려야 아이들이 말하는 바를 온전히 이해할 수 있다. 노자가 《도덕경》에서 말한 것처럼 교사는 마음을 '비워 둠'으로써 아이들의 마음과 만나는 사람이 아닌가 싶다.

자신이 생각하는 대로 아이들을 이끌고 가지 않고, 아이들이 스스로 자신의 과제를 찾아 해결할 수 있도록 그 뼈대를 만들어주는 사람이 바로 교사가 아닐까.

그때 대화는 나쁜 방법이었을까

서울시립청소년드림센터에 있을 때 만난 학교 밖 청소년 정이는 엄마 손에 이끌려 학교 입학 상담을 받으러 왔다. 이전 학교에서 강제 퇴학을 당한 상태였다. 나는 정이에게 학교를 소개해주려고 학교를 한 바퀴 돌면서 대화를 했다. 정이는 입을 꾹 다물고 말없이 계단을 따라 걸었다. 정이에게 그동안 어떻게 지냈냐고 물으며 등을 토닥이다 깜짝 놀랐다. 등이 딱딱하게 굳어 있었다. 아이가 어떤 사건에 연루되었는지 듣지 못했지만 아이가 그로 인해 매우 놀랐고, 아팠다는 것을 직감했다. 내 마음속에서 뜨거운 어떤 것이 훅 올라오면서 아이가 겪었을 상처가 파노라마처럼 그려졌다. 나는 "괜찮아, 괜찮아" 그 말만 되풀이했다.

정이가 학교에 마음을 둘 수 있을지, 친구들과 잘 지낼 수 있을지 걱정이 되었다. 다행히 6개월 정도 지나니 표정도 밝아지고, 말도 곧잘 했다. 본격적으로 아이와 서로 터놓고 말할 수 있을 즈음 겨울이 왔고, 다음 해에 아이는 일반 고등학교에 입학했다. 정이가 그 학교에 입학한 지 한 달쯤 되었을 때, 정이가 퇴학 처분을 받지 않도록 도와달라는 정이 어머니의 전화를 받았다. 담임 선생님이 정이에게 무언가를 물어봤는데, 아이가 대답을 하지 않았고 선생님이 혼을 내자 책상을 뒤엎고 난동을 부렸다고 했다. 우리 센터에 있는 위탁형 대안학교로 정이를 옮겼다.

다시 드림센터로 돌아온 정이는 처음에는 잘 지내는 듯했다. 그러다가 지갑 분실 사건이 일어났다. 학교엔 게임을 할 수 있는 컴퓨터와 노래방이 갖추어진 놀이 시설이 있었다. 그 노래방에서 한 아이가 지갑을 잃어버렸고 놀이 시설에서 있던 다른 아이가 정이가 노래방에서 지갑을 가지고 나와 이리저리 살펴보는 걸 봤다고 말했다. 정이는 자신을 봤다는 그 아이에게 매우 화를 내며 위협적으로 대했다.

학교에서 아이들 사이에 갈등이 생길 때 우리는 상황을 일시 정지하고 대화를 나누는 대화 테이블을 만든다. 사건 당사자들과 그들의 입장을 대변하는 친구들이 대화 테이블에 앉아 의견을 교환한다. 어떤 상황에 있었는지, 어떤 행동을 했고 어떤 말이 상처가 되었는지 이야기 나누며 서로를 이해하고, 화해하는 방법을 찾는 장이다. 그날 교사들은 대화 테이블에 앉아 지갑을 봤다는 아이의 친구와 지갑을 가져가지 않았다는 정이의 친구 이야기를 들었다. 정이는 자신을 의심한다고 벌컥 화를 내며 책상을 엎었고, 자신을 지목한 아이를 때리려고 했다. 나는 그 순간 아이를 끌어안았다. 어떤 순간이든 너와 같이할테니 진정하라는 마음을 전하고 싶었다.

정이는 내게 안긴 채로 책상을 발로 차고, 손에 잡히는 대로 물건을 부수었다. 다른 선생님들도 함께 말렸지만 정이는 말리는 선생님을 밀쳤다. 그때 정이를 대변하던 친구가 정이를 주먹으로 한 대 치며 소리쳤다.

"이건 너무한 거 아냐! 선생님한테까지 이러는 거 너무하잖아! 정도껏 해야지!"

그제야 정이는 씩씩거리며 풀썩 주저앉았다. 이야기는 중단되었고, 다음 날 어머니를 만나 이 일을 마무리하기로 했다. 그렇게 아이를 집으로 보내고도, 아이가 지갑을 훔쳤다고 생각하지 못했다.

정이의 어머니에게 전화가 왔다. 정이의 가방에 지갑이 있었다고. 정이에게 실망했지만 이런 일로 퇴학시킬 생각은 없었다. 아이가 어제 상황에 대해 사과할 기회를 만드는 것이 중요했다. 교장 선생님과의 면담 자리에 정이, 정이 어머니 그리고 교사들이 대화하는 자리를 만들었다. 정이는 자리에 앉나 싶더니 테이블에 올라가 소화기를 휘두르며 교사들을 위협했다. 남자 선생님들이 곧바로 올라와 정이를 붙들었다. 정이는 "혼자 덤비기 무서워 같이 덤비는 거야?"하며 선생님들에게 침을 뱉었다. 경찰이 왔다. 훈방 조치를 해서 집으로 돌아갔지만 그 이후로 정이는 학교에 올 수 없었다.

나는 정이 부모님에게 아이가 학교를 다니는 것보다 적절한 치료를 받는 것이 더 필요하다고 간곡히 말했다. 하지만 아버지는 그 말을 받아들이지 않았다. 정이가 고등학교를 졸업하면 중국에 데려가 자기 사업을 같이하며 돌보겠다고 했다. 부모에게는 왜 그렇게 학교 졸업이 중요할까. 아이가 아파서 소리치고 있는데 말이다.

나는 그날을 자주 복기한다.

'대화가 방법은 아니었어', '대화가 해결책이라는 것은 모든 아이에게 적용되는 방법은 아니었어', '그 아이에게 대화는 분노지수를 높이는 폭탄이었어', '그렇다면 나는 무엇을 했어야 하나', '그 아이가 극한 상황으로 치닫기 전에 그 아이의 마음속 불안을 알아챌 수는 없었을까?', '그 아이는 정말 정신적·심리적 치료를 받는 것 이외에 다른 방법이 없었을까?'

대화가 어려운 아이들이 점점 늘어난다. 학생들의 의견을 반영하는 민주적 운영을 통해서도, 학교 구성원들의 갈등을 해결하는 방법의 하나인 회복적 서클을 도입하는 것을 통해서도 '대화'가 되지 않는 아이들. 그 아이들과 함께할 수 있는 학교는 없는 걸까? 나로서는 해결할 수 없는 일이 점점 많아지며 교사로 나이 들어간다.

사이버공간에서 놀고, 교류하고, 학습하는 아이들

교사는 갈수록 아이들의 생각을 알기 어렵고, 어떤 교사로 아이들 앞에 서야 하는지 잘 보이지 않으니 아이들에게 길을 물을 수밖에 없다. 아이들과의 연결 고리를 만들기 위해 처음 한 일은 아이들에게 일방적으로 말하지 않는 것이었다. "내 생각은 이런데 네 생각은 어때?"하고 아이들의 생각을 물었다. 또한 아이들이 세상에서 배워온 것을 학교에서 공유하는 '경험 공유회' 수업을 만들었다. 이 수업에서 나는 아이들이 경험한 것을 의미 있게 해석해주고, 아이들이 친구들에게 어떻게 자신의 경험을 들려줄지 계획하면서 스토리텔링하는 방법을 익히게 했다.

이 수업을 통해 피자 배달 아르바이트를 하는 아이에게 도우 만드는 법을 제대로 배웠다. 포켓볼을 잘 치는 아이에게 포켓볼을 배웠다. 그 수업이 끝난 이후로 포켓볼에 재미를 붙여 아이들과 포켓볼 내기 경기를 종종 했다.

어느 날은 유튜브로 서로 좋아하는 노래를 한껏 들었다. 유튜브에 동영상을 올리는 사람인 '유튜버'의 세계는 나에게는 새로운 경험이었다. 나는 유튜브를 통해 노래를 듣고 강의를 듣는 정도였는데, 유튜브를 하느라 지각을 자주하는 선우가 알려준 유튜브의 세계는 내가 아는 것보다 훨씬 넓고 큰 세계였다.

내가 상상한 것과 다르게 아이들은 인터넷을 통해 자기 세계를 넓히고 있었다. 생각 없이 마냥 컴퓨터 앞에 앉아 있다고 생각했는데 그 생각이 내 편견일지도 모른다는 생각이 들었다. 사이버공간에 몰입한 아이들이 인터넷에서 어떤 경험을 하는지 좀 더 알고 싶었다. 그런 아이들과 석 달 동안 인터뷰도 하고, 아이들이 좋아하는 피시방에 가서 아이들과 함께 못하는 게임도 하며 아이들의 삶의 세계를 들여다볼 수 있었다.

위탁형 대안학교에 다니는 영훈이는 피시방에서 한 달 동안 지내며 무단결석을 해서 학교를 더 이상 다닐 수 없는 상태였다. 영훈이가 한 달 만에 학교에 온 날 나는 "어떻게 지냈니? 먹는 것은 어떻게 하고?"라고 물었다. 영훈이는 "께대해서 살았어요. 께대 하면 돈을 얼마만큼은 벌 수 있어요"라고 말했다. '께대'는 '게임을 대신해주는 역할'의 줄임말로, 한 게임당 30만 원 정도를 받는다고 했다. 학교에서는 자신이 사회성이 부족한 덕후처럼 보일지 몰라도 게임에서 만난 아이들과는 활발하게 교류한다고 했다.

영훈이는 게임을 같이하던 아이들과 함께 게임을 만들고 있었다. 게임에서 만난 친구들과 게임 스토리, 디자인, 프로그램 등 각자 역할을 맡아서 게임을 개발했고, 일본 사이트에 게임을 팔 계획이라고 말했다. 한글 맞춤법이 틀려서 고쳐 써보라고 했더니, 자기는 요즘엔 해외 사이트를 이용하는데 일본어와 독일어를 주로 사용하는 바람에 한글 맞춤법을 깜박하는 일이 많다고 허세를 부린다.

악기를 연주하는 수영이는 유튜버가 사용하는 밈(meme, 인터넷상에 재미난 말을 적어 넣어서 다시 올린 그림이나 사진)의 뜻을 알려주며, 밈 상위권에 든 몇몇 영상을 보여주기도 했다. 수영이는 유튜버 옆을 타고 들어가 영상을 보는 재미에 빠져 새벽에 잠드는 일이 많았다. 수영이는 다양한 기능을 잘 사용해 파워포인트를 만들었는데, 그런 기능을 사용하는 법도 유튜브로 배웠다고 했다.

다른 아이들도 마찬가지였다. 서형이의 주요 온라인 서식지는 트위터다. 트위터의 타임라인으로 친구들이 공유한 자료가 떠서 별것을 다 보고 있다고 했다. 아이들은 자신이 원하는 검색 내용이 나올 때까지 사이트를 타고 또 타고 넘어가며 자신이 원하는 내용을 찾아내고, 활동처를 정하고, 자신의 취향에 맞으면서도 지식이 확장되는 곳을 찾아낸다. 서형이는 만화 〈코난〉에서 시작하여, '슈주('슈퍼주니어'의 줄임말)' 덕후, 그 다음엔 글쓰기와 영화, 지금은 페미니즘과 여성학에 관심을 갖고 트위터 타임라인의 글을 통해 지식을 쌓는다. 서형이는 보고 싶은 자료를 찾을 때 구글 학술 검색이 얼마나 좋은지 설명하며 저절로 알게 된 것들을 늘어놓았다.

아이들은 사이버공간으로 목적 없이 들어갔다가 네트워크에 올라온 자료를 타고 넘어가며 관심 있는 주제를 접하게 되고, 더 깊게 이해하고 싶어 자료를 찾으면서 자신만의 지식을 쌓아간다. 서형이는 학교에서는 선생님이 '뭐 읽어라' 하고 알려주지만 사이버공간에서는 자신이 주체적으로 찾아봐야 한다고 말했다. 사이버공간에는 언제든 가르칠 수 있는 사람이 있으니 열의만 있다면 무엇이든 배울 수 있다는 것이다. 또한 비전문가라도 누구나 발언할 수 있어 활동하기에 수월하다고 말했다. 이런 점에서 지식과 정보를 전달하는 전문가라는 교사의 역할이 앞으로도 유효할지 생각해볼 일이다.

교사 입장에서는 사이버공간에서 경험한 것을 어떻게 학습이라고 할 수 있느냐며 반문할지도 모른다. 학교교육과정은 국어, 영어, 수학 등 각 교과의 전문 지식을 단계별로 발전시키도록 구성되어 있다. 이는 산업사회에 필요한 전문 인력을 길러내기 위해서였다. 그러나 대중매체가 발달하면서 여러 분야의 지식을 쉽게 배울 수 있는 다양한 방법이 생겼고, 관심 분야에서 전문가 못지않은 지식을 가진 일반인도 많다. 대량생산이 보편화된 산업화 시대에는 누구나 알아야 할 보편적 지식이 있었고 이 지식을 퍼뜨리고 전수하기 위해 학교가 존재했다. 하지만 다품종 소량 생산이 중심이 되는 4차 산업혁명 이후의 시대에는 인공지능이 지식을 데이터로 축적하여 갖고 있다. 인류 모두가 알아야 할 지식도 없고, 학교에 가야 지식을 얻을 수 있는 시대는 점점 끝나가고 있는지도 모른다.

교육학자 V. 맥기브니^{V. McGivney}는 다른 사람들과 비공식적으로 만나는 네트워킹 등에서 이루어지는 사회적 상호작용 역시 학습의 자원이 될 수 있다고 말한다. 아이들은 사이버공간에 펼쳐진 세계를 통해 지식을 쌓고 논쟁하며 타인의 생각을 받아들이고, 커뮤니티에서 진행되는 집단 논의 과정을 통해 자신과 만난다. 교육 이론가인 D. A 콜브^{D. A Kolb}가 말한 '경험 학습 순환 모델'의 경로와 비슷하게 아이들은 학습 주체로서 지속적인 경험을 통해 스스로 생각을 변화시키고, 사이버공간 안에서 사람을 만나고 커뮤니티와 상호작용을 하면서 성찰적 자아를 만들어간다.

서형이는 트위터 기반 방송 매체인 트윗캐스트를 사용하는데, 그곳에 유럽 사람이나 아시아 사람이 많아서 트윗캐스트를 통해 외국어로 이야기하며 언어를 공부하려고 들어오는 사람들이 많다고 했다. 아는 사람들과 놀려고 방송을 켜두면 외국인들이 자주 들어온다고 했다. 아이들은 이처럼 시간과 공간을 넘나들며 사람을 만나고 낯선 언어와 만난다. 언어에 대한 두려움은 없다. 좋은 자료들은 대개 영어로 쓰여 있는 경우가 많은데, 이런 자료의 내용은 번역기를 돌려 대충 이해한다.

또한 아이들은 사이버공간에서만 사용하는 은어로 대화했다. '구독계(구독 계정)' '뒷계(비밀 계정)' '프텍(프로텍트의 줄임말. 보호 계정을 뜻함)' '본계(본계정)' 등은 사이버공간에 사는 그들만의 언어다.

우리는 사이버공간에 익숙한 아이들에게 스마트폰 과몰입 또는 중독이라는 병명을 붙인다. 하지만 아이들은 어른들이 괜한 걱정을 한다고 말한다. 서형이는 텔리비전이 나왔을 때는 텔레비전 중독, 인터넷이 등장했을 때는 인터넷 중독, 지금은 스마트폰 중독이라는 말을 하는데 어른들이 쓰기에 익숙해지면 중독이라는 말을 하지 않는 것 같다고 말했다.

요즘 아이들이 살아가는 방식은 기성세대의 방식과 다르다. 스마트폰을 갖고 태어난 디지털 원주민인 아이들과 디지털 이주민인 교사가 학교에서 만난다. 나는 오프라인에서의 해외여행으로 시차 적응이 안 돼 며칠 동안 정신을 못 차린다. 반면에 아이들은 온라인에서의 여행으로 시차 적응이 안 돼 학교에 지각하거나 정신을 못 차린다.

교사는 필요 없는 직업일까

아이들이 사이버공간에 빠지면 책과는 멀어질 거라고 생각했다. 하지만 아이들의 이야기를 들어보니 내가 우려한 것과는 조금 달랐다. 아이들은 사이버공간에서 여러 분야를 탐색하다가 한 분야에 특별한 관심을 갖게 되면 책을 읽거나 인터넷에서 배운 것을 현실에서 연습하며 자신의 관심사에 따라 학습을 심화시켰다. 이런 수준에 이르면 아이들은 사이버공간에서 얻은 지식이나 정보에 대한 생각을 정리하기 위해 대화 상대를 찾았다.

예전에 아이들은 경험이 부족하여 사회 문화를 가르쳐야 할 대상이었다. 그런데 지금의 아이들은 어른들이 모르는 사이버공간에서 사람을 만나고 경험하면서 자기 나름의 생각을 갖고 있다. 교사와 학생은 서로 다른 지식과 문화를 놓고 소통해야 할 대상이다. 따라서 청소년들이 사이버공간에서 경험한 것들을 무시하거나 배제하기보다는 자신이 경험한 것을 해석하고 성찰할 수 있도록 교육과정에서 배려하는 것이 필요하다.

이 지점에서 다시 교사란 무엇인지 묻게 된다. 또한 아이들에게 지식을 전달하거나 아이들이 잘 배우도록 안내하는 일이 교사의 역할로 여전히 유효한지 질문하게 된다. 이제 아이들은 디지털 매체를 통해 지식을 배우고 지식뿐 아니라 사람들이 관계 맺는 방식과 문화도 배우며, 그런 경험 속에서 가치관도 정립한다.

서형이는 여성 단체에 기부를 어떻게 할지를 놓고 대화창에서 유저들이 논의하던 과정을 이야기해주었다. 기부처와 내용을 리더가 일방적으로 정하지 않고 유저들이 모여 서로의 생각을 이야기하고 의견을 모으는, 집단 지성의 힘을 보았다고 했다. 서형이는 사이버공간을 멀리했더라면 평생 모르고 지냈을 것들을 알게 되었고, 그런 것들이 자신을 변화시켰다고 했다. 그 아이는 타인의 이야기에 공감할 때 텀블벅, 클라우드 펀딩 등을 통해 기부하는 것이 자연스러운 일이라고 했다.

교사가 이런 아이들의 지식과 경험을 조직할 수 있을지 고민이 된다. 아직 답을 찾지 못했지만 교사의 새로운 역할은 전 세계의 학교 실험에서 볼 수 있었다. 2004년 살만 칸^{Salman Khan}이 조카에게 수학을 가르쳐주기 위해 유튜브에 동영상을 올린 것이 그 시초인 칸 아카데미^{Khan Academy}도 그 실험 가운데 하나다. 칸 아카데미 홈페이지에 들어가면 영역별 수학, 미국 학년별 수학, 컴퓨팅 학습을 동영상으로 배울 수 있다. 대학의 혁신적인 시스템을 갖춘 미네르바 스쿨은 모든 수업이 온라인 플랫폼에서 이루어진다. 학생들이 전 세계를 3~6개월마다 돌아다니며 실제적인 프로젝트를 진행하기 때문에 대학 캠퍼스가 없다. 전 세계가 자신의 학교고 기숙사다. 교육에서의 공간 개념이 달라지고 있는 것은 분명하다.

프랑스의 에콜^{Ecole}42는 교사가 사라진 학교를 보여주는 예다. 에콜42는 강사도 교과서도 학비도 없이 주체적이고 협업 능력이 뛰어난 IT 인재 양성을 목적으로 하는 프랑스 교육기관이다. 에콜42엔 교실이 따로 없다. 대신 애플 컴퓨터가 1천 대 놓여 있는 방이 있다. 에콜42의 교육은 철저하게 팀 위주의 프로젝트

작업으로 이뤄진다. 학생들은 3~5년간 '다중 접속 역할 수행 게임MMORPG'에서의 임무처럼 150개 프로젝트를 수행한다. 프로젝트 하나를 끝내면 더 어려운 문제가 주어지고 교수의 지도 없이 협업을 통해 해결책을 찾아내야 한다. 전교생은 2천500명이지만 직원은 5명뿐이다.

미네르바 스쿨이나 에콜42는 한 명의 교사가 동영상을 통해 전 세계 학생을 가르치기도 하고, 교수와 학생이 온라인 시스템을 통해 학습하고 토론한다. 그리고 더 나아가 정교하게 프로그래밍된 교육과정을 학습자들이 협업하며 게임 레벨을 올리듯이 학습을 하고 있다. 이제 교사는 없어도 되는 존재일까, 아니면 교사의 역할을 재구성해야 할까.

그동안 교사의 역할을 충실히 해내고자 배웠던 퍼실리테이션 교사 교육 등과 같은 방법들은 이제 통하지 않거나 부분적으로 활용할 수밖에 없다. 억울한 마음도 들지만 생각과 몸을 바꾸지 않으면 헛바퀴 돌듯 아이들과 공허하게 만날 것 같다. 교사는 사회 변화와 아이들의 변화에 따른 교육과정을 설계하고 아이들이 스스로 배울 수 있도록 경험을 구성하는 사람이다. 이 길이 맞는지 두려움 가득한 질문을 하며 살아갈 수밖에 없고 계속 배워야 하는 운명을 갖고 태어났다.

그런 면에서 교사만 한 교육 소비자는 없을 것이다. 갈수록 어떤 교육이 옳다고 주장하기가 어렵다. 내가 어떤 교육을 잘하는 사람이라고 내세울 것도 없다. 계속 변화하는 사회와 아이들을 해석해내야 하는 학습자로 살아갈 뿐이다.

미래 교육 모델을 모색하다

이 글을 쓰며 내가 '교사'인지 스스로에게 물었다. 대안학교 교사는 직업란에 자신의 직업을 표시할 때면 어느 영역에 해야 할지 고민한다. 할 수 없이 사회복지사, NGO 실무자, 기타 중에서 그날 기분에 따라 매번 다르게 체크한다.

대안학교는 현재 비형식 학습 기관으로 분류되어 있어 제도적으로 인정되지 않는 교육기관이다. 평생학습 분야를 제외하면 고등 교육과정에서도 '제도권 학교'를 전제로 하는 논의가 주를 이룬다. 교육정책도 마찬가지다. 대안교육운동이 시작된 지 20여 년이 지났지만 제도 내 학교로 대안학교의 교육 내용이 부분적으로 수용되었고, 대안학교는 학생들의 요구에 따라 오디세이학교(서울시교육청에서 고1 학생을 대상으로 운영하는 학교로 자신의 인생 의미나 방향을 찾고자 하는 학생들에게 제공되는 교육과정)나 위탁형 대안학교(학교교육이 맞지 않는 학생들에게 제공되는 대안교육 과정)처럼 제도권 학교가 무너지지 않도록 보완하는 기능을 할 뿐이다.

해외에서는 이와 같은 대안학교들이 교육의 자율성을 보장

받도록 운영비를 지원하여 학교 운영의 안정성을 꾀하게 한다. 또한 학생들이 제도권 안팎 어디서나 교육을 받을 수 있도록 챠터스쿨과 같은 제도를 마련하고 있지만 우리나라는 이에 대한 대책이 없다. 학교 밖 청소년 지원법이 제정되었고 검정고시와 청소년 활동을 지원하는 '학교 밖 청소년 지원센터'가 시도별로 운영되고 있긴 하다. 하지만 그동안 학교 밖의 다양한 청소년에게 적합한 교육을 실험적으로 해왔던 대안학교에 대한 제도적 장치는 어디에도 없다.

그나마 서울시의 경우 '학교 밖 청소년 지원 조례'에 근거하여 대안학교가 명시되었고, 학교마다 1인 200만원씩 두 명의 인건비와 매월 교육 운영비 25만원을 지원받는다. 나머지 예산은 학부모가 내는 수업료나 교장과 교사들이 유치하는 외부 사업 지원금 등으로 마련해야 한다. 이런 조건에서도 대안학교는 아이들의 각각 다른 특성에 따른 교육 방법을 찾고, 아이들이 원하면 누구든 다닐 수 있도록 장학제도를 마련하고, 지역사회와 교육이 연계되도록 마을의 교육 허브로 기능하고자 한다. 이런 점에서 나는 평생 동안 다양한 활동으로 교사인 나를 스스로 증명해내야 하는 사람이라 하겠다.

교사의 역할 가운데 고정된 것은 없다. 교사로서 나는 사회 현상과 학생의 조건을 고려하여 좋은 교육이 무엇인지 지속적으로 물어 학교 시스템으로, 교육과정으로, 설계하고 실험하는 일을 해왔다. 20대 때 창조학교에서 아이들의 친구이며 새로운 세계를 보여주는 사람이었던 나는 그 뒤 청소년들의 일학교를 운영할 때에는 위험을 감수하는 길잡이로, 다양한 경험을 가진 청소년을 만날 때는 구성원들의 생각과 대화를 촉진하여 교육을 공동 구성하도록 돕는 퍼실리테이터로 살아왔다. 그리고 4차 산업혁명의 변화를 온몸으로 느낄 수 있는 지금, 아이들의 변화에 따라 다시 교육이 무엇인지 물어야 하는 학습자로 서 있다.

요즘 나의 화두는 '디지털 매체로 모든 세계가 연결되는 미래 사회에 아이들의 변화와 성장을 담을 교육은 무엇일까'이다. OECD 소속 교육연구혁신센터는 미래 학교에 대한 시나리오를 만들고 청소년들에게 필요한 미래 역량을 지표로 제시했다. 이 역량의 중요한 특징은 IT 기술 등과 같은 도구를 사용하는 것, 스스로 문제를 해결하는 것, 비판적 사고, 협업 등이다. 그동안 대안학교의 교육과정은 실제 현실에서 부딪치며 배우는 프로젝트 수업과 공동체에서 살아가는 데 필요한 비판적 사고와 협업이 주를 이루었다. 이와 같은 강점을 IT 기술 등 미래 기술과 접목한다면 대안학교는 미래 교육의 모델이 될 것이다.

나는 '뉴미디어 예술 대안학교'에서 이와 같은 교육을 실험하고 있다. 아두이노, 드론, 3D프린터, 스크래치 등 청소년들이 주로 사용하고 있는 IT 기술과 예술을 융합한 교육과정을 운영하고 있다. 평가 방식은 좀 독특한데, 학교에서 제시한 범주에서 개인별 성장 목표를 세우고 학기가 끝날 때에 목표를 얼마나 이루었는지 스스로 체크하여 자신의 성장을 기록하도록 돕는다. 아이들이 스스로를 관리할 수 있는 힘을 길러 자신의 상태를 점검하도록 하기 위해서다. 앞으로 이 교육이 아이들과 교육에 어떤 의미가 있을지 생각할 때마다 설레기도 한다.

나는 왜 이런 교육을 선택했으며 이 분야의 교사로 살아왔을까? 고레에다 히로카즈의 영화 〈원더풀 라이프〉는 죽음을 맞은 사람들이 사후 세계로 가기 전에 자신의 인생에서 기억하는 최고의 순간을 영상에 담았다. 감독은 전문 배우가 아닌 일반인 중에서 자신의 최고 순간을 생생하게 잘 말하는 사람을 영화라는 무대에 세웠다.

나는 히로카즈 감독의 방식처럼 교육이라는 무대에 각자의 경험과 삶을 가진 교사, 학생, 학부모를 세우고 싶다. 나는 신입교사 채용 인터뷰에서 먼저 지금까지의 인생에서 최고의 순간이 있었는지, 그것을 아이들에게 어떻게 교육과정으로 설계해 가르칠지 묻는다. 각자의 마음 안에 인생의 행복한 순간을 품고, 그 순간을 아이들과 함께 나누는 교육이 가능하다면 우리에게 주어진 가변적 조건(시대의 변화, 아이들마다 다른 특성, 교육 장소의 변화)을 활용하여 교육과정을 만들 수 있다고 믿기 때문이다.

내 삶에서 어우러진 아이들과 동료 교사, 나무와 풀, 교육 소재와 도구 등으로 '어떤 삶을 살지'를 이어 붙이는 과정이 내겐 교육과정을 만드는 일이었다. 내가 생각하는, 교사의 최고 소임은 좋은 교육이 무엇인지, 정답 없는 질문을 끊임없이 하는 것이다.

'월플라워 교사'의
특권이 있다

초등학교 교사
위지영

환대는 그 자체가 목적이 아니다. 환대는 그것이 허용, 조장,
촉진, 초래할 수 있는 무언가를 위해 베풀어져야 한다.
배우는 공간에 환대가 필요한 이유는, 배움에서 고통을
피하기 위해서가 아니라, 배움에 따르는 고통스러운 일들이
가능하도록 만들기 위해서다.

_파머, 《가르침과 배움의 영성》(2014, IVP)

위지영 교사는 상처받은 아이들의 눈빛 속에서 학창 시절 자신이
경험한 어둠과 그늘을 목격한다. 그 고통스러운 기억을 꺼내어
아이들과 마음을 나누고 공감하니, 삐딱선을 타던 아이들도
변화하기 시작한다. 허물과 실수에 너그러워지면서 교실은 조금씩
안전해진다. 서로를 환대하는 공간에서 아이들은 스스로 규칙을
정하고 공동체를 가꿔가는 힘을 발휘한다.

내게 교사는 볼품 없는 존재였다

어릴 때 텔레비전에 나온 흑백영화 〈미라클 워커〉는 내게 교사에 대한 첫 인상을 심어주었다. 〈미라클 워커〉는 헬렌 켈러의 아동기를 담은 영화로 헬렌과 가정교사인 설리번이 처음 만나는 장면은 아직도 생생하다. 헬렌의 부모님은 실랑이 끝에 겨우 그녀를 식탁에 앉힌다. 이윽고 헬렌은 손으로 음식을 집어서 주변에 마구 묻히며 음식을 입에 쑤셔 넣다가 눈을 희번덕거리며 웃더니 음식을 사방으로 집어 던진다. 반항적이고 제멋대로이고 예절이라고는 전혀 없는 헬렌에 질려 다른 가정교사들은 모두 도망쳤지만 설리번은 헬렌을 포기하지 않고 헬렌 곁에 끝까지 남는다.

영화의 마지막 장면에서 설리번은 헬렌의 손바닥에 '물water'

철자를 쓰며 그 뜻을 가르친다. 설리번은 웅얼거릴 뿐 단어의 뜻을 알지 못하는 헬렌을 우물가로 이끌고가 헬렌의 손에 펌프질을 한다. 세찬 물이 쏟아지자 헬렌은 무언가를 깨달은 듯 신음하며 '물'을 외치고 설리번과 헬렌은 기쁨에 겨워 울면서 서로를 부둥켜안는다. 나는 그 장면을 보고 이렇게 생각했다. 교사는 어떤 장애가 있어도 학생을 목적지로 데려가는 것을 포기하지 않는 사람이고 배움이란 이토록 환희에 차오르는 것과 같다고.

〈미라클 워커〉의 설리번 같은 선생님을 만나리라 기대하며 초등학교에 입학했지만, 현실의 학교는 달랐다. 프랑스 소설가 파스칼 키냐르^{Pascal Quignard}의《로마의 테라스》에는 '절망에 빠진 사람들은 구석에서 살아간다'는 구절이 나온다. 숨을 죽이고 마치 벽에 그려진 사람처럼 공간에 달라붙어 살아간다는 것이다. 나도 그런 사람이 되어 학교에서 조금의 공간도 차지하지 못하고 숨죽이며 지냈다. 교실은 50명이 넘는 학생으로 가득했고 그 안에서 나라는 존재는 너무나 미미했다.

키가 작아 항상 앞자리에 앉았던 나는 선생님에게 인정받고 싶었다. 아들이 귀한 집, 가난한 집에서 자란 막내딸은 언제나 관심의 사각지대에 놓인다. 나는 학교에 입학하기 전부터 언니들의 행동을 따라하면서 생활하는 법을 배웠다. 학교에 들어가서는 언니들 책가방을 보며 가방에 뭘 담아야 하는지 알아냈고 언니들처럼 학교 끝나고 집에 오자마자 숙제하고 언니를 따라서 책상에 앉아 책을 읽으려고 노력했다. 언니들 책상 옆에 내가 쓸 앉은뱅이책상을 놓고 싶었지만 셋째 언니가 방이 좁다며 못 놓게 한 것이 서러워 엉엉 울었던 기억이 난다.

학교에서 나는 말을 잘 듣고 쉽게 잊히는 평범한 아이였다. 내가 학교에 가는 이유는 인정과 보살핌을 받기 위해서였으나 선생님에게 내 존재감은 없었다. 우리 집에서 공부는 불확실한 미래에 대비하는 보험과도 같은 것이었다. 부모님은 자식들이 학교를 잘 나와서 든든한 직장을 갖게 하기 위해 악착같이 일을 했다. 내게 공부는 선생님과 친구들에게 대우받을 수 있는 수단이었다. 선생님의 따뜻한 말 한마디와 관심이 간절했지만 가난하고 눈에 띄지 않는 나에게 돌아온 것은 무응답이었다.

프랑스 소설가 조르주 베르나노스Georges Bernanos는 가난한 사람에게 필요한 것은 빵 따위가 아닌 그 이상의 것, 즉 희망이나 환상이라고 했다. 내가 다닌 초등학교 선생님들은 희망을 주기는커녕 독재자처럼 굴었고 학생들에게 관심이 없었다. 옳지 않은 일을 거리낌 없이 시켰고 윽박지르거나 학생들을 귀찮아했으며 늘 의욕이 없었다. 선생님의 사랑과 관심은 부모가 자주 학교에 찾아오는 아이들에게 쏠렸다. 선생님들에게 사랑과 인정을 받고자 했지만 외면당한 내 마음에 열등감이라는 상처가 남았고 못나고 부족해서 아무도 나를 거들떠보지 않는다는 생각에 세상을 향해 부정적인 태도도 갖게 됐다.

초등학교 2학년 때 나는 점퍼를 어깨에 걸치고 의자에 앉아 있었다. 텔레비전에서 본 장면을 흉내 내려고 그랬던 것뿐이었는데 나를 본 선생님은 면박을 주며 이렇게 쏘아붙였다.

"이게 어디서 건방지게. 옷을 입든지 벗든지 해. 지가 무슨 사장인 줄 아는 모양이지?"

아이들 앞에서 나는 세상에서 제일 작아진 느낌이 들었다.

4학년 때 만난 남자 담임 선생님은 아주 무서웠고 특히 학생들을 자주 혼냈는데 그때마다 모멸감이 들 정도로 지독하게 때리거나 욕을 했다. 한번은 선생님이 우리에게 자습을 시키고 교실을 비웠다. 선생님이 시킨 자습 활동을 하다가 휴지를 버리러 교실 뒤쪽으로 갔는데, 뒷자리에서 떠들고 있던 남자애들이 선생님이 오는지 안 오는지 망을 봐야 한다고 쑥덕이는 소리를 들었다. 아이들 대신 망을 봐줄 요량으로 뒷문을 열고 복도로 고개를 내밀었고, 때마침 걸어오고 있는 담임과 눈이 마주쳤다. 황급히 자리로 뛰어가 앉는 나를 보고 반 아이들이 눈치를 채고 조용해졌다.

선생님은 교실로 들어와 방금 내다본 사람이 누구인지 물었다. 선생님은 먼저 고하면 용서해준다고 했지만, 나는 선생님이 너무 무서워서 쿵쾅대는 가슴을 달래며 죄인처럼 고개만 숙이고 있었다. 곧 아이들이 나를 가리켰고 담임은 뚜벅뚜벅 다가오더니 귀를 잡아 세워 앞으로 데리고 갔다. 얼굴이 시뻘게졌고 아픈 것보다는 그렇게 달아오른 얼굴을 아이들이 보는 것이 창피하다는 생각만 가득했다. 담임은 나를 칠판 앞 바닥에 무릎 꿇린 뒤 주먹으로 머리를 내리쳤다.

선생님들이 여학생은 잘 안 때렸는데 나는 좀 심하게 맞았다는 생각과 아이들 앞에서 느낀 치욕스러움, 우리 집이 가난해 촌지를 못 갖다 줘서 더 심하게 혼났다는 느낌 등 여러 복잡한 감정이 솟구쳐 올랐다. 집에 온 나는 그날 입고 있었던, 산 지 얼마 안 된 점퍼를 다신 입지 않았다. 그 옷을 입으면 아이들이 내가 선생님에게 혼난 일을 떠올릴 거란 생각이 들어서였다. 새로 산 옷을 왜 입지 않느냐고 묻는 엄마에게 나는 아무 말도 할 수 없었다.

내 형편에 맞춘 진로 선택

중학교 때 선생님들은 모두 군림하듯이 항상 학생들을 억눌렀고 학생들의 정강이를 예사로 걷어찼다. 중학교에 가서 처음 영어를 접한 나는 영어 수업 자체가 공포였다. 한번은 영어 선생님이 칠판 앞에 나오라고 하고는 1부터 순서대로 쓰라고 했다. 알파벳 대문자 A와 소문자 a가 모양만 다를 뿐 같다는 것을 막 배운 나는 쓰다가 곧 막혀서 분필만 만지작댔다. 그러자 영어 선생님은 대가리를 폼으로 달고 다니느냐며 면박을 주고는 칠판에 내 머리를 박았다.

학교가 미션스쿨이라서 개인 종교와 상관없이 매주 월요일 1교시에 전교생이 회당에 모여 예배를 올려야 했다. 체벌과 언어폭력을 일삼는 선생님들이 성경을 읽고 찬송가를 부르는 모습이 가식적으로 느껴졌다. 그 학교에서 나는 불행하게도 부회장으로 뽑혔다. 임원을 맡으면 부모님이 반드시 육성회에 가입해야 했는데 형편이 어려워 가입비 30만 원을 내지 못했다. 다음 날 국어 선생님이었던 담임이 씩씩거리며 교실로 들어오더니 전교에서 우리 반만 육성회에 가입 안 한 임원이 있다며 소리를 질렀다. 그러고는 나를 벌레 보듯 쳐다보면서 눈살을 찌푸리며 못마땅한 듯 내뱉었다.

"수준도 안 되는데 왜 임원 선거에 나온 거야."

그런 담임의 입에서 윤동주의 시와 어린왕자 이야기가 흘러나왔다.

형편이 더욱 어려워져 영구 임대 아파트로 이사하면서 학교를 옮겨야 했다. 그나마 어렵게 적응했는데, 처음부터 새로 시작해야 한다는 생각에 잔뜩 웅크린 마음으로 학교에 갔다. 전학을 간 중학교는 남녀공학인 공립학교였는데, 비싼 교복을 입지 않았고 엄한 규율도 없었다. 학생들도 학교에서 자유롭고 편안하게 행동했다. 전학 서류를 처리해준 선생님은 바짝 얼어붙은 내게 미소 지으며 "아이큐가 높네?"하며 생활기록부를 슬쩍 보여주었다. 내 기를 살려주려고 그랬던 것 같다.

새로 만난 담임 선생님은 역사를 가르쳤고 수업 시간이 지루하지 않도록 농담도 자주 해주었다. 썰렁한 농담을 할 때면 우리는 야유를 보냈지만 나는 그 농담이 우리를 위한 선생님의 배려라고 느꼈다. 전학 간 학교는 체벌이 거의 없었고 선생님들은 학생들 형편을 캐묻지 않는 무관심의 배려를 보여주었다. 또 형편이 어렵다고 해서 학생을 차별하지 않았다.

　담임 선생님은 형편이 어려웠던 나를 생각해서 학교 선생님들한테 홍보용으로 배포되는 전 과목 문제집을 챙겨주기도 했다. 선생님은 상담을 통해 교우 관계에 대해 조언해주거나 부족한 과목의 성적을 올리도록 독려하기도 했다. 중학교 3학년 마지막 겨울방학에는 반 아이들 몇 명이 모여 선생님 댁을 찾아갈 만큼 선생님과 가깝게 지냈고 처음으로 학교에서 소속감을 느꼈다. 그리고 고등학교에 가면 내 노력에 따라 보상을 받을 수 있고, 나 역시 성숙해진 만큼 더 많은 자유가 보장되리라 기대했다.

　내가 다녔던 고등학교는 사립학교였는데, 재단 운영에 비리가 많았던 학교라 학생들한테도 이미 이런저런 소문이 퍼져 있었다. 교사들도 재단을 옹호하는 쪽과 비판하는 쪽으로 나뉘었고 재단과 교사들 간의 갈등이 심해져 학교 분위기가 우울했다. 고2 때 담임 선생님은 이사장 측과 대립해서 학교에서 해고될 위기에 처하기도 했다. 자신도 어려운 상황이었을 텐데, 나처럼 공부하려고 안간힘을 쓰는 형편이 어려운 학생을 위해 장학금을 빼놓지 않고 신청해주기도 했다.

어느 날 선생님이 나를 부르더니 '장학금 금액이 얼마 안 되는데 수혜자가 여러 명이면 도움이 안 되는 금액이 되니 네가 모아서 받는 게 좋겠고, 받은 장학금으로 부족한 수학 실력을 보충해줄 학원을 다니라'고 말했다. 그러면서 교복 카디건 속에 장학금이 든 봉투를 넣어주며 등을 토닥여주었다. 나는 귀까지 빨개지도록 창피하면서도 선생님의 따뜻한 마음이 느껴져 눈물이 났다.

그 당시 부모님은 더욱 연로해져서 벌이가 예전보다 더 적었는데, 고등학교에 오니 돈은 더 많이 들었다. 학교에서 고지서를 받아 들고 집에 갈 때는 마음이 늘 천근만근이었다. 나에게는 오직 공부만이 부모님의 한 많은 인생을 보상해줄 동아줄이었다. 그런 선생님들 덕분에 매일 무너질 것 같은 마음을 다잡을 수 있었다.

수능 성적이 잘 나오지 않아 원하는 대학을 지원할 수 없었다. 당시에는 막연하게 비리를 고발하는 정의로운 신문기자, 불평등한 이 나라를 떠나 일할 수 있는 외교관을 염두에 두기는 했다. 그런데 진로 고민을 진지하게 하지 못한 채 대학을 정해야 하는 상황에 닥쳐버린 것이다. 엄마는 꿈만 갖고 살 수 없다며 여자에게 좋은 직업이 교사고 등록금이 적게 드는 교대에 가는 것이 좋겠다고 했다. 교사는 졸업하면 바로 직장을 구할 수 있는 직업이었기에 내 형편으로는 피할 수 없는 선택이었다.

사람들은 수능 성적에 맞춰 사범대학을 지원해서, 안정적인 직업이라는 것에 매력을 느껴서, 방학 때 시간을 자유롭게 쓸 수 있어서 등 다양한 이유로 교사가 된다. 물론 사명감으로 교사가 되려는 사람도 있지만 나처럼 상황에 떠밀려 교사라는 직업을 선택한 사람도 있다.

초등학교 교사라면 따뜻하고 밝고 긍정적인 태도를 갖고 희망을 믿으며 낙천적이어야 한다고 생각했다. 하지만 정작 초등학교 교사가 된 뒤에 나는 안 맞는 옷을 입은 것처럼 학교에 나가는 것이 불편했다. 적성에 맞지 않는 것은 직업적 안정감, 교사에 대한 긍정적인 사회적 대우 등 교직의 장점으로 상쇄되지 않는 부분인 것 같다.

내게 학교는 돈이 없으면 대접을 받지 못한다는 것을 느끼게 해준 잔인한 사회의 표본이었다. 내게 교사는 상처만 주고 학생에게 무관심한 집단이었고 학교 비리 앞에서도 적당히 타협했던 무력한 집단이었다. 수업 시간에는 학생 위에 군림했지만 쉬는 시간이 되면 학생들이 희화화하고 이름 대신 별명으로 부르고, 사정없이 깎아내리던 바로 그 볼품없는 존재들이 교사였다. 그런데 내가 교사가 되었다. 만약 신이 있다면 복잡하게 꼬인 매듭 앞으로 데려와 거기서부터 다시 풀어보라고 기회를 준 것일까? 나는 교육대학교에 입학할 때부터 누군가에게 이런 내 마음을 들킬까 봐 불안했다.

첫 수업 시간에 마주한 수십 개의 눈

처음 발령받은 학교는 전체 24학급으로 이루어진 작은 초등학교였다. 교육청에서 교사 발령을 받자마자 부임 학교가 발표되었다. 학교를 찾아가 교사들과 인사를 나누고 담임을 맡은 5학년 교실에 들어가 교탁에 서는 순간 36명의 아이들 눈이 모두 나에게 쏠렸다. 만화에서 눈을 과장되게 튀어나올 듯이 그려 깜짝 놀란 모습을 표현하듯이 아이들의 호기심 가득한 눈이 책상과 교탁 너머의 나에게 꽂혔다. 앞으로 1년간 내가 맡아서 책임져야 할 아이들이었다. 교탁을 쥐던 손에 힘이 들어가고 이 아이들을 내가 어떻게 감당할 수 있을까 하는 생각에 부담스러웠다. 어린 시절 가장 상처받고 아파하던 교실이라는 공간에 이제는 내가 상처를 주던 교사의 자리에 서 있다.

나는 아이들에게 만만해 보이지 않으려고 애썼다. 어려 보여서 아이들이 무시하고 말을 안 들을까 봐, 자신 없는 내 모습을 들킬까 봐 아이들과 거리를 두고 가까이 오지 못하게 했다. 아이들을 처음 만나는 3월을 잘 보내야 1년이 편하다는 말에 3월 내내 웃지 않았고 눈에 힘을 주고 다니며 아이들을 쏘아보았다.

학급 규칙을 일방적으로 세세하게 정해서 알려주고 잘 지킨 아이에게는 상점을 주고 못 지킨 아이에게는 벌점을 주는 제도를 밀고 나갔다. 아이들이 쉬는 시간에 나에게 다가와 뭔가를 물으면 단답형으로 대답하고 자리로 돌려보냈다. 사적인 이야기는 하지 않고 학교 수업과 행사 등 학교와 관련된 일이 아닌 질문에 대해서는 말을 아꼈다. 선생님이 웃지 않고 필요한 말 외에는 안 하니 아이들은 당연히 나를 어려워했다.

학창 시절에 교사들에게 받은 차별이 마음의 상처가 되었기에 나에게는 학생을 공평하게 대하는 것이 중요했다. 모든 아이를 교탁 뒤로 멀리 두고 냉대하면서 내 할 일을 열심히 하고 어떤 학생에게도 관심을 주지 않는 것이 공평한 것이라고 착각하면서 말이다.

업무가 손에 익고 학급 운영이 쉽게 느껴지면서 결근하지 않고 학생 관리 잘하고 업무를 때에 맞춰 처리하고 학부모 민원이 없으니 이만하면 괜찮은 교사라고 스스로 생각했다. 학교에서 만나는 교사, 학생, 관리자와의 모든 관계가 빈껍데기 같았지만 원래 그런 거라고 여겼다. 내가 아닌 다른 누군가가 와서 당장 내 일을 하더라도 전혀 다르지 않았을 것이다.

시간이 갈수록 겉은 멀쩡하지만 속이 썩어가는 느낌이었다. 이 공허함을 어떻게 해결해야 할지 몰랐다. 어떤 선생님은 탈퇴했던 전교조에 다시 가입해서 활동해보라고 했고 어떤 선생님은 새로운 취미를 가져보라고 했다. 자녀가 있는 선생님들은 결혼하고 애 낳으면 그런 생각할 틈이 없다고 했다. 교사가 자기 학급 일을 너무 열심히 하면 옆 반 교사가 그 교사와 비교되어 힘들어진다고 말하는 선생님도 있었다.

무책임한 선배 교사, 사장처럼 행동하는 교장

첫 학교에서 나는 새내기 교사로서 선배 교사에게, 그리고 학교 시스템에 부당함을 느꼈다. 초등학교 영어 교육의 중요성이 강조되면서 컴퓨터 등 기자재를 이용한 수업이 활발히 시작되던 때였다. 선배 교사들은 자신들이 교단의 새로운 변화 앞에서 맥없이 무너지는 느낌이라고 했다. 나이가 많은 선생님들은 영어와 컴퓨터에 거부감이 들어 힘들어했고 새로운 일을 배우려고 하지 않았다. 그런 까닭에 학교에서 힘든 업무, 누구나 맡기 싫어하는 까다로운 업무는 모두 새내기 교사에게 돌아갔다. 당시에 성과급 제도가 도입되었는데 업무보다는 경력순으로 A, B, C 등급을 나눠 평가했고, 새내기 교사들은 학교 업무를 많이 맡아서 하고 기피하는 학년의 담임을 맡아도 5년 내내 C등급을 받았다.

교직 생활의 성과를 등급으로 나눠 평가하는 것도 부당했지만, 형식적으로 성과급 기준을 나눠 새내기 교사에게 불리하게 적용하는 것 또한 부당하게 느껴졌다. 지금은 새내기 교사들도 경력과 상관없이 업무 과중에 따라 등급을 받고 있으며 학교는 성과급 위원회를 만들어 나름의 기준부터 정하려고 한다. 하지만 해마다 교원성과급과 교원평가 시기가 돌아오면 교사들 관계와 마음에 균열이 생긴다.

발령 첫 해가 지나고 교직 생활 2년차일 때 새 학기를 앞두고 교감 선생님이 불러 교무실에 갔다. 교감 선생님은 6학년 담임을 맡게 된 어느 교사가 울며불며 못하겠다고 바꿔달라고 했다며 어린 축이었던 나보고 대신 맡아달라는 부탁을 했다. 교사가 된 첫 해에 담임을 맡은 아이들에게 가졌던 책임감과 부담감을 덜고 싶었던 나는 사실 다른 학년 담임을 희망했다. 학교에서도 같은 학생들을 연속해서 맡지 않도록 배정하기 때문에 6학년 담임은 생각도 하지 않고 있던 터였다.

하지만 희망하는 학년 담임 배정이나 학교 업무 분담은 민주적 분위기에서 논의되고 투명하고 공정한 기준으로 이루어지는 것이 아니었다. 희망 학년을 조사해서 정했어도, 교감이나 교장의 뜻에 따라 갑자기 바뀌는 경우가 많았다. 교사들은 그것을 너무 잘 알기 때문에 업무나 담임으로 배정된 학년에 대한 불만이나 어려움을 관리자에게 개인적으로 찾아가 간청하고 매달리곤 했다.

한 친한 선배가 '목마른 사람이 우물 판다'며 정말 피하고 싶으면 관리자에게 사정하라고 조언하기도 했지만 공적인 일 앞에 개인 사정을 들이미는 행동이 이기적으로 보였다. 결국 6학년 담임을 맡아 5학년 때 가르쳤던 아이들을 또 만나게 되었다. 6학년 교실에 들어선 첫 날, 5학년 때 우리 반이었던 아이들은 알 듯 모를 듯 한 미소를 지으며 또 선생님이냐는 식으로 야유를 보냈다. 내가 "나도 그리 좋지만은 않아"라고 했더니 아이들이 웃음을 터뜨렸다. 나도 덩달아 웃음이 터졌고 그리 어색하지 않은 분위기에서 첫 학기를 시작했다.

갑작스레 담임을 맡아달라고 한 것은 시작에 불과했다. 누군가 교사 연수를 갑자기 못 가겠다고 하면, 내가 그 자리에 대신 가게 했고, 학교별로 한 명씩 참석해야 하는 회의에 아무도 갈 사람이 없다면서 새내기 교사인 나를 회의에 보내기도 했다. 예순에 가까운 교감 선생님이 "부탁하네. 어쩌겠는가" 하며 감정에 호소했기에 내키지 않았지만 매몰차게 거절할 수가 없었다. 당시 선배 교사들이 힘든 일은 미루고 서로 안 하려는 모습이 실망스러웠다. 기피하는 일을 도맡아 하게 될 때, 지나가며 "고생해서 어쩌냐, 나도 어렸을 때 다 했다"라고 위로랍시며 말을 건네는 선배 교사들도 비겁해 보였다.

학교는 학급 수가 많든 적든 하나의 학교가 해야 할 업무의 종류와 양이 같다. 학급 수가 많은 학교는 교사 수가 많기 때문에 일의 가짓수를 나눌 수 있어 상대적으로 업무량이 적다. 학급 수가 적은 학교는 그만큼 교사가 적어 한 교사가 여러 일을 맡아서 하게 된다. 교사 수가 적기 때문에 누가 무슨 일을 하는지, 어떤 상황인지 잘 알 수밖에 없고 모두가 기피하는 업무라도 누군가 할 수밖에 없다. 내가 처음 교직 생활을 시작했던 15년 전에는 새내기 교사가 학교 업무를 주로 떠맡았고 지금은 비정규직 교사가 떠맡는다.

엄기호의 《교사도 학교가 두렵다》를 보면 중등학교에서

20~30대 교사들의 비정규직과 정규직 비율이 거의 6 대 4로 비정규직 교사들이 더 많다고 한다. 학교에서는 정규직 교사들의 담임 기피 현상이 가속화되어 약자인 비정규직 교사들이 어쩔 수 없이 담임을 맡을 수밖에 없는 상황이 벌어지고 있다. 정규직 교사들이 자기 편하자고 교육자적 양심을 팽개치고 담임 배정을 기피한다는 비난을 교사들이 자초한 면도 있다.

나는 선배 교사들에게 인정받고 싶어서 왕성한 혈기로 무엇이든 열심히 했다. 새로 부임한 교장은 교사들을 직원 대하듯이 다뤘고 월요일 교직원 회의 때마다 소리 지르며 혼냈다. 교장은 "당신들은 여기 직원입니다. 교직원이라는 말 아시죠?" 하면서 자신을 이 학교를 이끌어가고 중요한 결정을 하는 사장으로 비유했다. 선생님들은 그 교장이 교사 생활은 얼마 하지 않은 사람이고 교육부에서 오랜 기간 일하다 교장으로 와 상하 위계 관계에 익숙해서 저런다며 어떻게 저런 사람이 교장이 되었는지 모르겠다고 했다.

어떤 선생님은 교장 때문에 악몽을 꿀 정도로 학교 오는 게 너무 싫은데 그렇게 행복하지 않은 교사가 가르치면 학생들은 어떻게 되겠냐며 걱정하기도 했고 나이 든 선생님들은 학교를 떠나고 싶다고 했다. 첫 학교에는 전교조에서 활발하게 활동하던 선생님들이 많았다. 그런데 발령받은 해에 그 선생님들이 다른 학교로 떠나버려 발령 3년차 되던 해에 나는 그 학교 전교조 분회장을 맡게 되었다.

나는 전교조 선생님들이 인간적으로 좋았기 때문에 전교조에 가입한 것이지 사실 전교조가 무엇을 하는 곳인지도 잘 몰랐다. 주변 선생님들은 교감, 교장과 관련해서 부당한 일이 생기면 분회장인 내게 도와달라고 했다. 나도 어떻게 이의를 제기해야 하는지 잘 알지 못해서 전교조 중앙 지부에 물어보았으나 중앙 지부로부터 별 다른 답변이 없었다. 당시 전교조는 국가 교육정책 관련 반대 운동에 집중하느라 우리 학교같이 작은 학교 내부에서 일어나는 교사의 일에는 관심이 없었다.

그런 상황에서 나는 교사 설문지를 만들어 선생님들 의견을 모아 교장을 찾아갔다. 교장실 문을 두드리니 교장은 절차를 밟고 들어오라며 소리 질렀다. 그 절차란 것이 교감에게 물어보고 약속을 잡아 교장실에 들어오는 것이었다. 며칠 후 나는 교감을 통해 약속을 잡았고 그제야 교장을 만날 수 있었다.

이전까지 괴성을 지르던 교장이 180도 태도가 바뀌어 나에게 나긋나긋할 말씨로 무슨 일로 왔느냐고 묻더니 설문지는 나중에 읽어보겠다고 했다. 그러더니 쓸데없는 사적인 이야기만 늘어놓았다. 선생님들의 고민과 요구 사항에 대해 말을 꺼내려고 하면 자기는 다 알고 있지만 게으르고 이기적인 교사들, 학부모 민원이 많이 들어오는 교사들 때문에 어쩔 수 없다고 하며 자기변호에 바빴다. 그러면서 익명으로 조사한 설문 결과는 의미가 없다면서 누가, 몇 명이나 이 설문에 응답했는지 따졌다. 설문 조사를 할 때 몇몇 선생님은 자신은 이름을 밝히고 싶지 않으니 빼달라고, 여기에 답해도 교감과 교장은 자신을 모르게 해달라고 부탁하는 선생님들도 있었다. 이런 일들을 어떻게 해결해야 할지 몰랐던 나는 이 일의 마무리를 짓지 못했다.

교장이 끌어오는 초빙 교사들이 학교에 점점 많아졌고 학교 상황은 바뀌지 않았다. 교사들은 학교에 순응하는 교사와 이의를 제기하는 교사로 나뉘었다. 교감과 교장은 의사소통 구조를 바꾸지는 않고 부당함을 참지 않는 교사를 건드리지 않는 방향으로 태도를 바꿨다. 문제를 제기하려고 하면 '네 일 아닌데 왜 나서냐, 저 선생님은 가만히 있는데 네가 무슨 자격으로 말하냐'라는 식이었다. 나는 교감, 교장과 불편한 관계로 지내다가 정기 전보로 다른 학교로 옮겼다. 새 학교 교장 선생님은 나에게 꼬리표가 잘못 붙었다며 말해주었다. 그 교장이 새로 옮긴 학교의 교장에게 내 험담을 한 것이다. 선배 교사들과 학교에 대한 실망감으로 나는 관심을 학교 바깥으로 돌렸다.

학교에서 가장 행복한 사람은 누구일까

요한 바오로 2세는 사람이 가난한 것은, 소유하고 있지 않기 때문이 아니라 속박당하고 있기 때문이라고 말했다. 특히 소유물에 완전히 매달릴 때, 다른 사람들에게 마음을 열지 못하고 자기 자신을 주지 못할 때 그것이 바로 가난이라고 했다. 형편과 현실적인 경제적 문제 때문에 교사가 된 것은 문제가 되지 않는다. 학교에서 마음을 열지 않아서 나를 드러내 보이지 못한 것, 진심을 나누지 못한 것이 가난이고 부끄러운 것이었다. 마음이 가난한 채로 지낸 첫 학교에서의 생활은 아픔과 고난의 연속이었다.

첫 학교에서 나는 줄곧 학교 상황을 바꾸려고 애쓰다가 실망하고 또 포기하고 다시 또 애쓰기를 반복했다. 어느 날 일기 검사를 하다가 무뚝뚝한 성일이가 쓴 일기를 읽고는 가슴이 철렁 내려앉았다. 성일이는 학교에서 청소를 하는 기사님이 가장 행복해 보인다고 썼다. 등굣길에 빗자루로 학교 정문을 청소하는 기사님을 자주 마주치는데, 볼 때마다 기사님은 웃으며 비질을 하고 있었고 청소를 하면서도 지나가는 아이들에게 반갑게 인사를 한다는 것이다.

기사님은 그날그날 수리해야 할 것들이 있으면 목록을 만들어 순서대로 처리하는데, 수업 중에도 가끔 교실 뒷문을 살짝 열고 미소 지으며 들어와 수리하고 나가기도 했다. 기사님은 항상 웃는 얼굴로 자기가 필요한 곳에서 사람들을 돕는 일을 하니 자기 일을 좋아하는 사람으로 보인다는 거였다. 순간 기사님이 부러웠고 창피한 마음이 일었다. 매일 만나고 많은 시간을 함께 보내는 나도 있었는데 가끔 보는 기사님이 행복해 보인다니 아이들 눈에는 내가 어떤 교사로 보였을까? 나는 어떤 표정으로 아이들을 대했던 걸까? 교실 밖에서는 학교 사회의 부당함을 탓하는 내가 정작 학생들을 만날 때 어떤 교사였을까?

내가 담임을 맡은 학생들에게 1년간 가르쳐야 하는 교육과정을 의무적으로 전달하는 것으로 내 할 일을 다 했다고 여겼다. 학생들을 사랑하는 마음을 갖거나 그들의 내면에 관심을 갖지 않았다. 교감, 교장 선생님의 강압적인 태도에 지치고 동료 교사들의 소극적인 모습에 실망해, 정작 교실에서, 수업을 통해서 아이들을 만나는 기쁨을 놓치고 있었다.

1학년 담임을 할 때였다. 같은 학년을 맡은 교사들끼리 회의를 했는데, 그때 경력이 많은 한 선생님이 학부모가 자신을 얼마나 떠받드는지 아느냐고 뽐내면서 아이들을 자기 뜻대로 움직이는 법을 말했다. 그러자 주위 선생님들이 그 선생님의 노련함에 감탄하고 조언을 구하는 모습을 보였다. 선생님 자신의 능력을 과시하고 싶어서 한 이야기일 뿐인데도 말이다.

어떤 교사는 공부를 잘하거나 외모가 눈에 띄는 학생을 좋아하고 자기 반 학생이 대회에서 상을 받으면 자신의 능력으로 상을 받은 양 행복해한다. 학급에서 최우수 작품을 뽑은 뒤 학년에서 대표상 한 명을 정할 때도 유독 대표상에 집착하는 교사도 있다. 반대로 학부모가 자주 학교에 민원을 제기하거나 교우 관계가 안 좋아 다툼을 잘 벌이는 학생은 거의 교사의 원수가 되거나 새 학년이 되면 기피 대상 1순위가 된다.

반을 가리키는 숫자가 쓰인 종이를 던져 뽑기를 할 때 '제발 그 아이가 있는 반, 그 학부모가 있는 반은 피하게 해주세요' 하고 빌게 된다. 어떤 아이, 어떤 학부모를 만나는지에 따라 교사의 1년 생활이 순탄할지, 막말, 비난, 뒷담화에 시달릴지가 결정되기 때문이다. 내게는 사명감 없이는 교사 노릇하기 힘들다고 말해주는 선배도 없었다. 어느 누구도 교사로 태어나는 사람은 없다. 그럼 어떤 동기가 있어야 교사가 되는 걸까?

학교에서 마주하는 선배 교사들과 관리자의 모습을 보면 내 미래를 기대할 수 없었다. 교사로서 행복하지 못했던 나는 학교 밖으로 눈을 돌렸고 대학생 때 하지 못했던 다양한 경험이 하고 싶어졌다. 기타를 배우러 다니고, 춤 동호회 활동을 하며 다른 직업 세계에 있는 사람들을 만나 경험의 폭을 넓히려고 했다. 그러면 아이들에게 친구처럼 다가가지 못하는 나의 꽉 막힌 성격이 달라질 거라고 기대했다. 하지만 동호회에서 새로운 사람을 만나 어울리는 것도 쉽지 않았다. 내면에 상처가 많은 나는 사람들과 무엇을 함께해도 해방감을 느끼지 못했고, 오히려 사람들 속에서 외로움을 느꼈다. 그래서 하루 종일 자전거를 타거나 마라톤을 완주하며 학교에서 해소되지 않는 감정을 운동으로 떨쳐버리고자 했다. 하지만 마음은 여전히 허전했다.

상처 많은 교사가 상처받은 아이를 알아보기까지

그러다가 생애 처음으로 15박 16일 여행을 가게 되었다. 캄보디아와 타이 곳곳을 누비며 고온다습한 날씨에 힘겨운 배낭여행을 하다보니 숨겨왔던 내 본 모습이 드러났다. 나도 모르게 짜증을 냈고 같이 간 선생님들 말에 서운함을 느끼고 트집을 잡거나 불쾌감을 드러내기도 했다. 저녁이 되면 후회와 미안함이 몰려와 사과했다. 선생님들과 정이 드니 마음속 이야기를 하게 되었는데, 이야기를 들은 어떤 선생님이 마음공부를 해보라고 권유했다. 나는 여행에서 돌아와 명상 및 집단 상담 프로그램을 운영하는 곳을 찾아갔다.

그곳에서 마음을 고요하게 들여다보는 시간, 모르는 사람들 앞에서 내 고민과 상처를 있는 그대로 이야기하는 시간을 보냈다. 그러면서 내 마음속 깊은 바닥에 있는 감정을 볼 수 있었다. 에크하르트 톨레Eckhart Tolle의《지금 이 순간을 살아라》에 30년 동안 길가에 나와 낡은 상자를 깔고 앉아 구걸하는 거지 이야기가 나온다. 하루는 한 행인이 거지에게 낡은 상자에 무엇이 들어 있는지 묻는다. 거지는 한 번도 열어본 적이 없다며 마지못해 상자를 열었는데, 놀랍게도 그 안에는 황금이 가득 차 있었다.

이 이야기에 나오는 거지와 마찬가지로 나는 내가 앉은 자리에 황금이 있다는 걸 모르고 그것을 바깥에서 찾으려고 했다. 나를 사랑하는 사람은 나 자신으로 충분했다. 부모님의 사랑을 충분히 받지 못했다고 해서 못난 사람인 것이 아니었다. 학교 선생님들의 관심을 받고 그들에게 인정받아야 내가 존재하는 것도 아니었다. 부모님과 선생님에게 기대한 관심과 사랑을 받지 못했다고 해서 내가 무가치한 사람이 아니었다.

내가 나를 사랑할 수 있었다. 내가 나를 알아주고 나를 있는 그대로 안아줄 수 있다는 것을 모르고 살았다. 상처 많은 내 마음을 들키지 않으면서 사랑과 인정을 외부에서 구하려고 했던 나는 또 사람에게 상처받을까 봐 두려워 관계 맺기가 무척 어려웠다. 이런 내가 교사가 되었으니 참 아이러니하다고 생각했다. 그래서 학교 문을 들어서면 주눅이 들었다. 웃음이 흘러나오는 교무실을 지나면서 학교는 사회성 좋은 일부 선생님들의 무대고 학교도 그런 사람들이 차지한다고 생각했다.

아이들과의 관계도 마찬가지였다. 아이들은 선생님에게 아무렇지 않게 상처를 준다. 한번은 5학년 여자아이들의 따돌림 문제를 해결하려 하다가 그 아이들끼리 주고받는 비밀 일기장을 봤다. 일기장에는 교사인 나의 외모와 말투를 지적하고 놀리며 비난하는 내용이 있었다. 수업 중에도 아이들은 애써 마련한 수업 활동에 시큰둥하게 반응하거나 왜 하는지 모르겠다며 부정적인 반응을 솔직하게 드러내서 사기를 꺾기도 했다. 아이들이 다른 반과 비교하거나 학교 다니는 게 재미없다고 할 때는 내가 부족해서 그런 줄 알았다.

나는 상처받지 않기 위해 아이들에게 방어막을 치고 다가갔다. 진정한 선생님이라면 사랑이 마르지 않는 샘물이 되어 아이들에게 사랑과 희망을 퍼주어야 할 것이다. 내 마음은 곳곳에 상처가 나서 물이 새어버린 메마른 샘터와 같았다. 아이들에게 의지해서 아이들 반응에 따라 그날의 수업 성패를 판가름했고 나에게 반항하거나 부정적으로 대하는 아이를 보면 내 탓이고 내 못남을 들켜서 그렇다고 생각했다.

퇴근 무렵이면 학교 문을 부리나케 빠져나와 이 중압감에서 벗어나고 싶었다. 책임감으로부터 자유로워지면 아이들에게 상처받을 일이 없다. 해야 할 일을 사무적으로 처리하듯 할 수 있지만 그러면 껍데기만 남아 살아 있지 않은 기분이었다. 반면 끝까지 책임을 지자는 태도로 임하면 일이 끝도 없었다. 또한 아이들의 변화하는 모습이 즉각적으로 드러나지 않기에 보람을 얻기 힘들다. 수업 준비를 늦게까지 하고 아이들 관계를 잘 만들어주려고 애써도 문제를 제기하는 학부모 전화를 받으면 내 자신이 참 무능해 보였고 그간의 노력이 물거품처럼 사라지는 느낌이 들었다. 그러다 보니 교사라는 직업이 나에게 형벌로 다가와 이 무거운 옷을 벗고 싶었던 것이다.

〈월플라워〉는 친구를 사귀지 못하고 방황하는 내성적인 소년 찰리의 상처투성이 청춘을 다룬 영화다. '월플라워'는 파트너가 없어서 춤을 못 추고 홀로 벽에 기대어 있는 사람, 즉 외톨이,

아웃사이더, 삶의 가장자리에 있는 소외된 꽃을 의미한다. 이 말은 투자자의 관심 밖에 있는 증권이나 기업을 의미하기도 한다. 영화의 원작소설에는 '월플라워의 특권'이라는 표현이 나오는데, 이는 삶의 가장자리에 서서 특별한 것을 볼 수 있는 사람이 가진 특권을 말한다.

나는 상처 많은 학창시절을 보냈기에 아이들의 얼굴에서 표정 변화와 감정을 읽어내는 것이 어렵지 않았고, 상처받은 아이들의 마음을 알아차릴 수 있게 되었다. 아침에 교실 문을 열고 들어서는 아이들이 인사하는 소리와 표정만 봐도 그날 그 아이의 기분을 알 수 있다. 만약 감정이 상한 아이들이 있다면, 안에서 곯은 감정이 터져 나와 다른 아이들과 갈등을 빚기 전에 먼저 다가가 마음을 읽어주기도 한다. 어렸을 때의 나를 마주하듯, 마음에 금이 가 있는 아이들의 마음을 품어주게 되었다. 돌이켜 보니 나는 '월플라워의 특권'을 가진 선생님이 된 것이다.

학교에서 말썽쟁이로 유명한 아이를 맡아도 두렵지 않았고 그 아이를 돕는 것이 어렵지 않게 되었다. 선생님과의 불화, 친구들과의 잦은 다툼으로 학교에 적응하지 못해 초등학교 4학년이 될 때까지 전학을 네 번이나 해서 우리 학교에 온 준서. 엄마 손에 이끌려 교실 문 앞에 들어선 준서와 인사하는데 불안하게 흔들리는 준서의 눈동자에서 거친 말과 행동 이면에 있는 마음의 상처가 먼저 보였다. 알고 보니 몇 년 전 부모님이 이혼을 해서 아빠를 만날 수 없는 데다 엄마의 재혼으로 새로운 아빠와 형을 가족으로 맞게 된 준서는 많이 긴장하고 지치고 힘겨워했다. 그런 마음으로 학교에 오는 준서는 친구들을 이간질하고 괴롭히며 끊임없이 싸웠다. 그동안 선생님들에게도 마음을 여는 대신 말대꾸를 일삼았던 것이다.

준서와 일대일 상담을 하며 성장 과정에서 겪은 나의 상처를 말해주었더니 준서도 마음을 열고 자기 이야기를 했다. 우리 둘은 진솔하게 마음을 나누었고, 준서가 종종 친구들과 다툴 때면, 선생님인 나를 믿도록 수시로 준서와 이야기를 나누었다. 준서는 점점 다투는 횟수가 줄더니 나중에는 친구 사이에서 인기 많은 아이가 되었다.

한번은 학교 과학실에 불이 난 적이 있었다. CCTV가 없는 상황에서 누가 불을 냈는지 찾기 어려웠다. 각 반 아이들에게 물어보았지만 목격자가 없었다. 또다시 화재가 나면 안 되니까 불장난한 아이들을 찾는 거라고 했더니 우리 반 민기가 자기가 그랬다며 나에게 말해주었다. 엄마가 지적장애가 있고 형편이 매우 어려운 민기는 장애 아이와 비장애 아이의 경계선에 있었고 6학년에서 손꼽히는 말썽쟁이였다. 교장과 다른 선생님들이 어떻게 찾았느냐며 신기해서 아이가 먼저 말해줬다고 하니 그런 경우가 드물다고 했다. 상처가 있는 사람들은 서로 통하는 공감대가 있어서 일까? 민기는 내게 감추는 것 없이 솔직하게 말해주었다.

통합 학급 담임: 특별한 아이는 없다

2학년 담임을 하던 해에 발달장애와 자폐증이 있는 상진이가 전학을 왔다. 얼마 전 이혼하면서 홀로 된 아버지가 상진이를 키우다 이사를 온 것이다. 상진이는 마음에 안 드는 일이 생기면 그것이 해결될 때까지 같은 말을 계속 반복했다. 소리를 지르고 친구를 꼬집어 상처를 냈고 속상할 땐 씩씩대며 양 볼이 빨개지도록 울기도 했다. 초등학교 저학년인 데다 장애가 있는 상진이를 돌보고 생계를 책임져야 하는 상진이 아버지가 안쓰럽게 느껴졌다. 앞으로 이 아이는 얼마나 더 큰 난관을 헤쳐가야 할까.

우리 반은 장애 학생과 비장애 학생이 함께 수업을 듣는 통합 학급이었다. 그러다 보니 비장애 학생과 장애 학생 간의 관계 맺기에 대해서 지도해야 할 부분이 많았다. 아이들이 상진이를 일방적으로 도와줘야만 하는 관계로 만들고 싶지 않았다. 청소나 학교생활에서 맡아야 할 일을 학생 수만큼 준비해서 1인 1역할을 줄 때 상진이에게도 할 일을 주었다. 아이들이 잘못을 하면 상진이는 그럴 수 있다고 제외시키지 않고 다른 아이들과 똑같이 잘못에 대해 생각하도록 했다. 국어, 수학 시간에 상진이가 특수학급으로 이동 수업을 해서 없는 동안 상진이와의 관계를 어려워하는 아이들과 함께 의논했다. 출발선이 다른 상진이를 아이들에게 이해시켰고 장애를 가진 사람과 어떻게 지내야 공정하고 정의로운지 토론했다.

상진이를 통해 사회에는 다양한 구성원이 있다는 것과 모두가 함께 살아가야 하는 이유에 대해 제법 진지하게 생각해볼 수 있었다. 하지만 상진이와 함께 지내는 것은 쉽지 않았다. 상진이는 구체적으로 하나하나 알려주어야 했고 단호한 말투로 되는 것과 안 되는 것을 명확하게 구분해주어야 했다. 2학년 말에 상진이는 집 계약 문제가 생겨 다른 학교로 전학을 가게 되었다. 그사이 모두가 많이 노력해서 적응하고 친구들과 정이 들었는데 상진이가 그동안의 시행착오와 고생을 다른 학교에 가서 또 하게 될 것을 생각하니 마음이 아팠다. 학교에 있는 동안은 교사와 친구들이 배려하는 환경에서 지낼 수 있지만 사회에 나가면 차별과 편견에 맞닥뜨릴 것이라고 생각하니 교사로서 무력감이 들기도 했다.

　　통합 학급의 담임은 일반 학급의 담임보다 고민해야 할 것이 많다. 그중에서도 장애 학생과 비장애 학생의 관계를 어떻게 만들어야 할지가 가장 큰 고민거리다.

　　지적 장애를 가진 성현이는 친구들과 관계 맺기에 어려움이 있었다. 학급 아이들이 담임 앞에서는 성현이를 친절하게 대하며 챙겨주었지만 담임이 없는 교과 수업 시간이나 방과 후에 성현이를 따돌리고 함부로 대하며 괴롭혔다. 어느 날 성현이 엄마가 우리 학교에 다니는 같은 학년 사촌을 통해 이 사실을 알게 되어 학교로 연락했고 담임 선생님은 반 아이들에게 매우 실망했다고 한다. 괴롭힘을 주도한 몇 명을 남겨서 지도하고 반 아이들과 여러 번 이야기를 나누어 예전보다 상황이 좋아졌지만 은근한 따돌림이 여전히 남아 있었다.

장애 학생이 배정된 학급을 운영할 때 장애 학생과 비장애 학생의 관계 맺기를 중심에 놓는 것이 학급 공동체 문화를 만드는 데 좋은 기회가 된다. 장애 학생을 무조건 도와줘야 할 존재로 만들어서는 안 되며 비장애 학생들이 동정심을 갖고 장애 학생을 도와주지 않도록 주의해서 지도해야 한다. 눈이 나쁜 학생을 칠판 앞자리에 배치하거나 산만한 태도로 교사의 지도가 각별하게 필요한 학생의 짝꿍 배치에 신경 쓰듯이 학생의 장애를 개별 특성 가운데 하나로 여길 뿐 특별하게 대하지 않는 태도가 필요하다. 그리고 장애 학생이 일상생활에서 느끼는 불편함을 극복할 수 있도록 환경 면에서 도움을 주어야 한다. 선생님뿐 아니라 다른 학생들도 이런 관점을 갖도록 다양한 활동을 통해 지도한다.

영화 〈제8요일〉에서 다운증후군 환자인 조지는 세일즈 강사인 아리와 친구가 된다. 아리는 겉으로는 돈을 잘 벌고 유명하며 잘나가는 듯 보였지만 가족이나 친구가 없는 외로운 사람이었다. 아리는 순수하고 낙천적이며 행복을 아는 조지를 만나 변화하면서 내면의 결핍을 채우고 별거 중인 부인과 딸들과 화해하며 다시 화목한 가정을 이룬다. 5학년 아이들과 함께 이 영화를 본 뒤에 장애란 무엇인지, 결핍이란 무엇인지, 누가 더 아픈 사람이었는지 함께 이야기를 나눴다. 아이들은 아리가 오히려 조지의 도

움을 받았으며 조지는 불쌍한 장애인이 아니라 진정 삶을 즐기는
현명한 사람이라고 말했다.

"기억에 남는 선생님이 되길 바랍니다"

어느 날 학교 수업을 마치고 집에 돌아와 텔레비전 채널을
돌리다 우연히 어떤 학원 강사의 생활을 담은 다큐멘터리 프로그
램을 봤다. 그는 강남에서 수강생 수가 많은 인기 강사이자 학생
들에게 존경받는 선생님이었다. 학생들은 학원에서 강사의 수업
을 더 이상 듣지 못하게 되자 아쉬워하며 강사의 은퇴식을 준비
했다. 그동안 고마웠다며 정성스럽게 쓴 편지도 낭독하고 강사와
끌어안으며 눈물 흘리기도 했다. 정말 끈끈해 보였다. 그 모습이
낯설었는데, 학교에서는 선생님과 헤어질 때 보통 그런 분위기가
아니기 때문이다. 학생의 전폭적 지지를 받는 진정한 교사상은 학
교가 아닌 학원에 있는 걸까? 학교 교사는 학생에게 선망의 대상
이 될 수 없는 걸까?

교사는 어떤 학생을 가르칠지 선택할 수 없다. 아이들과 우
연히 만나서 1년의 시간이 지나면 다시 헤어져야 한다. 한 교실
안에서 학생은 다수지만 교사는 한 명이고 학생들과 교사의 관계
에서 교사의 입장은 교사 자신만 알 수 있다. 학교에서는 해마다
학교 폭력 온라인 실태 조사를 실시한다. 학생들 전원이 익명으

로 참여해서 서술형으로 자기 의견을 남기는 것이다. 그 조사에서 한 학생이 담임이 언어폭력을 가한다고 썼고, 교장은 그 선생님을 불러 주의를 주면서 아동학대로 신고될 수 있으니 조심해야 한다고 말했다. 그 선생님은 어떤 학생이 썼는지 짐작이 가는데, 그동안 오히려 그 학생으로 인해 다른 학생들의 수업권이 침해된 것도 참아왔다고 했다. 자신의 노력을 인정해주는 것은 바라지도 않았지만 모든 게 부정당하는 기분이었다고 했다.

교장이었던 김 선생님은 62세를 맞아 정년 퇴임식을 하면서 마지막으로 교사들에게 이런 이야기를 했다.

"제가 고등학교 때 기말고사를 앞둔 때였습니다. 상업 시간에 영어 공부를 한답시고 상업책 안쪽에 영어 책을 끼워놓고 몰래 공부하고 있었지요. 수업 중에 어느새 선생님이 내 뒤쪽에 와 있었고 책을 겹쳐서 보고 있는 것을 들켰어요. 당연히 선생님한테 맞을 것을 예상하고 있었는데 선생님이 저를 일으켜 세우더니 이렇게 열심히 공부하는 학생도 있다고 칭찬을 해주었죠. 혼날 줄 알았는데 칭찬을 받으니 더 부끄럽고 창피했어요. 하지만 그렇게 예의 없는 행동을 한 학생이 이렇게 교사가 되어 정년퇴직을 하게 되었네요. 그때 맞으며 혼났다면 선생님을 잊었을 텐데 아직도 그 선생님이 기억나요. 선생님들, 학생들에게 그런 의외의 모습을 보여주시고 실수에 부디 관대해주세요. 기억에 남는 선생님이 되길 바랍니다."

실수에 관대하면 교실은 안전한 공간이 되고 교사와 학생의 관계는 편안해진다. 자신을 드러냈을 때 조롱받거나 비난받지 않을 것이라는 믿음을 가지면 학생은 적극적이고 생동감 있게 행동한다. 나는 교실이 그런 안전한 곳이 되도록 신뢰를 쌓는 다양한 활동을 통해 공동체 의식을 기르려고 했다. 그러한 공동체 의식은 같은 시간과 공간에서 일상적으로 늘 함께하는 활동 속에서 생긴다.

매일 1교시 수업 전 아침 활동 시간에 학생들에게 책을 읽어주는데 책 선정부터 학생들과 함께했다. 책의 주제는 우정, 왕따, 장애, 진로 등 다양하게 고루 다루었고 후속 활동으로 질문을 만들어 토론을 하거나 글짓기를 하고 발표했다. 2015년 개정교육과정 이후 3, 4학년 국어 교과에 독서 단원이 생기고 독서가 국어 수업에 포함되어 독서 시간을 갖는 것이 더욱 쉬워졌다. 독서를 통해 하나의 스토리를 공유하고 감정이입을 하며 다양한 관점에서 이야기를 나누면 감성이 풍부해지고 아이들이 등장인물을 입체적으로 이해하게 된다. 졸업한 제자들이 선생님이 책 읽어주는 시간이 참 좋았다는 내용의 편지를 보내기도 했다.

매월 학급 노래를 정해서 가사를 외우고 함께 부르는 것도 꾸준히 하는 활동이다. 학급 노래는 유행하는 아이돌 노래나 영화 음악, 동요 등 제한을 두지 않고 가사 내용이 의미 있고 아이들이 흥미 있어 하는 것으로 함께 골랐다. 중간 놀이 시간에 들려주고 따라 부르며 연습하고 수업이 조금 일찍 끝나면 자투리 시간마다 노래를 불렀다. 노래에 매긴 별점이나 노래에 대한 느낌을 포스트 잇에 써서 붙여 공유하고 친구들끼리 팀을 만들어 월별 노래자랑을 하기도 했다.

우리는 자주 둥글게 모여 앉았는데 하나의 원으로 앉으면 공동체라는 것을 시각적으로 인식하게 된다. 3월 첫 만남에 둥글게 모여 앉아 새로운 학년에 대한 기대감을 말하거나 자기를 소개하는 시간을 가졌다. 이렇게 앉아 학급 회의도 하고 방학식 날은 친구들에게 하고 싶은 말을 하며 헤어지고 월요일에는 주말에 한 일을 돌아가며 발표하기도 했다.

이때 공감과 경청의 의미를 먼저 알아보는 것이 필요하다. 공감받았을 때 얼마나 힘이 되고 정신적 지지를 얻는지, 또 자신이 얘기할 때 상대방이 어떤 반응을 보이면 경청한다고 느끼는지 알아보았다. 둥글게 앉아 게임도 많이 했는데 이런 활동을 할 때는 끼리끼리 떠들거나 산만해지는 것을 주의해야 한다.

또한 자치활동이 많아지도록 학생 회의를 활성화해서 학생들이 주체가 되어 활동하도록 했다. 소심한 아이가 자신이 낸 의견이 규칙이 되어 학급 운영에 적용되는 것을 경험한 뒤 더욱 적극적으로 태도가 바뀌는 것을 보면서 자치활동에 대한 믿음이 생겼다. 처음에는 의견을 조율하는 것이 힘들어 회의 시간이 오래 걸렸지만 하면 할수록 아이들의 회의 운영이 능숙해졌다. 학생들에게 결정권을 주자 학급 운영을 더욱 책임감 있고 진지하게 해 나가는 것을 보면서 아이들은 이미 그럴 만한 능력이 있었는데 그동안 교사가 그 능력을 믿지 못했다는 것을 깨닫게 됐다.

무엇보다 교과서 위주로 수업하지 않고 다양한 매체를 활용 하거나 놀이 등을 통해 학생이 중심에 서는 활력 있는 수업을 만 들기 위해 노력한다. 또 학교에서 활동하는 모습을 사진으로 찍어 학급 블로그에 올려서 추억을 기록하는 일도 꾸준히 하고 있다. 학생들에게 기억에 남는 교사가 되려고 그러는 것이 아니다. 힘들 지만 준비한 활동을 통해 의미 있는 변화가 일어나거나 아이들이 즐거워하면 그 자체로 보상받는 기분과 성취감이 느껴지기 때문 이다.

권위주의는 나쁘지만 교실에 권위가 필요한 때가 있다. 교 사는 권위를 스스로 세울 수 없으며 권위는 학생이 교사에게 부 여하는 것이다. 권위는 학생이 교사를 존중하는 마음을 가질 때 힘을 발휘한다. 나는 학생들에게 나를 존중해달라고 솔직하게 요 청한다. 내 말에 귀 기울일 때, 눈빛을 마주치고 인사할 때 등 어 떤 경우에 내가 존중받는 느낌을 받는지 아이들에게 구체적으 로 예를 들어 말하기도 한다. 이렇게 요청할 수 있는 용기는 어디 에서 나오는 걸까? 곰곰이 생각해보니 아이들을 위해 진정으로 노력하고 거짓 없는 관계를 맺고자 하는 마음이 있기 때문인 것 같다.

교사에게 안전한 관계란

학교를 옮기고 근무 연수가 늘자 업무량도 많아졌다. 모두가 힘들다고 여기는 업무도 마다하지 않았고 다들 피하는 부장 업무도 기꺼이 맡았다. 처음 부장 업무를 맡았을 때는 다른 선생님들에게 조금이라도 도움을 주어야겠다는 마음에 늦게까지 남아 일했다. 학교는 하나의 공동체이기에 구성원들이 동료 의식을 갖고 책임감 있게 일하는 분위기를 만든다면 변화가 일어나고 교사들도 끈끈한 연대감으로 이어질 것이다.

내가 근무하던 학교 선생님들은 서로에게 관심이 없었고 학교 일을 누가 어떻게 하는지 알고 싶어 하지도 않았다. 그러다 일이 많아지는 쪽으로 학교 일이 진행되면 별 차이도 없는데 왜 일을 만드는지 모르겠다며 업무 담당자를 탓했다. 나는 수업을 끝내고 다음 날 수업 준비와 학급 일을 마무리하고 나서야 학교 업무를 시작했다. 한참 일하다 고개를 들어보면 어느새 캄캄한 밤이 되어 어두운 복도와 계단을 더듬거리며 내려오기 일쑤였다. 그렇게 몇 년을 부장 업무를 맡으며 일에 집중했지만 그 일이 보람이 되어 돌아오지 않았다.

교사는 연간 60시간 이상의 연수를 받도록 되어 있다. 사실 그동안 받아온 연수에서 만족한 적이 별로 없지만 시간은 채워야 했기에 꼭 필요하고 원하는 연수가 아니어도 받아왔다. 그러다 독서 관련 연수에 참여했는데 그곳에서 이전과는 다른 경험을 했다.

책을 좋아하는 선생님들이 모여 책을 매개로 책과 관련된 이야기를 하니 자연스럽게 공감대가 형성되었고 처음 만나는 교사들인데도 낯설지 않았다. 연수를 마치고 난 뒤에는 함께했던 교사들과 책 목록을 의논해서 정한 다음 각자 책을 읽고 퇴근 뒤에 모여 함께 이야기했다. 독서 모임에서 토론한 책 중 김찬호의《모멸감》에 '공적인 자아'라는 개념이 나온다.

> 사람은 타자에 의존적이어서 자기 스스로에 대해 잘 알지 못하지만 타인과의 만남을 통해 자신의 가능성과 잠재력을 발견해간다. (…) 자신의 존재 가능성을 확대하기 위해, 우리는 두 사람 사이의 사적인 만남, 친밀함과 평온함의 사사로운 삶의 공간을 뛰어넘어 공적인 만남, 낯선 사람들 앞에 자신을 드러내는 공공의 세계로 나아가야 한다.(…) 서로를 격려하며 더 높은 경지로 나아가는 관계 속에서 인간적 존엄을 누리며 내 안의 소망과 가능성을 응시하는 데서 공적인 자아를 실현한다. 비로소 인간은 자기와 타인의 결점에 너그럽고, 서로를 온전한 인격체로 신뢰하고 존중하는 마음이 모인 안전한 관계로 연결된 공동체 안에서 진부한 삶에 생기와 역동을 불어넣을 수 있다.
>
> _김찬호,《모멸감》(2014, 문학과지성사) 중에서

'나'라는 사적인 자아에 머물면 타인과 가까워지는 데 한계가 있고 나누는 이야기도 제한된다. 하지만 공공의 세계 안에서 공적인 자아로서 서로가 만나면 더 높은 경지로 함께 나아갈 수 있고 근본적인 이야기도 언제나 할 수 있으며 만남의 깊이와 의미가 달라진다. 김찬호의 글을 통해 학교란 공공의 세계이며 교사가 공적인 자아로서 학생과 만날 때 교사의 눈앞에 새로운 지평이 펼쳐진다는 것을 알게 되었다.

교사만 가입할 수 있는 비공개 카페에는 학생에게 받은 스트레스, 학부모에게 받은 상처, 교감·교장 등 관리자들과의 갈등, 동료 교사와의 부딪힘 등을 이야기하는 고민 상담 글이 올라온다. 이런 내용에 공감하거나 비슷한 경험을 공유하며 다독이는 댓글이 달리는데, 대부분이 학생, 학부모, 관리자나 동료 교사 모두 바뀌지 않을 테니 교사가 기대치를 낮추라는 체념조의 글들이다. 돌봄과 보육을 담당하는 학교의 역할이 점차 커지면서 교육은 사회복지 서비스 기능을 하고 교사는 감정 노동에 시달리는 셈이다. 다른 직업처럼 학교도 직장일 뿐이니 상처받지 말고 마음을 닫는 것이 자신에게 이롭다는 글도 있다.

나 역시 그동안 교사로서의 나 자신과 학교, 학생, 내 삶에 대해 평면적으로 바라봤다. 학교의 권위적인 구조는 바뀌지 않기에 그 체제 안에서 교사 개인이 아무리 발버둥 쳐봐도 달라지지 않는다고 생각했다. 또한 학부모나 학생과 갈등이 생기면 교사의 역량이 부족해서 그런다거나 어떤 훌륭한 교사도 그런 학부모와 학생의 기대를 만족시키지 못할 것이라고 여기며 스스로를 합리화했다. 학교는 항상 사회 변화를 뒤늦게 좇아가고, 학교교육은 소수의 유능한 학생을 위해 나머지 학생들을 들러리로 만들어버리는 무력한 곳이라고 생각해서 학교에 있는 나 자신을 자랑스럽게 생각하지 못했다.

《모멸감》을 읽으며 이러한 문제를 입체적으로 보게 되었다. 김찬호에 따르면 교사에게 가장 필요한 것은 안전한 관계다. 또한 학교가 신뢰의 공동체가 되는 것이 절실했다. 교사, 학생 모두 그 자신이 있는 그대로 서로에게 받아들여지고 억지로 자신을 증명할 필요가 없는 관계가 되는 것, 못난 모습을 보여도 수치스럽지 않고 그것을 뒷공론하지 않는 등 서로 간의 신뢰를 회복하는 것이 학교에서 필요했다. 진정한 관계가 맺어지는 공동체를 만들기 위해 가장 먼저 할 일은 무엇인가? 무엇보다 교사 안에 숨어 있는 소망과 가능성을 응시하는 내면의 힘을 길러야 한다. 공부를 더 하고 싶어서 대학원에 간 나는 교사도 스승이 필요하다는 것을 느꼈다.

미국에서는 교사를 '가르치는 사람'을 뜻하는 'teacher'가 아니라 학생 중 한 사람을 뜻하는 'chief learner'로 부른다고 한다. 교사와 학생이 마주 보고 학생이 교사에게 일방적으로 교육받는 것이 아니라 교사와 학생이 같은 방향을 바라보며 함께 공부한다는 뜻이다. 교사가 할 일은 아이들과 함께 재미있게 공부하는 것이라고 생각하면 직책이 주는 무게감이 덜어진다. 교사도 실수할 수 있고 어떤 분야는 학생이 더 잘 알 수도 있다는 것을 인정하면 아이들 앞에서 좀 더 자유로워지고 가까이 다가가는 것이 어렵지 않게 된다. 교사인 나 스스로가 삶을 긍정하고 자신을 있는 그대로 인정하니 학교에서도 마음의 문을 열게 되었다.

아이들 앞에서 웃는 교사

새 학년 개학을 앞두고 1년간 책임져야 할 새로운 아이들을 만난다는 부담감에 가슴에 돌이 얹힌 것처럼 무거운 마음으로 출근할 때였다. 갑자기 예전에 명상과 상담 프로그램에서 지도해주었던 분이 문자메시지를 보내왔다.

"선생님은 웃을 때 참 예뻐요. 오늘 많이 웃어주세요. 아이들도 좋아할 거예요."

그 말 덕인지 이젠 아이들 앞에서 잘 웃는다. 아이들이 다투고 싸워서 오면 무조건 혼내거나 귀찮아하지 않고 아이들에게 싸움의 원인이 무엇인지 같이 찾아보자며 문제를 기꺼이 끌어안는다. 다툼과 균열은 학급 공동체 구성원이 서로 더욱 가까워지는 좋은 기회가 될 수 있다고 생각하니 반가움마저 느껴진다. 갈등에 따라 함께 얘기해볼 만한 일일 때는 동의를 구하고 그 일을 모든 학생과 공유하며 해결책을 찾기 때문이다. 작은 오해 때문에 마음에 높은 담을 쌓고 삶이 불행해지는 내용의 책과 영화, 내 경험담 등 다양한 사례를 통해 함께 이야기하며 교사도 아이들 곁으로 한층 다가갈 수 있다.

대학원을 다니며 하고 싶은 공부를 하니 시야가 넓어지고 부족한 것이 채워져 내실이 다져졌다. 바쁘게 학교 일과를 마치고 야간에 대학원에 다니며 공부하니 지치고 힘들긴 했지만, 함께 공부하는 선생님들을 보며 교실에서 홀로 아이들을 맞는 외로움이 더 이상 나만의 것이라고 생각하지 않게 되었다. 연대하고 서로 지지하는 교사들의 모임이 학교에 만들어진다면, 그곳에서 적극적이고 주체적으로 학교 변화를 이끄는 힘이 나올 것이다. 혁신학교의 핵심은 '교사들끼리 전문적 학습 공동체를 만들어 이것으로써 학교에 변화를 일구는 것'이라고 하듯이 문제를 공유하고 서로 독려하며 연구하는 교사들의 모임은 교사 자신을 위해서 반드시 있어야 한다.

"선생님네 반 아이들은 안 싸우죠? 표정이 참 밝고 명랑해요. 아이들이 행복해 보여요"라는 이야기를 선생님들에게 종종 듣는다. 학생들에게서 초등학교에서 가장 기억에 남는 선생님이라는 과찬을 듣기도 했고 학부모에겐 '계속 담임을 맡아주면 좋겠다', '선생님 덕분에 학교에 믿음이 생겼다'는 넘치는 평가를 받기도 했다. 과거에 아이들에게 이렇게 저렇게 행동하라고 구체적인 지침을 주거나 다양한 상벌점으로 아이들을 조련하려고 했을 때 아이들은 긴장하고 수동적인 태도로 교실에 들어왔다. 이제 상 벌점 제도는 시행하지 않는다.

'3월 한 달을 잡아야 1년이 편하다'는 속설에도 반대한다. 대신 3월 한 달 동안 아이들과 더 가까워지려고 일대일 상담도 하고 더 많이 웃어주고 놀이 시간도 많이 가지려 노력한다. 규칙은 서로에게 안정감을 느끼고 공동체 의식이 생기는 시간을 가진 뒤에 천천히 함께 만들어도 충분했다. 규칙이란 무조건 따라야 하는 엄격한 규율이 아니라 함께 만드는 약속이며 서로 안전하게 지내기 위해 지키는 것이라는 개념으로 바뀌었다.

아이들과 웃을 일을 만들며 얼굴을 마주 보는 시간을 가지려 노력한 것 자체가 내게 큰 에너지를 주었다. 수업하면서 아이들을 웃기면 희열과 쾌감이 느껴지곤 한다. 교사로서 내가 잘할 수 있는 것이 있으면 자신감을 가졌고 잘하지 못하는 것은 인정했다. 처음부터 잘하는 사람은 없으니 서투르고 오래 걸려도 학생 자신이 원하는 것을 찾고 자발적으로 학교생활을 해나가도록 교사인 나는 정신적·물적 환경을 만들어주기 위해 노력했다. 교사나 부모, 어른의 역할은 아이들이 자기만의 답을 찾아 가도록 묵묵히 뒤에서 조력자가 되어 주는 것이라고 생각한다.

무력감과 의존감에 빠져서 학교에 무관심한 아이들, 학교가 학원 공부에 지장을 줄까 봐 걱정하는 아이들을 볼 때면 아이들과 어떻게 소통해야 할지 고민이 된다. 무용 연출가 피나 바우쉬^{Pina Bausch}는 생전에 무용수들에게 직접 지시를 내리지 않고 그들이 움직일 수밖에 없는 필연적인 계기를 주려고 했다. 그러기 위해서 30명 단원 모두에게 진심 어린 관심을 기울이고 꾸준히 관찰하면서 어떻게 하면 그들이 자신의 한계를 깨고 스스로 움직일 수 있는지에 중점을 두고 지도했다고 한다. 나도 바우쉬처럼 학생들의 내면에 있는 열망을 직관적으로 알아차리고 살펴봐주는 그런 교사가 되고 싶다.

기적을 행하는 미라클 워커는 불가능한 일을 하는 대단한 사람이 아니다. 학교 문을 들어서며 체념하고 포기하고픈 마음이 드는 순간, 멈춰서 고개를 들어 보다 근원적인 것을 바라보고 성찰하는 교사라면 그가 바로 미라클 워커가 아닐까.

누군가를
인정해주는
단 한 사람이
되고 싶다

중학교 진로상담 교사
최현미

자신에 대한 명료함을 구하십시오. 그러면 나머지 모든
것은 알아서 제 자리를 찾아갑니다. 여러분의 일은, 삶에
대한 자신의 반응을 마스터하는 것입니다. 관심의 방향을
돌리십시오. 그것이 우리의 여행입니다. 내면에서 시작하여
바깥으로 나아가는 여행입니다. 더 이상, 혼란이 당신을
흔들어 두려움에 떨게 하지 마세요. 감사하십시오. 아무리
깊고 알 수 없는 신비 가운데 서 있을 때도. 아무리 깜깜한
밤을 만날지라도.

_ 캐롤라인 미스Caroline Myss, 〈Spiritual Madness〉 중에서

삶이 어둡고 흉측한 감정으로 얼룩져 있을 때 가르침은
곤혹스러운 일이 될 수밖에 없다. 최현미 교사는 오래 전에
제자가 선물로 건네준 《가르칠 수 있는 용기》를 뒤늦게
펼쳐 읽으면서 무거운 응어리를 거두어내고 다시 시작할 수 있는
기력을 얻는다. 스스로의 취약함과 고통을 진솔하게 고백하고
교사로서의 한계를 인식하면서 도움을 요청하니 아이들의
태도가 달라졌다. 상처는 타인과 연결되는 통로가 될 수 있음을
깨닫는다.

학생의 성장을 기다려주는 선생님

나는 네 살 때, 철도 공무원이었던 아버지가 새 근무지로 옮겨 가는 바람에 고향인 전라도를 떠나 경상도에서 살게 되었다. 동네에 또래 친구도 없고 언니들도 학교에 가고 나면 같이 놀 사람이 없어 학교에 보내달라고 엄마를 졸랐다. 그렇게 해서 일찍 입학한 뒤 만난 담임 선생님은 많이 무서웠다. 학부모와의 면담에 응하지 않았던 엄마를 모셔오라고 수업 도중에 집으로 보냈던 선생님. 가난한 살림을 어떻게든 꾸려나가기 위해 쉼 없이 일해야 했던 엄마는 학교로 엄마를 데려가려고 집에 온 나에게 욕을 했다. 나는 선생님과 엄마 사이에 끼어 어쩔 줄 몰랐다.

초등학교 때 언니와 오빠에게 피치 못할 사정이 생겨 나는 꽤 오랜 시간을 조카들과 함께 살았다. 학교에서 돌아와 조카들을 돌보는 것은 나에게 기쁨이기도 했다. 소꿉놀이로 대부분의 시간을 보냈던 그 시절에 나는 조카들의 선생님이었다. 수업 시간에 배운 내용을 어린 제자들에게 설명해주며 복습을 했고, 나 자신이 온화한 꼬마 선생님이 되었다.

난생 처음으로 만난 선생님에 대한 기억을 떠올리면 슬펐지만 따뜻하고 인자한 선생님을 꼭 만날 것이라는 믿음이 있었다. 그 믿음이 마음 한편에 어떻게 해서 생겼는지 몰라도, 내게 상처를 준 교사에게 받은 인상을 일반화했더라면 교사가 되어 지금의 삶을 누릴 수 없었을 것이다.

중학생이 되니 학교 도서관이 따로 있어 책을 마음껏 볼 수 있는 것과 교과마다 담당 선생님이 있는 것이 좋았다. 모두가 무서워했던 학생 주임 선생님이 담당한 국사 시간을 가장 기다렸는데, 역사가 재미있어서였다. 기운이 밝고 에너지가 많은 편이었던 나는 중학교 입학 후 얼마 되지 않아 담임에게 혼이 났다. 출산을 앞두고 힘들어했던 선생님은 학기 초에 학급 분위기를 잡아야 한다고 생각했던 것 같다. 반 아이들 가운데 활동적이었던 몇몇을 불러 주의를 주었는데 그 일은 나에게 큰 충격이었다. 중학교에서 처음 만난 선생님에 대한 기억도 내게는 아픔으로 남았다.

그 후 나는 학교에서 말수를 줄였고 좋아하는 책만 더 열심히 보며 중학교 시절을 보냈다. 하지만 가슴속에 억울함과 서운함이 자리 잡고 있는 줄을 그때는 몰랐다. 집에서는 아버지가 무서워 마음속 이야기를 제대로 하지 못했고, 학교에서는 무서운 담임 선생님에게 혼이 날까 봐 입을 닫았다.

고등학교에 가서는 좋은 선생님을 많이 만났다. 군에서 제대한 직후 영어를 가르쳤던 총각 선생님 두 분은 여학생들의 인기를 독차지했다. 나는 그 선생님들보다 생물 선생님을 무척 따랐다. 생물 선생님은 부드러운 음성과 자상한 태도로 우리를 대했고 학교에 일찍 나와 화단과 화분에 물을 주었다. 나는 학생들을 편안하고 따뜻하게 대하는 생물 선생님이 좋아 그 시간만큼은 눈빛을 반짝이며 공부했다. 생물 선생님은 학생의 실수나 잘못된 행동 앞에서 조곤조곤 얘기하며 학생이 성장하기를 기다려줄 분 같았다. 그 느낌은 내가 좋은 선생님을 평가하는 기준이 되었다.

가난한 형편에 대학에 가려면 국립 사범대학에 가야 했다. 잠깐 생각해보았던 천문학과와 신문방송학과 이야기는 아버지에게 꺼내지도 못했다. 그 시절 여자 직업으로 '선생만 한 게 없다'는 가족의 생각과 사회 통념에 동의하기도 했지만 선생님이 되고 싶다는 열망은 오랫동안 품어왔던 것이기에 큰 후회는 없었다. 그런데 1980년대부터 몇몇 교과목, 사실상 국어, 영어, 수학을 제외한 거의 모든 과목 교사가 발령을 바로 받지 못하는 일이 생겼다.

아버지는 발령이 바로 나는 편이었던 국어과 진학을 강력하게 권했지만, 나는 아버지 말을 듣지 않았다. 고집했던 역사과 발령을 받느라고 2년을 기다렸고, 그동안 아버지의 질책을 받으며 보냈다. 매사를 당신의 입장에서만 바라보고 해석하는 아버지의 태도는 예전과 다름없었다. 오빠가 있었지만 아들 보기를 기다렸던 가족의 기대 속에서 다섯 번째 딸로 태어나 겪었던 아픔들, 커 가면서 아버지 눈치를 살피며 형성된 내면의 아픔이 내 삶에 영향을 주고 있다는 것을 그때는 알지 못했다.

새내기 교사의 꿈

서울올림픽 개최로 온 나라가 들떠 있던 1988년 여름 끝 무렵, 드디어 발령이 났다. 버스로 30분이면 닿을 수 있는, 한 학년이 네 학급인 작은 시골 중학교였다. 9월 첫날, 교단에 올라 학생들과 인사를 했다. 나를 바라보던 아이들의 눈빛, 파란 하늘 아래 간간이 불던 바람 그리고 찬란한 아침 햇살. 발령 나기 전 6개월 동안 기간제 교사(그 시절엔 임시 교사로 불렀다)로 근무한 경험이 있긴 했지만, 학생들 앞에 선 첫날에 느꼈던 두근거림은 지금도 생생하다.

그곳에서 만난 많은 아이들 가운데 내 눈에 들어온 첫 아이는 지온이었다. 이듬해 신학기가 되어 담임을 맡았던 반 아이였고, 부모가 이혼한 뒤 도시에서 일을 하는 엄마와 떨어져 동생과 함께 외조부모와 사는 아이였다. 어떤 일에서건 열심히 하려고 노력하는 아이였지만 가정환경 때문인지 위축된 모습을 보이기도 했다.

나는 아이를 자주 만나 이야기를 나누며 다독여주었다. 친구들을 배려하는 마음을 칭찬하며 반장 출마를 권하기도 했다. 그때 3월은 몹시 추웠다. 조개탄이라 불렸던 석탄을 조금씩 받아와 불을 때던 시절, 담임이 시키지도 않았는데 항상 지온이가 빈 통을 들고 나서서 조개탄을 창고에서 받아 와 교실을 덥혔다. 남학생들이 축구를 할 때 넘어진 친구에게 달려가 다친 무릎을 먼저 살펴주었다. 담임의 격려에 수줍어하면서도 용기를 냈던 지온이와 함께 새내기 교사인 나도 함께 커나갔다.

지온이는 1학기를 마치고 엄마가 있는 대구로 전학을 갔다. 지온이와의 인연은 그렇게 끝이 났지만, 그때부터 자신의 의지와는 상관없이 사회적 소수자가 된 아이들에게 마음이 갔다. 그 후로 학생 개개인의 마음의 상처에 좀 더 민감하게 반응하면서 그들과 함께하려 했다.

전교조 교사가 대량 해직되어 내가 있던 학교에도 새내기 교사 다섯 명이 새로 왔다. 학기 초부터 두 명의 동료 교사와 꾸려왔던 책 읽기 모임을 새내기 교사들도 함께했다. 베트남 전쟁사를 시작으로 5.18민주화운동을 조심스럽게 공부하면서 여름방학에는 5.18묘역을 참배하기도 했다. 전교조 소식지 돌리기, 물품 판매를 통한 전교조 후원 활동을 앞장서서 하고 있었기에 교감에게 불려가서 주의를 받기도 했다. 대부분이 후배였던 새내기 교사들과 즐겁게 지내면서 아이들과 함께하는 다양한 활동으로 재미있게 교사 생활을 했다.

첫 부임지에서 결혼을 하고 딸을 낳은 이듬해, 이웃한 중소도시에 있는 여자고등학교로 발령이 났다. 모교이기도 한 그곳에서의 생활은 신선했고 수업은 즐거웠다. 선배라는 특별한 인연 때문이기도 했겠지만 학생들과 잘 통했다. 중학생을 대할 때와는 다른 재미를 느꼈던 그곳에서 참 행복했다. 학생들과 함께하는 수업을 매시간 기다리는 즐거움을 느낀 곳이었다.

나는 아이들에게서 "선생님 수업은 정말 재미있어요. 선생님 열정이 느껴지는 국사 시간과 세계사 시간이 제일 좋아요", "선생님이 우리 선배라는 게 자랑스러워요"라는 말을 듣는 인기 많은 선생님이었다. 근무 마지막 해인 1998년에는 3학년 담임을 맡았다. 고3 담임은 여러 면에서 중압감을 주는 자리이지만 학생의 삶에서 중요한 결정을 해야 할 때 교사의 역량을 발휘할 수 있는 자리이기도 하다.

우리 반 실장이었던 성지는 글쓰기를 좋아하고 재능도 있어 신문방송학과 진학을 꿈꾸었다. 공부도 최상위권이어서 본인이 원했던 서울 소재 대학의 학과는 충분히 갈 수 있었다. 하지만 나는 IMF 직후 아이의 가정 형편이 넉넉하지 못한 것을 고려해서 사범대학에 가기를 권했다. 내가 본 국어 교사로서의 삶에 대해 이야기도 하고 교사로서의 자긍심도 내비쳤다. 며칠을 고민하던 성지는 지방 국립대 국어 교육과로 진학하기로 결정했다.

고등학교 때 선생님 덕분에 다시 마음을 잡아 사범대학에 진학한 내 경험을 되짚어 성지에게 조언을 해주었다. 고등학교 2학년 2학기 중간고사 성적이 너무 많이 떨어져서 나보다도 담임이 더 놀랐다. 사춘기의 감정적 혼돈과 진로에 대한 혼란을 겪던 중이었다. 천문학과에 가고 싶다는 생각이 잠시 들었던 때여서 선생님에게 고민을 이야기했다. 선생님은 천문학과는 서울대 이외에는 몇 군데밖에 없고 천문학과를 나와서는 취업하기 힘들다며 졸업 후의 진로까지 염려했다. 그때는 서운한 마음이 들었지만, 선생님은 현실에 비추어 내가 주어진 상황을 파악하도록 이끌어 주었다. 선생님에게 서운했던 나처럼 성지도 나에게 그런 마음을 가졌을지도 모른다.

몇 년 전 국어 선생님이 되어 재미있게 지낸다는 그 아이의 전화를 받았다. 내가 사범대학 진학을 권유한 것에 감사한다는 말도 잊지 않았다. 아이에게 고마움을 느끼며 그동안 잊고 있던 고등학교 때 은사님 생각이 났다. 졸업 뒤 한 번도 제대로 하지 못한 감사 인사를 마음속으로 드렸다.

'고종렬 선생님 고맙습니다. 선생님의 따뜻한 관심 덕분에 교사의 길을 걷고 있습니다. 부끄럽지 않은 사람이 되도록 더 깨어 공부하겠습니다.'

아이들을 휘어잡지 못하면 무능한가

학교 근무 기한인 5년이 되어 같은 지역의 일반계 남자 고등학교로 옮겨 갔다. 실업계 진학조차 힘든 학생들로 구성된 학교였다. 성적은 말할 것도 없고 생활지도 문제가 심각했다.

신학기 첫날이자 부임 첫날, 담임으로 배정된 반 아이 다섯 명이 결석을 했다. 다음 날은 결석생이 여덟 명으로 늘었다. 2학년 말썽꾼 중 절반은 우리 반에 있었다. 그 학교에서는 겨울방학 보충수업 때 결석한 아이들을 따로 모아 자연반과 인문반을 각각 한 반씩 편성했는데, 인문반 담임을 내가 맡게 된 것이다. 끊임없는 결석생들로 반 분위기는 시작부터 흐트러졌고, 선생님들 사이에서도 이미 문제 반으로 찍힌 상태였다.

출근 하자마자 결석한 아이들을 찾는 전화로 하루를 열었다. 쉬는 시간마다 학생부로 호출된 우리 반 학생 상담을 하느라 거의 매일 늦게 퇴근했다. 그런 나를 보고 교감은 한심하다는 듯이 '천금 같은 귀한 시간을 승진하는 데 쓰지 않고 왜 이렇게 허투루 쓰느냐'는 둥, '자기 자식도 아닌 남의 자식 챙기는 짓에 왜 시간을 쓰느냐'는 둥의 말을 예사로 했다. 함부로 말하는 교감의 말에 속으로는 '당신 같은 사람이 어떻게 교사고 관리자일 수 있어' 하고 항변했지만 아무 대답도 하지 못했다. 정작 내 앞에서 부끄러워해야 할 이는 교감이었는데, 화가 났지만 표현하지 못하는 나 자신이 너무 싫었고 그런 내 모습을 오히려 더 많이 부끄러워했다.

아이들을 휘어잡지 못하면 무능한 교사로 낙인찍힐 것 같은 생각에 전전긍긍했다. 어떻게든 아이들을 휘어잡아야 했다. 아침에 일어나 출근할 생각을 하면 가슴이 답답해졌다. 이런 상태를 들키지 않으려 용을 쓰며 버텼다. 3월과 4월 꼬박 두 달을 아이들에게 매달려 어르고 설득하고 혼을 내며 다독였다. 아이들에게 시간과 정성을 쏟은 덕분인지 결석생이 갈수록 줄었고, 우리 반 수업 분위기가 점점 좋아지고 있다고 선생님들이 칭찬했다.

아침 자습 시간, 점심시간 그리고 야간 자율 학습 시간 등을 활용하여 시간이 날 때마다 반 아이들을 만났다. 내가 할 수 있는 일은 그것뿐이었다. 아이들과의 상담이 끝나면 전화로 학부모 상담을 했다. 아이를 위해 어떻게든 힘을 모아 서로 돕자고 학부모를 설득했다. 학생들 사정을 조금이라도 파악하고 나면 아이들의 행동과 생각을 더 잘 이해할 수 있었다. 그리고 아이들이 문제를 일으켜도 교무실에서 혼을 내지 않았다. 다른 교사들 없는 곳으로 따로 불러 일이 벌어진 상황에 대해 묻고, 혼을 낼 것은 내고 도움을 요청하며 부탁을 했다. 나를 세차게 대하고 눈에서 독기를 내뿜던 아이들도 그렇게 조용히 만나 얘기하니 조금씩 달라지는 모습을 보였다.

그해 늦은 봄, 경기도에서 수철이가 전학을 왔다. 수철이의 조용한 성품과 절제된 언행을 보며 친구들도 그 아이를 함부로 대하지 못했다. 수철이 덕분에 학급 분위기가 훨씬 안정되었다. 이제는 아이들이 내 손 안에 있어 내 뜻대로 되어간다고 안심할 때쯤이면 꼭 사고를 치는 녀석들이 있었다. 그래도 학년 초에 일어난 정도의 큰 사건은 일어나지 않았고 1년을 마칠 때는 훌쩍 성장한 아이들에 대한 칭찬이 자자했다.

그해 겨울방학에, 투병 중이던 엄마가 먼 곳으로 떠나셨다. 소식을 듣고 달려온 아이들이 두 팔 걷고 조문객에게 음식을 나르며 나와 함께해주었다. 그 고마움을 아직도 잊을 수 없다. 2학년을 마치던 종업식 날, 수철이는 고맙다는 말과 함께 책 한 권을 선물로 주었다.《가르칠 수 있는 용기》였다.

제목을 보는 순간 숨이 막히며 부끄러움에 얼굴이 달아올랐다. 나이가 지긋한 선생님에게 강단지게 아이들을 휘어잡는 대단한 선생이라는 칭찬을 받을 때면 몸 둘 바를 몰라 하면서도 은근히 칭찬 듣기를 즐겼다. 그런데 책 제목을 본 순간, 수철이에게 이미 퇴색되어버린 나를 들킨 것 같았다. 그 책을 책장 한 구석에 버리듯 꽂아두고 긴 시간 동안 읽지 못했다. 어쩌다 그 책에 눈길이 갈 때마다 부끄러움을 느끼며 애써 외면했다.

다른 사람들은 나를 열심히 하는 교사, 기특한 딸, 대단한 열정을 가진 사람이라고 했지만, 나 자신은 알고 있었던 것 같다. 깊은 내면에 있는 내 영혼이 원하는 삶을 살고 있지 않다는 것을. 내가 어떤 모습으로 살고 있는지, 내가 어디로 가고 있는지 직면할 용기가 당시의 내겐 없었다.

겉으로 보기에 열심히 사는 교사

결혼 초부터 계속되었던 남편과의 갈등이 극에 달했다. 암투병을 하는 엄마의 병구완, 유치원생이었던 두 아이의 양육을 혼자 해내야 했다. 남편은 자기 일이 너무 벅차다며, 집안일은 물론 아이들 양육도 도와줄 수 없다고 했다. 형제들은 저마다 살기에 바쁘다며 엄마를 내게만 맡기고 내 눈치만 보았다.

고통으로 지속된 일상에서 그 시절 학교에서 만났던 아이들은 뒷전으로 밀려났다. 내게 교사라는 정체성은 매월 17일에 월급을 받는 '직업', 그뿐이었다. 하루하루 살아내기가 무섭고 힘들었지만 어떻게든 다른 사람들에게는 내 처지를 들키지 않으려고 애썼다.

그것은 죽더라도 지키고 싶은 마지막 오기였는지 모른다. 출퇴근하는 길에 운전하면서, 빈 수업 시간이면 뒷산에 올라서 우는 일이 다반사였지만 사람들 앞에서는 아무 일 없는 듯 행동했다. 누군가 내 아픔을 이해해주고 함께해주길 간절히 바랐고, 무엇보다도 가족에게, 영혼의 반려자라고 믿고 싶었던 남편에게 위로받고 싶었다.

가장 기대고 싶었던 사람인 남편에게 외면당하니 모멸감이 느껴졌다. 내가 받은 상처의 몇 배로 되갚고 치명적인 방법으로 아픔을 주고 복수하고 싶었다. 이혼만 한 게 없었다. 독기 품은 내 마음을 뒤늦게 돌리려는 남편과 2년이라는 지난한 시간을 보내고 나서 10년간의 결혼 생활을 접었다. 내 고집으로 결정한 것이었지만 사실은 너무 무서웠다. 이혼한 사람을 바라보는 편견 때문이었다. 나는 어릴 때부터 살았던 소도시, 내겐 고향이나 다름없는 곳이자 아이들이 태어난 그곳을 떠나 나를 아는 이가 없는 낯선 곳으로 이사를 갔다.

대도시에 가서 많은 사람 속에 살면 나를 감출 수 있으리라 생각했다. 사람들에게 들키지 않으려고, 들켜서 상처받지 않으려고 더 환히 웃고 화려하게 치장을 했다. 낯선 지역 새 학교에 출근하던 첫날, 지각을 했다. 의식적으로 아무리 아닌 척하려 해도 나는 두려움에 갇혀 있었던 것이다. 출근하기 싫어 끝까지 버티다 집을 나섰다. 직원회의에도 참석하지 못해 첫날부터 동료들과 관리자들 눈 밖에 났다. 사람들 틈에서 나를 숨기려 했는데 오히려 사람들 앞에 드러내 보이게 된 꼴이었다.

대구와 다리 하나를 사이에 둔 곳에 있는 일반계 고등학교인 그곳은 대구로 진출하지 못한 학생이 오는 학교였다. 1천 여 명에 이르는 많은 학생에게는 각기 다른 사연이 있었다. 오전 7시 30분에 시작하는 자율 학습을 감독하는 것을 시작으로 수업과 보충수업, 그리고 야간 자율 학습까지 감독해야 했다. 어두움이 가

시지 않은 이른 아침, 힘들어하는 아이들을 깨워 차려놓은 밥상에 앉혀두고 학교로 가는 발걸음은 늘 무거웠다. 야간 자율 학습 감독을 해야 하는 날에는 아들 친구 엄마의 도움을 받을 수밖에 없었다. 할 수만 있다면 학교를 그만두고 싶었다.

일찍 시작되는 일과와 많은 수업, 늦은 밤까지의 자율 학습 감독 등으로 힘든 점도 많았지만, 공부에 열의가 있는 학생들이 있어서 전임 학교보다 수업하기가 훨씬 편했다. 수업과 학생 지도에 열심히 임했고, 새내기 교사 때부터 아이들과 했던 신문 읽기를 다시 이어나갔다. 한때 기자가 되고 싶었던 내 꿈을 떠올리며 학생들과 했던 신문 읽기를 확대해 학교신문을 창간하기도 했다. 겉으로 보기에는 안정을 찾은 것처럼 보였다. 그러나 여전히 내게 교직은 두 아이와 함께 살아가기 위해 필요한 '직업'일 뿐이었다.

첫해에 담임을 맡고 난 뒤 그곳을 떠날 때까지 4년을 비담임으로 보냈다. 교사로서 해야 하는 기본 업무만 하고 싶었고 교과만 담당하는 교사에게 주어진 수업과 업무만 했다. 담임을 맡지 않으니 학생들과 깊이 있게 만날 기회가 줄었다. 그래서 깊은 만남을 원했던 학생들과의 관계에서 언제나 겉도는 느낌을 받았다. 이것은 다른 사람들이 내게 준 것이 아니라 내가 자초한 내 영혼의 허기였다.

아이들을 일찍 재우고 혼자 울다 잠든 날들이 많았다. 지나온 날을 후회하고 앞으로의 날들을 두려워하면서 지독한 공포로

밤을 새운 날도 많았다. 앞으로 나가지도 못하겠고 그렇다고 다시 뒤로 갈 수도 없었다. 이렇게 몸과 마음이 굳어버린 줄도 모르고 시간을 보내던 중 건강검진을 받았는데 위암 초기 진단이 나왔다.

'왜 나인가' 하는 절규조차 나오지 않았다. 오히려 그렇게 될 줄 어느 정도 짐작했던 것 같다. 언제부터인가 밤중에 문득 눈이 떠지면서 막연한 공포가 엄습해오곤 했다. 뭔가 잘못되어가고 있다는 느낌이 들었지만 애써 외면했다. 어쩌면 그 진단은 오랫동안 외면한 채 제대로 돌보지 않고 함부로 대한 내 몸과 영혼이 나를 일깨워주려고 내게 보낸 신호였을 것이다. 청천벽력과 같은 소식이었지만 한편으로는 담담히 그것을 받아들였다.

어떻게 가야 할지, 무엇을 해야 할지 몰랐지만 죽음 앞에서 나는 무릎을 꿇었다. 마흔 초입에 찾아온 병이 나의 삶을 돌아보고 점검하게 한, 또 한 번의 영혼의 초대였음을 그때는 알지 못했다. 그 무렵 책장에 꽂혀 있던 책《가르칠 수 있는 용기》가 생각났다. 호흡을 가다듬고 첫 장을 펼쳤다.

하늘이 또 다른 하늘에게
_처리

속표지에 써놓은 수철이 글씨가 보였다. 그렇게 펼친 책장을 한 장 한 장 넘길 때마다 기쁨으로 전율이 일었다. 충격과 감동

속에서 책의 마지막 장을 덮은 순간, 가슴을 누르던 돌덩이가 어느새 사라졌다. 내 영혼을 돌보지 않은 채 교사로, 엄마로 살아온 나 자신이 부끄러웠다. 다시 새롭게 시작하고 싶은 마음에 가슴이 뛰었고 아직은 늦지 않았다는 생각이 들었다.

변화의 시작과 중심은 타인이 아닌 바로 나

5년을 근무했던 그 학교에서 같은 지역에 있는 신설 중학교로 근무지를 옮겼다. 초임 발령 후 14년 만에 만난 중학생들은, 어느 정도 말이 통했던 고등학생들과는 많이 달랐다. 북한의 김정일도 중2들이 무서워 남한에 쳐들어오지 못한다는 농담이 막 나왔던 때였다. 암 수술 뒤 병가와 겨울방학을 이어서 다섯 달 정도 쉬었지만, 체력이 약해져 무척 힘들었다. 하지만 예전과 다르게 삶을 대하는 태도가 달라지면서 마음이 한결 편안해진 덕분인지 몸을 추슬러 근무할 수 있었다.

어떤 일을 내 생각대로 판단하고 결론짓던 예전의 방식에서 조금은 벗어나, 상대를 의식하고 생각을 존중하며 그의 말을 조금씩 듣기 시작했다. 그 무렵 기도문을 마음에 품고 그대로 살아가기 위해 나 자신을 들여다보기 시작했다.

제 힘으로 할 수 있는 일은 기꺼이 할 수 있는 용기를,

제 힘으로 할 수 없는 일은 평화롭게 받아들이는 마음을,

그리고 이 둘을 분별할 수 있는 지혜를 주소서.

미미했지만 의미 있는 깨달음과 새로운 시도로 지금까지 살아온 내 모습을 되짚어볼 수 있었다. 내 힘으로 할 수 있는 일은 습관적으로 대충하거나 마지못해 할 때가 많았다는 것을 알았다. 오히려 내가 할 수 없는 일에 아등바등 매달려 용쓰고 살았다는 것을 깨달았다. 무엇이든 알아차리려는 자각과 성찰하며 스스로의 모습을 돌아보는 태도는 뜻깊은 변화를 가져왔다. 어떤 일을 맞닥뜨렸을 때 호흡을 하며 내 감정을 알아차리고 관찰자의 입장에서 상황을 바라보자 그 상황을 두려워하는 감정에 빠져 길을 잃은 내가 보였다. 나를 바라보는 것만으로도 좀 더 객관적인 눈으로 전체를 조망할 수 있었다.

한걸음 더 나아가 대화를 나눌 때는 상대의 입장에서 온전히 듣기만 했다. 그의 말에 답할 내용을 생각하지도 않고, 그의 잘못된 논리를 찾아내 반박할 생각도 하지 않고 오로지 듣기만 했다. 그러자 상대의 마음이 고스란히 느껴지면서 처지를 바꿔 생각하게 되었다. 두려움에 빠져 어찌할 줄 모르는 상대 역시 나와 다르지 않음을 알게 되니 더 이상 내 생각과 내 입장만을 고집하지 않게 되었다.

잘하고 싶은데 잘되지 않아 자책하고, 다른 이들의 시선을

의식하며 움츠러든 마음은 방어막만 더 공고히 구축할 뿐이었다. 자신을 지키기 위해 무장하고 상대를 공격함으로써 상황이 더 악화되었음을 깨달았다. 반복되는 이 상황을 나는 붓다가 말한 윤회로 인식했다. 윤회의 삶은 고통이다. 윤회의 사슬에서 벗어나는 길, 깨달음을 얻고 모두가 사는 평화로운 길을 찾기 위해서는 다시 선택을 해야 했다.

무의식적인 습관으로 하는 행동이 아니라 내 감정을 알아차리며 의식적으로 선택하려고 노력했다. 지금까지 생각 없이 해왔던 상대를 비난하고 자책하는 일을 멈추려 애썼다. 내 생각과 감정, 느낌의 움직임에 집중하며 익숙하게 전개되는 내 마음의 패턴들을 알아차리자 더 이상 번뇌가 생기지 않았다. 차츰 두려움이 줄고 아이들은 크게 변하지 않았는데 내 마음이 한결 편안해졌다. 그 변화의 시작과 중심은 아이들이나 타인이 아닌 바로 나였다.

불교 가르침 가운데 회광반조回光返照라는 말이 있다. '빛을 돌이켜 반대로 비춘다'는 뜻이다. 밖으로 향하는 불빛이었던 무의식적인 행동, 내가 타인에게 했던 비난이 안으로 향하면서 비로소 나를 비추기 시작했다. 이른바 자기 성찰을 하게 된 것이다. 삶에서는 여전히 많은 일이 일어났고 그 일들을 겪을 때마다 예전과는 다르게 생각하며 이 일을 통해 배워야 할 것은 무엇인지 신은 어떤 깨달음을 얻게 하려고 내가 이 일을 겪게 하는지 물었다.

우주는 한 쿼크(소립자를 구성하는 기본 입자)도 낭비하지 않는다고 한다. 우연히 일어난 일은 없고 일어난 모든 일에는 이유가 있다고 해석하는 이 말을 처음에는 받아들일 수 없었다. '평생에 한 번 겪을까 말까 한 일들을 나는 왜 몇 개씩이나 겪고 있지? 내가 뭘 잘못했는데?'라며 신을 원망했다.

나는 아이들에게 "너 왜 이랬어?", "도대체 어쩌려고 이러니?", "뭐가 문제야?", "내가 못 살겠다" 같이 대답이 필요 없는 질문들은 하지 않았다. 아니 더 이상 이 말들을 할 수가 없었다. 어른이 보기에 아이들이 잘못된 행동을 했을 때 아이들이 의도적으로 그런 행동을 했다고 섣불리 판단하지 않아야겠다는 생각이 들었다. 그러려던 것이 아닌데 어쩌다 보니, 하다 보니 그리되었다는 아이들의 마음속 외침이 마침내 들려왔다.

잘하고 싶은데 마음대로 되지 않는 마음, 안 그러려고 했는데 어쩌다 보니 결과가 이렇게 되어버린 상황들 때문에 부모에게 미안하고 선생님을 대할 면목이 없어 자책하는 아이들의 마음이 내 눈에 보이기 시작했다. 나도 저 아이들만 할 때는 그랬는데, 아니 어른이라고 선생님이라고 하면서 지금도 실수하고 잘못하며 사는데 말이다.

나도 그들도 같은 학부모다

스스로를 성찰하고 나름의 수행을 하자 조금씩 다른 삶을 살게 되는 것 같았다. 부임 이듬해에는 중학교 3학년 부장을 맡게 되었다. 병원에 석 달마다 가서 검진을 받아야 하고 아들 학교에 수시로 불려가야 하는 문제로 고사를 했지만, 실상은 사람들 앞에서 무엇인가 하려고 할 때면 스스로를 위축시키는, 미약한 자존감이 나를 가로막고 있었다. 결과가 좋지 않을 때 져야 할 책임과 사람들의 뒷담화도 두려웠다. 그동안 수행을 하며 두려움을 있는 그대로 바라보는 힘을 얻은 덕분에 이런 나의 마음을 통찰할 수 있었다. 학교에서는 내가 부장직을 맡아주길 원했다. 중책을 맡을 만한 교사 경력이었기에 맡을 수밖에 없는 분위기였다. 두려웠지만 마주 섰다. 상처는 그것을 인식하고 드러낼 때 비로소 치유된다는 것을 또다시 확인했다.

마음에 품고 있던 기도문은 언제나 나의 길라잡이가 되어 뭔가를 선택해야 하는 순간에 내면을 비추는 등불이 되었다. 먼저 동료 교사들과 선배 교사들을 떠올렸다. 그중에는 닮고 싶었던 선생님들도 있었고, 그렇지 않은 분들도 있었다. 특히 학년 부장이나 교무 부장뿐 아니라 관리직인 교감과 교장의 모습 가운데 닮고 싶었던 부분들을 떠올리고는 아쉬웠던 점들을 바탕으로 동료 교사들의 입장에서 그들이 원할 만한 것들을 적어보았다.

학년 운영은 같은 학년 선생님들과 협의하고 합의해 진행한다.
투명한 운영으로 서로를 신뢰한다.

모두를 따뜻함과 친절한 환대로 대한다.

학년을 이끌어야 하는 부장으로서 업무를 시작하기 전에 이렇게 각오를 다졌고 나 자신과 약속하며 학년을 마무리할 때까지 이를 지켰다.

정신을 차릴 수 없을 만큼 많은 일이 하루에 일어났다. 근무하는 학교 일도 많을뿐더러 아들의 학교에서도 일주일이 멀다 하고 담임에게서 전화가 왔다. 흡연, 폭력뿐 아니라 음주에 오토바이 타기까지 아들이 손대지 않는 것이 없었다. 휴대전화에 아들 담임의 번호가 뜰 때마다 가슴이 내려앉았다. 휴대전화에 내 전화번호가 뜰 때마다 우리 반 학부모들의 어떤 심경이었을지 헤아리게 되었다. 그 후 어지간한 일에는 학부모에게 전화를 하지 않았다. 어쩔 수 없이 전화해야 할 상황에서는 학부모를 최대한 안심시키며 말을 했다.

여름방학이 끝나고 개학 첫날 염색한 머리 그대로 등교 하는 학생들이 있었다. 그 아이들을 혼내며 무심코 이렇게 말했다.

"네 엄마가 이 노랑머리 그대로 학교 보내시더냐?"

방학 때야 그렇다 하더라도 개학 날 엄마가 자식을 제대로 챙겨서 보내지 않는 것을 비난하며 한 말이었다. 중학생이 된 뒤 여름방학이 시작되는 날 머리를 노랗게 염색한 아들은 개학날이 가까워 오는데도 제 머리 색으로 염색하지 않았다. 다시 염색을 하라는 내 말에 알겠다는 말만 할 뿐 방학이 끝나는 날까지 내 말을 듣지 않았다. 노랑머리를 하고 등교하는 아들을 보니 학생들과 학부모들에게 한 내 말과 행동이 떠올라 부끄럽고 미안했다.

부모도 자식을 그대로 학교에 보내려 하지 않았을 것이고 부모가 아무리 말을 해도 듣지 않은 아이들도 있었을 것이다. 나타난 현상만 보고 내 식대로 생각하고 재단하며 규정지어 그들을 비판했음을 또 깨달았다. 학부모의 심정이 헤아려져 마음속으로 그분들에게 용서를 청했다.

개학 후 노랗게 물든 머리로 등교한 학생들에게 더 이상 부모님 얘기를 하지 않았다. 염색을 하고 싶어 하는 아이의 마음과 기분을 헤아려주고 우리 반 학생들에게는 담임으로서의 입장을, 아들에게는 엄마로서의 입장을 얘기하며 부탁했다. 자신의 삶을 선택하는 것과 스스로가 져야 하는 책임에 대해 말하며 담임으로서, 엄마로서의 어려움을 토로했다. 며칠이 지나자 아들과 학생들의 머리색이 제 색깔로 돌아왔다.

지금까지 내가 학생들을 대한 태도를 돌아보며 이번 경우와 비교해 스스로에게 물었다. 아이들의 마음이 조금이라도 바뀐 이유는 무엇일까? 이번엔 어렵지 않게 답을 찾았다. '존중'이었다. 어린 그들의 생각은 미숙하다고 여기면서 엄마이고 교사이며 어른인 내 말이 옳으니 당연히 따라야 한다고 생각했다. 항상 규율과 규칙을 앞세우고 그들을 대하면서 행동 뒷면에 있는 그들의 생각과 마음이 어떤지 전혀 헤아리지 않았다. 규칙에 따르지 않는 아이들을 비판하며, 뒤에서 눈물 흘렸을 학부모에게도 날선 비판의 목소리만 냈던 것이다.

어렸을 때부터 수많은 어른에게 당한 언어적·심리적 폭력과 횡포를 내가 그대로 아이들에게 휘두르고 있었다. 소중한 존재를 함부로 대한 내 오만함이 부끄러웠다. 이를 깨닫고 난 이후에도 아이들의 잘못된 행동을 지적하긴 했지만 예전과는 달리 따뜻한 시선과 부드러운 말로, 그들의 행동에 대해서만 얘기했다. 존재 자체를 침해하는 태도와 말과 행동은 더 이상 하지 않았다.

아이들과 학부모를 대하는 내 마음이 달라지고 행동이 바뀌자 아들과 아이들의 태도도 서서히 변화되었다. 표정이 조금씩 부드러워졌고 사건과 사고도 조금씩 줄었다. 무사히 1년을 마치고 아이들이 졸업했고 아들도 위태위태했지만 2학년으로 올라갔다.

이 학교에도 잊을 수 없는 아이가 있다. 옆 반 실장으로 무척 얌전하며 말수가 적고 성실했던 병호다. 어느 날 몇몇 아이가 담배를 피웠는데 그중에 병호가 있어 선생님들이 더 놀랐다. 자신은 담배를 피우지 않았다며 끝까지 결백을 주장했지만 본인의 가방에서 담배가 나오자 병호는 고개를 숙이며 잘못을 빌었다.

나도 모르게 아이의 머리를 세차게 때렸다. 담배 피운 것도 모자라 거짓말까지 하다니. 실장으로서 다른 아이들에게 나쁜 영향을 줄까 봐 염려도 되었다. 무엇보다도 피우다 들켰으면 용서를 빌어야 하는데 계속 아니라고 우기니 더 화가 났고 '어쩌면 그럴 수가 있어?' 하는 생각만 들었다.

수행을 하면서 내가 만든 생각의 틀이나 잣대가 크고 많고 강하다는 것을 깨달았다. 나뿐 아니라 사람은 각자가 만든 틀이나 잣대에 따라 많은 것을 규정하고 판단하고 그 틀이나 잣대에 맞지 않으면 상대가 틀렸다며 서로 갈등한다. 무엇을 믿고 수용하는지에 따라 다를 뿐인데 말이다.

이것을 몰랐으니 타인에게는 내 잣대를 명확히 적용하면서 그들의 실수나 잘못에 엄격했던 것이다. 나 자신이 내게 적용하는 잣대는 느슨하기만 했다. 병호에게도 예외가 아니었다. 나 역시 일상에서 거짓말을 할 때가 있고 크든 작든 거짓말이 들통날 때 부인하거나 변명하는 사람 가운데 하나다.

거짓말은 자신의 내면을 직시하지 못할 때 행해지는 일종의 자기 합리화이기도 하다. 내면을 직시하는 것도 내면에 힘이 있어 용기를 낼 때 가능하다. 잘못된 행동을 했음을 알지만 자신에 대해 사람들이 이미 알고 있는 사실을 끝까지 부인한 병호는 그 순간에 그것을 인정할 용기가 없었을 뿐이다. 또한 아이들이 '이번만 무사히 넘기면 다시는 이런 행동은 하지 말아야지' 하는 마음으로 들키지 않기를 바란다는 것도, 진실 공방을 주고받는 그때 아이들이 받을 벌은 이미 다 받았다는 것도 알게 되었다.

6년쯤 지난 어느 여름 밤, 대학생이 된 아들과 산책을 갔다

가 들른 카페에서 우연히 병호를 만났다. 낯이 익긴 했지만 그때
는 정확히 누군지 기억이 나지 않았다. 함께 있던 여학생이 내게
반갑게 인사를 했다. 중학교 때 제자였다. 이런저런 얘기를 하는
여학생과 달리 곁에 선 그 아이는 말이 없었고 약간 상기된 표정
과 어색한 웃음으로 인사를 하고는 서둘러 나갔다. 한참 동안 생
각을 더듬어 병호라는 것이 기억난 순간 바로 밖으로 나가 그 아
이를 찾아다녔다.

　　좀 전에 헤어져서 근처에 있을 거라 여기고 주변을 이리저
리 돌아다니며 두 아이 이름을 번갈아 불렀지만 찾을 수가 없었
다. 미안하다는 말을 하고 싶었다. 함부로 손을 댄 내 무례함을 용
서받고 싶었다. 실장이라는 틀에 맞춰 다른 아이들보다 더 가혹하
게 대한 것을 사과하고 싶었다. 무엇보다 그 순간 병호의 감정을
읽지 못하고 듣지 못한 채 내 감정과 생각을 고집했던 나의 횡포
를 용서받고 싶었다.

　　궁금해하는 아들에게 마치 앞에 병호가 앉아 있기라도 하듯
뒤늦게 깨달았던 생각들까지 다 말했다. 말없이 얘기를 듣더니 아
들은 이렇게 말했다.

　　"엄마 괜찮아. 엄마도 그땐 몰라서 그랬을 거야. 그리고 그
일을 겪으며 공부했으니 얼마나 고마워. 아까 그 형이 엄마 얘기
들었다면 나와 같은 마음으로 이 얘기를 해주었을 거야."

　　병호 앞에서 직접 사과는 하지 못했지만 용서를 구하는 마

음으로 편지를 썼다. 교사로서, 어른으로서 행했던, 기억나지 않는 많은 잘못에 용서를 청하며 참회하는 여름밤을 보냈다.

특성화고등학교 담임

동일 지역 근무 햇수가 거의 끝나 2년 만에 학교를 옮겼다. 근처 시골에 위치한 특성화고등학교로 중학교와 고등학교가 함께 있는 곳이었다. 고등학교 신입생 정원을 채우는 것이 교사들의 주된 업무 중 하나였다. 대부분의 학생이 일반계 고등학교로 진학할 수 없는 정도의 수준에 있었다. 한부모 가정, 조손 가정이 많았고 집이 먼 학생들은 기숙사 생활을 하거나 기차 통학을 했다.

많은 학생이 가방 없이 등교했고 수업 시간에는 예사로 잠을 잤다. 깨어 있을 때는 수업 진행이 어려울 만큼 수업을 방해하는 학생도 많았고 구석진 곳에 있는 화장실과 강당 뒤편은 쉬는 시간마다 담배 연기로 자욱했다. 매일 일어나는 사건과 사고는 학교 밖에서도 예외가 아니었다. 한시도 마음을 놓을 수가 없어 퇴근 시간이 되면 교사들은 모두 녹초가 되었다. 학교 간 이동 서류를 작성하는 연말이면 떠나려는 교사들이 많았다. 그나마 대구에서 가까운 인접 생활권이라는 이점 때문에 견디는 교사가 많았다.

아이들은 무단 지각이나 조퇴뿐 아니라 결석도 밥 먹듯이 했다. 해마다 스스로의 의지에 따라 자퇴하는 아이뿐 아니라 퇴학을 대신해 자퇴하거나 전학가는 아이를 합하니 10여 명을 훌쩍 넘었다. 흡연, 음주, 폭행, 절도, 성 문제 등 작지 않은 일들이 빈번하게 일어났다. 끊임없이 말썽을 일으켜 뒷수습하기에 지친 부모들은 자식을 포기하겠다는 말까지 했다.

쉬는 시간에 담배를 피우다 걸려서 담임 앞에 선 아이들은 잘못했다며 다시는 피우지 않겠다고 했다. 지키지 않는 다짐을 매번 하는 아이들에게 거짓말하지 말라고 했다. 어느 날 똑같은 상황에서 이 말을 챗바퀴 돌듯 하고 있는데, 문득 이런 생각이 들었다. 내 앞에서 안 피우겠다고 다짐해놓고는 1시간 뒤 쉬는 시간에 이 다짐을 까맣게 잊고 담배를 피우러 또 가겠지만 적어도 이 말을 하는 이 순간만큼은 아이 마음이 진심일 것 같았다. 이런 마음이 들자 지금까지와는 전혀 다른 말이 나왔다.

"그래, 선생님도 네 말이 진심인 것을 믿는다. 네가 한 이 말을 네가 지켰으면 좋겠구나. 또다시 담배를 피우고 싶을 때나 피우게 될 땐 지금 이 순간, 네 모습을 기억하기 바랄게."

그렇게 얘기를 나누었던 아이는 그 뒤에도 담배를 계속 피웠고 가끔은 학생부에 불려와 혼이 나고 내 앞에 와서 서는 일이 여전했다. 하지만 이전에 비해 아이가 진심으로 미안해하는 것 같았다. 나 역시 더 이상 닦달하지 않았다. 담배를 끊거나 최소한 학교에서 안 피우고 싶은데 뜻대로 하지 못하는 아이가 안쓰러웠다. 교사로서 내가 할 수 있는 일은 아이의 마음을 헤아리며 믿고 기다리는 것뿐이었다.

　범상치 않은 아이들과의 생활에 어려움이 많았지만 봄을 지나면서 조금씩 안정감을 찾던 때였다. 당시에 기차 통학을 하는 학생들이 한 달 단위로 끊는 패스권을 분실했다며 기차역에 신고한 뒤 재발급을 받곤 했다. 실제로는 분실하지 않은 패스권을 다른 학생에게 팔아 적발되어 학교가 골머리를 앓던 터였다. 학생들의 일탈 행동이 외부로까지 확대되어 긴장하고 있던 차에 어느 날 수업 시간에 화장실에 간다며 교실을 나온 동주가 체육 수업으로 비었던 중학교 교실의 잠긴 문을 따고 들어가 돈을 훔쳤다.

　학생들에게 경각심을 줘야 한다고 생각한 학교는 퇴학 처분에 갈음하는 자퇴로 처리하라고 했다. 아이의 손버릇은 이번이 처음도 아닌 듯했고 그동안 일어났던 몇 번의 도난 사건에 대한 책임까지 동주에게 씌우는 분위기였다. 나는 아이가 원망스러웠지만 차마 학교를 그만두게 할 수는 없었다.

　동주가 초등학교 4학년 때 심장마비로 남편을 잃고 자식 셋을 어렵게 키우고 있는 동주 어머니와, 고등학교라도 나와야 경제적으로 어머니를 도울 수 있는 동주의 현실을 떠올렸다. 자퇴 말고 다른 학교로 전학을 보내달라고 교감에게 간청했지만 학교의 입장은 완강했다. 그때 선생님 한 분이 내게 이렇게 말했다.

　"최 선생님, 학생에 대한 최종적인 결정권은 담임에게 있습니다."

그 말에 정신이 번쩍 들었다. 동주가 잘못한 것은 맞지만 학교를 그만둬야 할 만큼 큰 잘못을 한 건지, 학생이라면 교칙에 따라 처벌받아야 하는데 이 과정이 제대로 이루어진 건지, 한 번의 잘못에 대해 큰 책임을 묻는 것은 너무 가혹하지 않은지, 담임으로서 동주의 내면의 문제점이 무엇인지 알아내 도움을 주었는지 나 자신에게 물었다.

마음을 정리하고 선도위원회 회의 자리에 들어갔다. 교감과 나의 입장을 동료들은 모두 알고 있었다. 자퇴 결정은 너무 심하다는 분위기가 형성되어 있었다. 선도위원들이 권고 전학으로 처분할 것을 결정하고 최종적으로 담임인 나의 의견을 물었다. 나는 그 결정을 따를 수 없다고 했다. 놀라는 위원들에게 다음과 같이 말했다.

"담임으로서 동주를 온전히 이해하지 못했습니다. 이 학생을 제대로 돌봐주지 못했고 지금부터라도 제대로 돌봐주고 싶습니다. 대인 기피증이 있는 동주는 전학을 가느니 차라리 자퇴를 하겠다고 합니다. 잘못한 일은 교칙에 따라 처벌해야 합니다. 새로 시행 중인 그린마일리지라는 상벌점제를 적용해도 이 학생에게 적용되는 벌은 교내 봉사나 사회봉사 정도입니다. 다른 학생들에게 경고하는 차원에서 과중한 벌을 내리는 것은 학생에 대한 차별이며 인권침해입니다."

그동안 스스로에게 던진 질문에 답을 한 셈이었다.

나의 단호한 발언에 선도위원회는 결론을 내지 못했고 교장에게 보고한 다음 전체 교직원 회의에서 처분을 결정하기로 했다. 교장과 교감이 출장 때문에 자리에 없는 가운데 교사들의 의견이 자유롭게 오고 갔다. 학생 체면을 생각해서 환경을 바꿔주는 것이 좋을 수 있다고 생각하는 교사도 많았다. 하지만 동주는 사람들에게 받을 비난의 눈초리보다 전학 갈 낯선 곳에서의 생활을 더 두려워했다.

회의를 한 뒤 투표한 결과 전학을 보내자는 쪽 12표와 담임에게 지도할 기회를 한 번 더 주자는 쪽 11표가 나왔다. 그러자 전학을 가야 한다면 학교를 그만두겠다고 울먹이던 아이가 생각났다. 일당을 받으며 하던 식당 일도 제쳐두고 학교에 와서 눈물 흘리던 동주 엄마도 떠올랐다.

퇴근 시간을 훌쩍 넘기며, 선도위원회와 전체 회의를 거치면서 동주의 일을 지켜본 담임의 입장에서 교감과 교장에게 올리는 글을 썼다. 미흡했던 담임에게 한 번 더 기회를 달라는 간절함도 있었지만 한 번의 잘못으로 아이가 받아야 하는 벌이 가혹하다는 말도 썼다. 교감과 교장 자리에 다 쓴 글을 두고는 늦은 밤 퇴근을 했다.

다음 날 교감 선생님이 오더니 동주를 담임이 한 번 더 지도해보라고 했다. 전체 회의에서 내린 결정을 어떻게 번복하느냐는 내 말에, 교장 선생님과 본인이 담임 쪽에 표를 던지면 1표가 더 많아지니 괜찮다고 했다. 교감 선생님에게 그동안 쌓였던 서운함이 씻은 듯 사라졌고, 두 분에게 감사하는 마음이 들었다. 동주 어머니와 아이에게 상담 치료를 우선으로 받아야 하고 한 번 더 이런 일이 생기면 그때는 전학을 가야 한다고 말했다.

12월 방학을 앞둔 어느 날, 옆 반에서 절도 사건이 일어났고 조사 결과 동주가 한 일이란 것을 알게 되었다. 더 이상 동주를 위해 할 수 있는 일이 없었다. 약속을 지키지 않은 아이를 원망하는 마음도 들지 않았다. 담임으로서 최선을 다해 동주를 대했는지, 지속적인 상담 치료가 제대로 이루어지지 못한 부분에 내 책임은 없었는지 되짚었다. 동주도 어머니도 학교의 결정을 받아들여 대구 변두리 특성화고등학교로 전학을 갔다.

전학을 가고 나서 가끔씩 동주에게서 연락이 왔다. 낯선 환경에 적응해가며 잘 다닌다는 소식을 전해준 동주가 참 고마웠다. 3학년에 올라가서는 취업이 되었다고 연락을 주기도 했고 졸업하는 날에는 전화로 "선생님 고맙습니다"하며 인사를 했다. 전문대학에 입학해서 다닌다는 소식을 들으며 우여곡절이 많았지만 그 시간들이 헛되지 않았다는 것에 감사하며 지냈다.

신학기를 맞아 새로운 업무가 많아 정신없이 보내던 4월 초였다.

"선생님, 동주가 죽었어요."

신입생 환영 엠티에 참여한 뒤 숙소로 들어가 먼저 잠들었

는데 아침에 깨어나지 못했다는 것이다. 이미 장례까지 치렀다고
했다.

며칠 동안 정신을 차릴 수가 없었다. 20년이라는 짧은 생을
살다 간 그 아이의 삶이 어떤 의미였는지, 어떤 이유로 내가 동주
를 만나게 되었는지에 대해 답을 찾지 못했고 동주 생각이 떠나
지 않아 우울한 날을 보냈다. 그러다 한순간 깨달았다.

동주는 내게 아닌 것을 아니라고, 속으로만 외치는 것이 아
니라 사람들 앞에서 말할 수 있는 '용기'를 가르쳐주었구나. 동주
일을 겪을 때 처음으로 말에 그치지 않고 행동하는 삶을 살아보
았음을 깨달았다. 세상에서 가장 먼 여행이 머리에서 가슴을 거쳐
발까지 가는 여행이라고 한 신영복 선생님의 말씀이 비로소 가슴
에 와 닿았다. 동주도 나의 큰 스승이었구나.

초임 시절에 전교조 교사 대량 해직 사태를 겪었지만 그때
전교조 교사들과 함께하지 못했다. 대신 소식지를 나르고 물품을
판매하는 것으로 미안함과 부끄러움을 면하려 했다. 늦은 시간까
지 퇴근하지 않고 학부모와 통화하는 내게 엉뚱한 소리를 해대던
교감에게 당당히 맞서지 못했다. 여성, 전라도 출신, 가난함 때문
에 받았던 차별과 무시, 그 부당함에 저항하지 못하고 억울함과
분노의 감정을 내 안에 쌓기만 했다.

내면의 소리에 귀 기울이지 않고 세상의 가치를 따라 살면
서 길을 잃은 건 당연한 결과였는지 모른다. '예' 할 것은 '예' 하

고, '아니오' 할 것은 '아니오' 하지 못했던 나. 이혼, 암, 아들의 방황 그리고 수많은 아이를 학교에서 만나면서 겪은 힘들었던 순간들과 고통은 제대로 다시 살아보라고 삶이 내게 준 선물이자 기회였다.

고통은 최초의 은총이라고 말한 켄 윌버Ken Wilber의 말에 고개가 끄덕여졌다. 내게 큰 선물을 주고 간 동주 덕분에 삶이 더 평화롭게 느껴졌다. 동주의 손을 잡고 그를 끌어줄 용기를 낼 수 있었던 것은 내 안에서 울리는 영혼의 소리에 귀 기울인 덕분이었다. 학생의 입장을 헤아려 그 입장에 있어보니 나 역시 누군가가 내 입장을 헤아려 내 곁에 있어주기 바란다는 것을 나중에야 깨달았다.

나는 함석헌의 시 〈그 사람을 가졌는가〉를 제일 좋아했는데, 세상이 모두 나를 외면해도 "나는 네 편이야"하고 말해줄 사람이 있기를, 나도 그런 사람이 되기를 간절히 소망하며 살았다는 것을 깨달았다.

"엄마가 먼저 공부하세요"

아들은 중학교 2학년이 되며 행동이 더 거칠어졌고, 학교 선생님들도 아들을 감당하기 버거워했다. 그땐 날마다 어울리는 친구들 때문에 우리 아이가 더 망가진다고 생각했다. 자정 지나 한

밤중이 되면 내가 잠든 사이에 몰래 나가 월드컵경기장에서 친구들과 술을 마시고 오토바이를 탔다. 들어오라고 전화를 할 때 아들이 쌍욕을 해대면 무엇을 어떻게 해야 할지 답이 떠오르지 않았다.

학교는 전학을 권유했다. 나 역시 어떻게든 친구들과 떼어놓으려면 아들을 멀리 떨어진 곳으로 보내는 수밖에 없다고 생각했다. 오래전부터 대안교육에 관심이 있었는데, 마침 경주 산골에서 만난 대안학교 선생님의 말이 다시 나 자신을 똑바로 보게 했다.

"엄마가 공부하세요. 아들을 변화시키려 애쓰지 말고 엄마가 먼저 공부하세요."

추석 연휴에 아들과 함께 그 선생님을 만나러 경주로 가는 길에 아들에게 사과를 했다. 이혼 뒤 스스로의 두려움에 빠져서 어린 자식들의 아픔과 두려움을 알지 못했던 무지에 대한 사과였다.

"엄마도 무서워서 출근 첫날에 지각을 할 정도였는데 너희는 얼마나 무서웠니? 밤마다 엄마 곁에서 함께 잠들고 싶어 했던 너희의 마음을 헤아리지 못한 나를 용서해줄 수 있겠니? 친구 돈 천 원을 훔쳤다고 파출소에 데리고 가 경찰관 앞에서 너의 죄를 묻던 엄마를 용서해줄래?"

미리 작정하고 이런 이야기를 하려던 것은 아니었다. 경주에 가기 며칠 전 아들의 초등학교 3학년 때 담임이었던 내 친구와 집 근처에 있는 산에 오르며 이런저런 이야기를 나눴다. 그때 친구에게 한 이야기들을 아들에게도 했다. 이야기를 다 듣고 나서 한참동안 아무 말 없던 아들은 '많이 무서웠다고, 무섭다고 말하면 엄마가 힘들어해서 우리를 아빠에게 보낼까 봐 아무 말도 못하고 참았다고, 입학한 학교에서 친구들이 무시할까 봐 아이들을 먼저 때렸다'고 했다.

"이젠 괜찮아. 이젠 괜찮아, 엄마."

나는 아이의 손을 잡았다. 어느 순간부터 나와 눈도 마주치지 않고 몸에 손도 못 대게 했는데, 놀랍게도 아들은 가만히 있었다. 그 당시 미국공립학교 교환학생으로 가 있던 딸에게는 좀 더 시간이 흐른 뒤 사과를 했다. 브레이크가 고장 난 차가 내리막길을 내려올 때처럼 위태로워보였던 아들이 오르막에 올라 제자리로 가기 시작한 때가 바로 그때였다.

카를 구스타프 융^{Carl Gustav Jung}은 부모가 참회의 삶을 사는 것만큼 아이들 심리에 영향을 끼치는 것은 없다고 말했다. 학부모와 상담할 때, 아들과의 여행에서 나눈 이야기와 그것이 가진 힘을 알게 되었기에 학부모에게 성찰적 태도가 중요하다고 말한다. 자책이나 죄책감과는 다른 성찰의 힘과 직접적이든 간접적이든 아이에게 용서를 구하는 부분에 대해 부모와 많은 이야기를 나눈다.

경주에서 선생님을 만나 이야기를 나누고 어느 정도 마음을 정한 아들은 그해 11월 말, 산골 작은 학교로 전학을 갔다. 전교생이 30여 명도 되지 않는 작은 학교에서 비교적 빠르게 적응하여 선생님들에게 격려받으며 예전의 모습을 되찾은 듯 보였던 아이가 교내에서 피운 담배 때문에 선생님들과 갈등을 빚었다. 그 과정에서 서로에게 상처를 주고 상처를 받으면서 아이는 1학기 중간고사 뒤에 등교를 거부했다.

아이를 믿고 기다린다고는 했지만, 아들의 방황이 모두 나로 인한 것이라는 생각이 들자 죽음이 생각났다. 새벽에 일어나 잠든 아들을 보는 순간 눈물이 흘렀고 집을 나와 정처 없이 차를 몰다 정신을 차리고 보니 차가 남해고속도로 어느 휴게소로 향하고 있었다. 여행자를 위한 무료 대여 도서들이 출입구 한편에 몇 권 꽂혀 있었는데, 그중 책 한 권을 들고 창가에 앉았다. 헬렌 슈크만^{Helen Schucman}이 쓴《기적수업》의 요약본이었다.

"괜찮아, 괜찮아. 괜찮아 현미야. 괜찮아, 괜찮아."

끝도 없이 계속 내 안에서 괜찮다는 말이 나왔다. 고요한 마음으로 일상에 복귀한 뒤에, 일어난 많은 일을 평정심을 가지고 대하기 위해 항상 내 마음을 알아차리려 했다. 할 수 있는 일을 할 뿐 내겐 다른 길이 없었다.

2학기가 되자 아들은 다시 학교에 갔다. 중학교를 졸업한 뒤 원하던 학교로 진학하기 어렵게 되자 검정고시를 보겠다고 했다. 집에서 독립한 뒤에 그 길을 가보라고 하니 아들은 생각할 시간을 달라고 했다. 어떤 삶을 선택하든 아이의 선택을 존중하기로 마음 다잡고 있던 참이었다. 사흘 뒤 아들은 그렇게 살아가려니 아직은 무섭다며 엄마가 권하는 대안학교에 가보겠다고 했다. 아들에게 겁먹지 말고 스스로 생각한 삶을 한번 살아보라고 했다. 원하지 않는 것을 엄마의 권유 때문에 억지로 할 필요는 없지만 일단 가서 면접을 보자고 했다.

그해 겨울에 1회 입학생을 모집하는 대안학교로 면접을 보기 위해 함께 길을 나섰다. 지원서를 본인 스스로 작성하는 것을 보니 어느 정도 마음을 정한 것 같았다. 순순히 마음을 열고 받아들이면서 아들은 그곳을 다니겠다고 했다.

진로상담 교사가 되다

샨티학교 1회 입학생이 된 아들과 입학식에 참석하기 위해 나선 길에서 나눈 말들이 지금도 생생하다. 그때 나는 아들에게 제도권 교육기관보다 좀 더 자유롭고 다양한 방법으로 학생들을 만날 수 있는 대안학교 선생님이 되고 싶다고 말했다. 내 말을 다 듣고 잠시 침묵하던 아들이 말했다.

"굳이 대안학교가 아니더라도 지금 엄마가 몸담고 있는 공교육 시스템에서 대안학교 선생님처럼 학생들을 만나는 건 어때요?”

그 말을 듣자 학교 현장에서 대안교육기관의 강점과 공교육의 강점을 접목하면 더 큰 효과가 날 수 있겠다는 생각이 들었다. 좀 더 큰 틀에서 바라보며 조언해준 아들이 대견했다.

정부는 학생들의 진로 교육의 중요성을 인지해 새로운 교과목으로 ‘진로와 직업’을 만들고 담당할 교사를 선발했다. 상담 공부를 생각하던 차에 발표된 정책이라 망설이지 않고 전과를 신청했고, 겨울방학 동안 진로상담 교사를 육성하는 연수를 받았다.

역사 선생님으로 22년 동안 학생들을 만났는데, 이제는 진로상담 교사라는 새 옷을 입고 학생들 앞에 서게 되었다. 역사 선생님으로서 할 만큼 했다는 생각이 들었고, 진로상담 교사로 아이들을 만나고 싶은 마음을 품고 있었기에 주변의 만류나 염려에 흔들리지 않았다. 진로상담 교사는 학생들의 마음 안에 있는 꿈을 일깨우고, 안내자이자 동반자이자 조력자로서 그 꿈을 함께 찾아가는 사람이다. 교육부는 진로상담 교사가 진로를 탐색하고 학생의 진로를 찾아주는 것에 주안점을 두었지만, 나는 학생들이 주체적인 삶을 살아간다면 그 길은 스스로 찾으리라 믿었다.

대안학교에서 3년 동안 많은 일을 경험하며 조금씩 커나가는 아들의 모습이 보였다. 더 많이 달라진 것은 아들보다 나였다. 문제가 생길 때마다 당황하지 않고 마음공부를 할 기회로 삼았다. 삶에서 경험하는 모든 것이 공부할 거리였다.

진로상담 교사로서 학생과 학부모를 더 많이 만나는 행운도 누렸다. 한 영혼을 만나고 한 가족의 이야기 일부를 들으면서 내가 해줄 수 있는 것은 그리 많지 않았다. 그 과정에서 타인의 삶을 통해서 좀 더 쉽게 보이는 문제들이 내 안에도 있다는 것을 알게 되었다.

"나는 미처 몰랐네 그대가 나였다는 것을"이라고 말한 교육운동가 무위당 장일순 선생의 말처럼 진로상담 교사로 만났던 많은 학생은 내 딸이고 아들이었으며 학부모는 또 다른 나의 모습이었다. 역사 선생님으로 2년, 진로상담 교사로 2년을 보낸 학교에서의 시간은 인간에 대한 그리고 삶에 대한 고마움을 사무치게 경험한 시간이었다.

다시 학교를 옮길 때가 되었는데, 뜻밖에도 특목고(특수목적고등학교, 이하 특목고)인 과학고로 발령이 났다. 이전 학교들과 모든 면에서 너무나 달랐고 수학과 과학은 물론이고 전반적으로 모든 과목의 성적이 우수한 학생들이 모여 있었다. 학생과 학부모, 교사의 자부심도 컸지만 모두가 성적 때문에 받는 스트레스도 큰 곳이었다.

내가 특성화고등학교에서 특목고로 발령받은 것은 아주 이례적인 일이었다. 발령은 행정 관서에서 여러 조건을 고려하며 내는 것이지만, 비슷한 수준의 학교 사이의 이동이 일반적이었다. 과학고 학생들의 진로는 대부분 정해져 있다. 카이스트, 스카이^{SKY}, 포스코 입학이 학생과 학부모가 선호하는 진로였다. 내가 과학고로 발령이 났다는 소식을 들은 예전 동료들은 똑똑한 학생들이 알아서 진학할 텐데 그곳에서 할 일이 크게 있겠느냐고 농담을 했다. 나는 그 말에 동의할 수 없었다.

예전에 내가 그랬던 것처럼 부모가 아이를 사랑하는 방식은 아이가 바라는 방향과 대개는 달랐다. 그로 인한 상처를 대부분 아이가 가지고 있다. 특목고에서 치열한 경쟁에 놓인 아이들이 느끼는 심리적 부담감은 더 클 것이었다. 친구를 동료가 아닌 경쟁자로 인식할 수밖에 없는 구조적인 교육 시스템에서 24시간을 함께하는 것은, 24시간 스트레스가 주어지는 상황에서 지내는 것과 같다. 조기 졸업과 명문대 진학이라는 두 마리 토끼를 잡기 위해 아이들은 물론 부모들까지 혈안이 되었다.

그곳에서는 유독 타인의 시선을 심하게 의식했고 경계심을 갖고 타인을 대하는 태도도 강했다. 내가 할 일은 그저 그들의 입장에 서서 온전히 들어주는 것이었다. 또한 어떤 상황이 벌어질 때 나 스스로가 먼저 두려움에 빠지지 않도록 중심을 잡는 것이었다.

입학 후 적응하느라 바쁜 아이들을 짬짬이 만났다. 어느 6월 휴일 자율 학습 감독 중 휴식 시간에 락이가 상담을 요청했다. 아이는 학교를 그만두고 싶다고 했다. 미술과 디자인 쪽에 관심이 많았는데 수학과 과학 성적이 좋아 과학고에 들어왔고 지금은 후회를 많이 한다고 했다. 부모님과 담임 선생님에게 이야기해봤지만 학업에 충실하라는 말만 한다며 어떻게 해야 할지 도움을 받고 싶다고 했다. 먼저 자신이 좋아하고 잘할 수 있는 분야를 알고 있는 점을 높이 사며 고민을 드러내고 얘기하는 용기가 멋지다고 얘기해주었다. 그러고는 이렇게 말했다.

"우선 과학고의 장점을 너의 재능과 결부할 방법을 찾아보자. 그러려면 학교에서 기본적으로 해야 할 일과 네가 원하고 좋아하는 일을 병행해서 해야 해. 다른 친구들보다 몇 배 더 힘들겠지만 그 부분은 누구도 대신할 수 없어. 네가 좋아하는 것은 즐기며 하겠지만, 해야만 하는 일을 할 때는 즐기며 할 수 없을 거야. 그럴 때는 현재에 집중하는 것이 좋단다. 집중이 힘들고 마음이 분산될 때는 호흡으로 집중하는 힘을 키우면 돼. 선생님은 너를 지지하고 너의 선택에 박수를 보낸다. 네가 살고 싶은 네 삶을 마음속으로 그리면서 그 삶을 위해 지금 네가 무엇을 하고 있는지 매 순간 알아차리려 노력해보렴. 너 자신을 믿는 거야."

나와 면담을 마친 뒤 락이의 표정이 한결 밝아졌다. 그 뒤 락이 어머니에게 상담을 요청했고, 아들의 마음을 알고 있었지만 특목고 이후의 진로에 미련을 버리지 못하는 어머니와 많은 이야기를 나눴다. 내가 가장 하고 싶었던 이야기는 아들을 믿고 기다려달라는 것이었다. 모든 인간은 자신의 삶과 길을 스스로 잘 찾아가니 그것을 믿고 각자 삶에서 중심을 잡아야 하며 결국은 '엄마 공부'이니 한시도 그것을 잊지 말자고 했다. 힘든 과정이 있었지만 학생은 학생대로 부모는 부모대로 중심을 잡기 위해 노력했다.

락이는 독일 뮌헨에서 열린 2016iF디자인어워드 공적 가치 부문에서 디자인 비전공자이자 고등학생으로 유일하게 수상했고 대한민국 인재상을 받았다. 락이는 자신이 원했던, 미국과 네덜란드의 디자인 스쿨 두 곳에서 입학 허가를 받고 네덜란드 학교로 진학했다. 이를 통해 한 아이를 돌보기 위해서는 무엇보다도 부모와의 협력이 필요하다는 것을 다시 확인했다.

많은 부모와 상담하면서 자녀를 있는 그대로 봐주고 무조건 적으로 믿고 지지해달라고 했다. 쉽지 않은 일이고 너무 늦은 것이 아니냐며 후회하는 부모에게 말했다. 지금부터라도 부모와 교사가 힘을 모아 아이를 도와준다면 아이는 스스로의 길을 찾아가는 힘을 발휘한다는 것을. 학생보다 부모가 자신을 바꾸는 것을 더 힘들어했다. 이미 가지고 있는 부모 자신의 기준을 버리고 다시 보는 것이 쉽지 않지만 아이와 자신을 위해서 해야 하는 일이었다.

아이들을 진심으로 대하기

2014년에는 교사 해외 배낭 연수에 응모해서 선발되었다.

'길 위에서 배우다'라는 주제로 동료들과 함께 떠난 산티아고 여행을 통해 많은 것을 배웠다. 산티아고 순례길에서 만난 몇몇 여행자의 가방은 단출했다. 그에 비해 2주간 여행하는 우리의 짐은 배낭을 메면 사람이 보이지 않을 정도로 컸고 조금 걷다 쉬어야 할 정도로 많이 무거웠다. 무거운 짐으로 내내 힘들었던 여행길에서 가벼운 짐으로 새벽길을 나서는 여행자의 뒷모습은 많은 것을 생각하게 했다.

일상생활로 돌아와 내가 메고 있는 짐들을 정리하기 시작했다. 버리지 못하고 쌓아둔 물건 가운데 버릴 것은 버리고, 쓸 만하지만 쓰지 않는 것들은 주위에 나눠주었다. 집에 쌓인 물건뿐 아니라 어디든 내가 있는 곳에 쌓인 것들을 정리했다. 그리고 마음을 들여다보는 시간을 더 많이 가지면서 살면서 놓지 못했던 감정과 인연도 정리해나갔다. 컴퓨터와 휴대전화 폴더와 어플리케이션까지.

학교에서 나의 상담 활동을 탐탁지 않게 생각하는 몇몇 동료가 있었는데, 내가 전문 상담 교사가 아닌 것을 못마땅해하는 것 같았다. 내가 하는 학생 상담이 담임의 역할을 침해하는 것이라고 느끼는 교사들과 갈등이 생겨 조금씩 힘들었다. 학생들을 만나 문제점을 인식하고 담임과 함께 고민하려는 내게 고맙다는 말은 못할망정 벽을 세우며 침해 운운하는 이들과 실랑이하기 싫었다.

어떻게 해야 할까? 산티아고 순례길을 걷고 온 뒤, 예전과 달리 더 이상 내가 흔들리지 않음을 느꼈다. 다른 선생님들이 나를 어떻게 생각하고 대하든 고요한 마음으로 그들을 대하고 상황을 맞았다. 한편으로는 좀 더 신중하고 겸손한 태도로 동료 교사를 만나려 했다.

그때 나의 내면을 다시 보게 되었다. 힘들 때마다 조언해준 관옥 선생님과 산티아고에서 돌아와 바로 참여한 '사계절 피정' 덕분에 내 중심을 잡을 수 있었다. 사계절 피정은《가르칠 수 있는 용기》를 읽고 파머가 쓴 책들을 찾아보면서 알게 된 프로그램이다. 마음만 먹으면 언제든 참여할 수 있었지만 몇 년 동안, 이유를 대며 피해왔다.

부족하면 부족한 대로, 상처가 있으면 상처가 있는 대로 나를 바라보기로 했다. 나 자신을 '있는 그대로 아름다운 나'로 볼 수 있는, 온전함을 회복한 삶은 평화로웠다. 아무런 일이 일어나지 않아 평화로운 것이 아니라, 주어진 환경에서 내 생각과 의식에 따라 삶이 평화로워진다는 것을 깨달았다. 깊이 성찰하여 내면화할 수 있는 힘, 그 힘을 사계절 피정을 통해 강화했다.

사진 여러 장 가운데 하나를 골라 서로를 알아보는 '나만의 사진'이 피정의 첫 세션이었다. 그 세션을 통해 수줍고 겁 많은 나의 내면을 만났다. 나는 여러 사진 가운데 오로라 사진 앞에 오래 머물렀는데, 아름다움과 자유로움, 장엄함이 느껴지는 오로라를 보자 심장이 뛰었다. 오로라처럼 삶을 살고 싶어졌고 어쩌면 지금 내가 그렇게 살고 있지만 그것을 모르고 있을 뿐이라는 생각도 들었다.

첫 피정에서 돌아온 뒤, 삶의 다양한 일들에서 느끼는 불편함을 지켜보는 힘도 커졌다. "자극과 반응 사이에는 공간이 있다. 그 공간에는 반응을 선택할 수 있는 자유와 힘이 있다. 그 반응에 우리의 성장과 행복이 달려 있다"는 심리학자 빅터 프랭클^{Viktor Frankl}의 말이 비로소 이해되었다.

오래전부터 산골 작은 학교에서 교사 생활을 하고 싶었다. 특목고에서 학생들을 만나는 것이 의미 있고 좋았지만 이젠 충분하다는 마음이 들자 학년 말에 내신서를 썼다. 경상북도에서는 오지라 불리던, 전교생이 도시의 한 학급 수도 되지 않는 작은 학교로 발령이 났다.

산골 아이들에게도 나름의 아픔이 있었다. 다문화 가정, 부모가 이혼해 한 부모와 살거나 조부모와 지내는 친구들, 부모가 있어도 감정적으로나 정서적으로 도움을 받지 못해 감정이 날 서 있는 아이들도 있었다. 무엇보다도 부모가 너무 바쁘고 아이를 제대로 돌보지 못해 부모와 손잡고 아이를 도와주기가 쉽지 않았다.

동료 교사들은 네 명밖에 안 되는 1학년들과 수업하는 것이 힘들다고 했다. 그 가운데 유독 선생님들을 힘들게 한 금동(내가 붙여준 별칭)이의 불안한 태도는 수업 시간 내내 지속되었다. 제대로 씻지 않는 것은 물론이고 입은 옷도 너무 더러웠다. 3학년에 다니는 오빠의 담임을 통해 알아보니 부모의 도움을 받기 어려웠다. 그런 상황에서 아이의 문제가 해결되도록 도우려면 먼저 나부터 나서야 했다. 작은 학교라서 선생님들이 아이들을 세심하게 지켜볼 수 있는 것이 다행이었다.

금동이라는 별칭을 탐탁지 않아 하는 아이에게 '금을 준들 너를 사랴, 은을 준들 너를 사랴' 하고 노래를 불러주면서 '세상 그 어느 것보다 더 귀한 존재가 너'라는 노랫말을 설명해줬다. 금동이를 비롯해 팅커벨, 공주, 찌니라는 별칭으로 부른 1학년 아이들이 성장하는 모습을 지켜보며 1년을 보냈다.

누군가 한 사람이라도 진심을 다해 함께 한다면, 아무런 조건 없이 있는 그대로 자신의 존재를 인정해준다면, 어떤 아픔을 겪더라도 그 존재는 온전함을 회복할 것이라고 믿는다. 그 한 사람이 부모라면 더 좋겠지만, 꼭 부모가 아니어도 괜찮다는 생각을 했다.

사계절 피정과 교사 신뢰 서클을 통해 얻은 것들을 교육 현장에서 나누고 싶었다. 먼저 아이들에게 선생님이라는 호칭 대신 피정 때 만든 별명인 '오솔길'이라는 이름으로 불러달라고 했다. 별명을 부르자 아이들이 나를 좀 더 가깝게 느끼는 것 같았다. 가끔씩은 수업 시작 전에 시를 읽고 노래도 불렀다. 갈등이 일어 격한 감정에 휘둘릴 때는 침묵하고 마음을 가라앉히는 시간을 가지며 평정을 찾기도 했다. 변화한 내 자신의 모습을 통해서도 서클의 힘, 피정의 중요함을 느낄 수 있었다.

사계절 피정이 진행되던 중에 교사 신뢰 서클에 참여했다. 학교 동료 교사들과 공부를 함께하고 싶어졌다. 교육의 3주체인 학생, 학부모, 교사 중에서 교사가 중심을 잡을 때 교육은 한층 안정될 것이라고 믿기 때문이다. 내가 몸담고 있는 이곳, 경북의 선생님들과 경북 교육이라는 시스템 속에서 중심 잡기를 함께하고 싶은 마음이 일었다. 내가 오랜 시간 해왔던 많은 공부의 목표를 요약한다면 중심 잡기라 할 것이다. 내가 주인이 되어 내 삶을 살아가는 것이라고도 할 수 있는 중심 잡기. 그 여정에서 사계절 피정의 도움을 많이 받았다.

경북 교사 커뮤니티 활성화를 위해서 마음의씨앗에서 주관하는 교사 신뢰 서클의 도움을 받고 싶었다. 그동안 함께 공부했던 동료들과 함께 근무했던 동료들을 모아 교사 신뢰 서클을 기반으로 하는 연구회 참가 신청서를 제출하여 지원받게 되었다. 그 결과 'GB(경북)교사 신뢰 서클'이 결성되어 교사 커뮤니티를 주제로 신뢰 서클을 열고 본격적인 발걸음을 내디뎠다.

교사들의 작은 불씨가 드디어 경북에서도 일기 시작했다. 내가 모르는 어느 곳에서는 이미 그런 불씨가 타고 있는지도 모른다. 언젠가 서로 연결되어 만나 큰 불로 활활 타오를 때까지 우리의 불씨를 키우려 한다. 작년에 이어 올해도 연구회를 조직해서 그 불씨를 살리고 있다.

　어린 시절의 꿈이었던 역사를 가르치는 선생님에서 아이들의 꿈을 탐색하도록 도와주는 진로상담 교사로 살고 있는 나. 아이들과 만나는 동안 가장 생생하게 나를 느끼도록 이끌어준 모든 존재와 삶이라는 경험에 감사한다. 살아 있어 이렇게 만날 수 있으니 생명이란 참 소중하다.

　교사로서 나의 삶은 나 자신을 찾는 여정과 같은 길에 있음을 고백한다. 좋아하는 일과 잘할 수 있는 일이 같은 것은 큰 축복이고 아이들과 함께하는 시간이 나는 참 좋다. 아이들의 마음을 조금은 읽을 수 있고 아픔을 위로할 수 있는 것에 감사한다. 교사로서 한 존재와 만나는 사람은 특별한 사명을 소명으로 부여받았다고 믿는다.

계속
교사이고 싶은
마음

전 음악교사
최신옥

새 학기 교실에
지난해의 아이들이 가고
지난해만 한 아이들이 새로 들어왔다

떠들고 웃고 반짝인다

이 반짝임은
지난해 그랬고 그 지난해도 그랬고
그전 해 그리고 내년에도 그럴 것이다

이 교실은 해마다
요만한 아이들이 앉았다 간다. 웃고 떠들고
침묵하고 흘러간다

교실은 아이들이 흐르는 강이다

나는 강의 한 굽이에 서서
강물의 흐름을 지켜보며 그 소리를 듣는다

_이성선, 〈강물〉

'가르치다'라는 말은 '(밭을) 갈다'와 '(양을) 치다'라는 두 개의
동사가 합성되어 생겨났다. 교육은 생명을 돌보고 키우는 일이다.
그렇다면 교사는 누구인가? 학생들이 스스로의 소중함을 느끼게
해주는 사람이다. 웃고 떠들고 침묵하는 아이들에게서 물줄기의
소리를 듣는 시인이다. 깊은 응시와 따뜻한 관심으로 토닥이는
손길이 서로가 서로에게 음표가 되는 삶의 예술이 거기에서
피어난다.

틀에 얽매이지 않는 선생님

나는 생활력이 강한 엄마와 가정경제에 무책임한 아버지 밑에서 자랐다. 엄마는 매일 네 남매의 도시락을 싸고 아침식사를 챙겨주면서 일하러 나갈 준비를 하느라 바빴다. 그러니 살림이 여유가 있고 엄마가 집에 있어 챙겨주는 집 아이들처럼 예쁘게 머리를 땋거나 옷을 깔끔하게 입지 못했다.

초등학교 2학년 때, 중간 놀이 시간에 전교생이 운동장에 나와 각 반별로 원을 그리며 포크댄스를 배웠다. 어느 날 서울에서 전학 온 아이가 나와 짝이 되었다. 그 아이는 갑자기 내 손을 뿌리치면서 "선생님, 얘랑 짝 안 할래요"라고 했고 그 말을 들은 담임 선생님은 바로 짝을 바꿔주었다. 초라한 차림새 때문에 짝에게 거

부당했다고 느꼈던 나는 아무 말도 못한 채 서 있었고, 어느새 그 아이는 예쁘장한 다른 아이와 짝이 되었다. 그러고 나서 누가 내 짝이 되었는지 기억이 나지 않는다. 만약 그때 선생님이 손을 살며시 잡으며 내 짝이 되어주었다면 아마 나는 그 선생님을 내 생애 가장 아름다운 선생님으로 기억했을 것이다.

고등학교 1학년 때 내 인생 최고의 선생님을 만났다. 담임이었던 그 선생님은 수녀님이었고 미술을 가르쳤다. 선생님은 그림을 잘 그리든 못 그리든 상관없이 학생들이 그림을 통해 자신의 가능성을 펼쳐 보이게끔 했다. 수줍음이 많지만 재능이 많은 아이를 알아보고서 미술부 특별활동을 통해 그림을 마음껏 그리게 했고, 그림을 전혀 못 그리는 아이에게도 틀에 얽매이지 않고 그리고 싶은 대로 그리게 했다. 선생님은 다그치거나 지시하지 않고 늘 넉넉한 미소로 학생들을 대했고, 우리도 여유롭고 편안한 미술 시간을 기다렸다.

선생님은 방과 후에 교실을 둘러보다가 교실에 누군가 남아 있으면 꼭 교실에 들러 학생들의 이야기를 듣거나 이런저런 이야기를 들려주었다. 나는 선생님과 이야기를 주고받는 방과 후 시간이 좋아서 할 일이 없어도 방과 후에 교실에 남곤 했다.

어느 날은 같이 남아 있던 친구가 사업에 실패한 부모님이 살길을 찾아 급히 서울로 가는 바람에 혼자서 살고 있다는 이야기를 꺼냈다. 선생님은 그 친구가 얼마나 힘든지, 혼자서 어떻게 이겨나가고 있는지 이야기를 듣고는 친구의 진로 문제와 관련해 진정 어린 조언을 해주었다. 그 친구는 졸업하고 학비와 생활비를 벌어가면서 대학에서 성악을 전공했는데, 그때 자신을 다독이고 음악적 재능이 충분하다고 말해준 선생님의 격려가 큰 힘이 되었을 것이다.

그러다 우연히 선생님과 특별한 인연을 맺게 되었다. 그날도 선생님은 방과 후에 교실에 들렀고, 나는 선생님의 책에 꽂힌 책갈피를 보게 되었다. 책갈피에는 손 글씨로 이런 문구가 쓰여 있었다.

1. 인간이 되자, 2. 어머니가 되자, 3. 수녀가 되자.

이미 인간인 선생님의 인생 목표 첫 번째가 '인간이 되자'라니, 수녀는 결혼을 할 수 없는데 '어머니가 되자'라니. 나는 그 문구들에 무언가 깊은 뜻이 있을 것이고 선생님을 통해 인생을 배우고 싶다는 생각이 들어 선생님에게 다가가 이렇게 말했다.

"선생님, 선생님과 제자로서가 아니라 인간 대 인간으로 만나고 싶어요."

짧은 침묵이 흐른 뒤 선생님은 "그래, 우리 인간 대 인간으로 만나보자꾸나"라고 했다. 그 이후 나는 학교 안 큰 느티나무 벤치 아래서, 수녀원 정문 앞이나 돌담 아래서, 잔디밭이나 운동장 스탠드에서 선생님을 만나 이야기를 나눴다. 때로는 쪽지나 편지, 그 당시 유행하던 책인《데미안》,《갈매기의 꿈》,《어린 왕자》 등을 읽은 뒤의 소감을 주고받기도 했다. 친구들과 대화를 나눌 때 가끔 나 자신이 친구들 세계에 잘 동화하지 못한다고 느꼈는데, 선생님은 나를《미운 오리 새끼》의 백조에 비유하면서 자존감을 세워주기도 했다.

나는 자연스레 이성 문제, 진로 문제도 선생님에게 털어놓았고, 선생님은 내가 어떻게 꿈을 이룰 수 있는지 그 방향을 구체적으로 제시해주었다. 가톨릭 여자 사립 고등학교였던 우리 학교는 매우 보수적이었는데, 나는 틀에 얽매이지 않는 선생님을 통해 그나마 숨을 쉬며 학교에 다닐 수 있었다. '좋은 교사란 교사 자신의 방식이나 옳고 그름의 틀로서가 아니라 학생이 가지고 있는 그 고유성을 수용하고 그대로 살리는 자'라는 말이 있다. 선생님이 아니었다면 나는 아마도 내 고유성을 묻어두고는 답답함을 억누르며 살았을지도 모른다.

여름방학이 끝나고 2학기가 시작된 어느 날 선생님은 "백화점에 갔다가 네 생각이 나서 샀단다" 하며 손바닥 크기 반만 한 분홍색 영한사전을 내밀었다. 날아갈 듯 기뻤지만 내 입에서는 이런 말이 튀어나왔다.

"모든 제자를 똑같이 사랑하신다면서 어떻게 특정한 한 사람만 이렇게 챙겨주시는 거예요?"

마음속으로는 이미 '고맙습니다'라고 말해놓고 말이다. 그 때는 사춘기를 겪고 있어서 어른들에게 곧잘 반항적인 말을 하곤 했는데, 선생님이 삐딱한 내 모습도 받아주길 내심 바라서 그랬던 것 같다. 그렇게 차갑게 말을 내뱉고 나니 미안하면서도 한편으로는 선생님이 나를 더 이상 챙겨주지 않을지도 모른다는 두려움이 일었다. 하지만 선생님은 "네가 소중하고 반짝이는 아이고 네가 잘되기를 바라서야"라고 말했다. 그 말이 내 마음속에 그대로 들어와 마치 연인에게 사랑 고백을 받은 것처럼 마음이 벅차올랐다.

한번은 내가 큰 사고를 친 적이 있었다. 그때도 선생님은 나를 끝까지 지켜주었다. 당시에 교감 선생님이 윤리를 가르쳤는데, 교과서를 읽고 그대로 칠판에 쓰는 방식으로 수업을 했다. 그 수업 방식이 너무 답답하고 그렇게 수업하는 선생님에게 화가 나서, 마지막 시험이 끝난 뒤 따로 의견을 쓰라고 준 백지에 윤리 과목 선생님을 교체해달라고 썼다. 무기명이었지만 나는 거기에 학년, 반, 이름을 당당히 썼다.

담임 선생님은 내 요구를 존중해 내가 쓴 의견을 교장실로 올려 보냈고 나는 교장실에 불려갔다. 나는 철학을 전공한 선생님에게 윤리 수업을 받아야 될 필요성을 다시 말했고 같이 있던 교감 선생님은 당황하면서도 어이없어 했다. 이후 교감 선생님은 수업 중에 내 눈을 마주치지 않았고 우연히 마주칠 때도 내 눈을 피했다. 스스로는 정당한 요구를 했다고 여겼지만 예기치 않게 점점 쪼그라드는 나를 선생님은 끝까지 따스함으로 보살피고 지지하고 지켜봐주었다.

선생님은 "인간은 큰 우주 속에 있는 지극히 작은 존재이면서 그 안에 위대함을 품고 있다"라고 하면서 날아가는 화살을 칠판에 그리며 순간과 영원의 의미를 이야기해주었다. 모든 아이를 편견 없이 사랑하고 내 마음에 깔린 울분도 놓치지 않으며 내가 가지고 있는 가능성을 꽃피우고자 마음 썼던 나의 스승에 대한 기억이 선명하게 떠오른다.

교과서 내용에 머물지 않고 더 본질적인 물음과 대답, 의미를 찾고자 하는 교사로서의 정체성은 선생님이 나에게 심은 씨앗이었다. 나는 존재를 있는 그대로 인정하고 삶의 의미를 물으며 이끌어주었던 나의 스승을 통해 험난한 교육 현장 속에서도 학생에게 '아낌없이 주는 나무'를 꿈꾸며 살아왔다. 초등학교 때의 내 경험을 통해서도 외롭고 소외된 아이일수록 교사가 그에게 내미는 손길이 얼마나 소중한지 다시금 되새기게 된다.

칭찬 릴레이와 월 돌아보기

시골에 있는 한 여자 상업고등학교에 첫 발령을 받았다. 그곳은 외지 사람이 이런 곳에서 어떻게 사나 싶어 울고 들어왔다가 인정이 넘치는 사람들을 두고 떠나기 싫어 울고 나간다는 이야기가 딱 어울리는 시골이었다.

나는 영화 〈사운드 오브 뮤직〉의 마리아 같은 선생님이 되고 싶었다. 마리아처럼 아이들과 함께 노래 부르고, 음악을 통해 자연스럽게 아이들의 감성을 키워주고 싶었다. 교과서에 실린 노래 말고도 〈아침이슬〉, 〈상록수〉 같은 노래들, 가사가 아름다운 가곡, 포크송 등 아이들과 함께 부르고 싶은 노래의 악보를 하나하나 그려 인쇄했다. 이렇게 만든 악보를 하나둘씩 쌓다 보니 어느새 꽤 두툼한 악보집이 완성되었다.

내가 바라는 교사상은 아이들에게 쉽게 다가가는, 친구 같은 선생님이었다. 나는 아이들에게 부드러운 청유형 말투를 썼는데, 이는 아이들을 존중하고자 함이었다. "얘들아, 안녕?", "이렇게 해주겠니?", "이거 해볼까?"라고 말하면 아이들은 "선생님은 다른 선생님과 말씀하시는 게 달라요. 저희가 존중받는 것 같아요"라고 반응해주었다. 아이들은 "얘들아~ 그랬니?"라며 나의 말투를 흉내 내곤 했고 거기에 "내가 정말 그랬니?"라고 받아치면 함께 까르르 웃곤 했다.

우리 반은 아침 조회 시간에 릴레이로 매일 한 명씩 '친구의 좋은 점'을 발표했다. 한 명이 카드에 친구 한 명의 장점을 적어 아이들 앞에서 발표한 다음 그 카드를 선물하고, 카드를 받은 아이가 다음 날 또 다른 아이의 장점을 소개하는 방식이었다.

학교에서는 공부를 잘하거나 문제를 일으키는 아이들이 주로 주목받는다. 그 외의 아이들은 눈에 잘 띄지 않기 마련인데, 나는 반의 모든 구성원이 서로를 알아보고 존중하기를 바라는 마음으로 칭찬 릴레이를 시작했다. 또한 이 릴레이를 통해 아이들이 반 친구들의 소소한 행동을 소중하게 여기길 바랐다. 아이들은 자신도 몰랐던 장점을 친구가 발표하는 것을 쑥스러워하면서도 고마워했고 오늘은 누가 소개될까 하는 설렘과 기대감에 그 시간을 기다렸다. 그리고 서로 장점을 찾다 보니 각자가 가진 개성과 특징을 인정하는 분위기가 생겨났다.

중간고사나 기말고사 성적표가 나오면, 성적이 예전보다 오른 아이들을 위해 작은 선물을 준비했다. 오래도록 마음에 새길 만한 문장이 적힌 엽서 뒷면에 그 아이들을 격려하는 글을 써서 작은 선물과 함께 주어, 반 아이들과 함께 축하하는 시간을 가졌다. 나는 교실에 들어가는 것이 더없이 행복했고 한 아이 한 아이 안에 들어 있는 보물을 발견하는 기쁨을 누렸다.

우리 반은 매주 시 한 편을 정해 조회 시간과 종례 시간에 낭독하고 외우는 시간을 가졌다. 아이들의 낭독 횟수가 거듭될수록 한 호흡으로 낭독하는 음절이 맞아갔고 아이들의 낭랑한 목소리에 나는 행복에 겨워 웃음 짓곤 했다. 조회 시간에는 전달해야 할 말만 전하기가 아까워, 아이들과 나누고 싶은 좋은 문장을 칠판 한쪽에 적어놓기도 했다. 그러면 아이들은 중요한 무언가를 적듯 공책에 그 문장을 꼭꼭 눌러 적었다.

나는 한 달에 한 번 '월 돌아보기'를 통해 아이들과 한 달 동안 있었던 일, 좋았던 일, 아쉬웠던 일 등을 기록하는 시간을 가졌다. 그런데 '월 돌아보기'를 하던 어느 날 현주가 뜬금없이 "이걸 왜 해야 해요?"라고 말했다. 교실이 찬물을 끼얹은 듯 조용해졌다. 아이들도 당황한 모양이었다. 아이들은 나와 현주를 번갈아 보며 내가 무슨 말을 할지 기다리고 있는 눈치였다. 이런 활동을 통해서 아이들이 정서적으로 안정되고 반 구성원이 긴밀히 연결될 것이라 생각했는데 불편을 느끼는 아이가 있었다니. 그 아이의 그 말은 내 중심을 흔들어놓았다. 나는 "너희가 불편해하는구나. 그렇다면 이건 그만할까?"라고 말했다. 그러고는 다시는 월 돌아보기를 진행하지 않았다.

교실 분위기가 예전 같지 않았다. 내가 "얘들아, 우리 이거 해볼까?" 하면 "예! 좋아요"라고 망설임 없이 대답하던 아이들의 반응을 기대할 수 없었다. 시큰둥하게 반응하는 아이들이 생기기 시작했고, 몇몇은 내게 냉랭한 시선을 보내기도 했다. 심지어 "그러면 늦게 가야 하잖아요", "그거 해봐야 아무 도움도 안 되잖아요", "시간 낭비에요"라고 말하는 아이들도 있었다. 아이들은 학기가 지날수록 아침 조회 시간도 짧게 끝내길 바랐고 종례 시간도 좀 길어질 듯하면 빨리 끝내달라며 나를 재촉했다. 조회 시간과 종례 시간에 떠드는 아이들이 우후죽순으로 생기면서 나는 당황했고 내 안전지대인 교실이 살얼음 위에 놓이게 되었다.

내가 꿈꾸는 교실 모습은 모든 아이가 나와 함께 서로 존중하는 학급을 만들어나가고 〈도레미송〉을 기쁨에 넘쳐 함께 부르는 것이었다. 그런데 별다른 사회 경험 없이 교단에 선, 꿈 많은 새내기 교사는 무엇이 잘못되었는지 제대로 파악하지 못하면서 스스로의 한계에 갇힌 채 아이들 속으로 더 들어가지 못하고 주춤했다. 그때부터 새로운 무엇을 시도하기 전에 아이들에게 묻는 것이 두려워졌고 그보다 먼저 무언가 해보고자 하는 마음도 사라졌다.

나는 갈수록 움츠러들었고 나를 대하는 아이들도 다양한 태도를 보였다. 기 센 아이들은 나를 얕보는 듯했고 모범생들은 "선생님은 너무 순하셔. 저런 애들은 선생님이 혼내면서 엄격하게 다루셔야 하는데" 하며 불평했다. 한편 "선생님 딴짓하는 아이들 때문에 힘드시지요? 걔네들 다른 시간에도 맨날 그래요. 너무 마음 쓰지 마셔요"라며 날 위로하는 아이들도 있었다.

존중과 허용 안에서 흐트러지는 아이들

나는 새 학기 첫 수업 시간에 늘 웃으며 이렇게 인사했다.

"얘들아, 안녕? 만나서 반가워."

이때 마음을 열고 수업 시간이 재밌겠다고 기대를 하는 아이들이 있는 반면 '이 선생님 시간에는 좀 풀어져도 되겠다'고 생각하는 아이들도 있다. 이런 아이들이 있는 대다수 수업은 상반기에는 분위기가 매우 좋지만, 학년 말이 갈수록 분위기가 흐트러져 걷잡기 힘들다. 그래서 많은 동료가 "3월은 얼음 공주로 가야 해. 그래야 1년이 편해"라고 말하곤 했다. 나는 그렇게 해보려 해도 되지가 않았다.

아이들의 촉은 매우 육감적이다. 시간이 흐를수록 존중을 전제로 한 따뜻한 내 말씨나 딱 보기에도 혼날 상황인데 이해하듯 넘어가는 내 모습을 보며 노래를 부르는 사이사이에, 흥미 있거나 끌리는 순간을 빼고 교묘하게 내 시선을 피해 짝과 소곤대는 아이들이 생기기 시작했다. 나는 아이들을 장악하는 힘이 부족함을 자책했다.

이후로도 존중과 허용 안에서 흐트러지는 아이들을 보며 고민이 끝없이 이어졌다. 왜 민주적인 방법으로는 교육이 안 되는지 의구심이 생겼고 교사로서 자질이 부족한 것 같아 열등감이 깊어만 갔다. "아이들은 말이 아니라 매를 들어야 정신을 차린다니까. 교사도 그래야 권위를 세울 수 있어"라는 선배 교사들의 말에 '결국 체벌을 해야 하고 아이들을 무섭게 다루는 선생님이 되어야 하는 거야?'라고 되뇌다가, 급기야 '아이들을 위해서'라는 것을 전제로 매가 한때 방어 수단이 되기도 했다.

매를 들고는 변명이라도 하듯이 아이들에게 "너희는 왜 너희를 권위적으로 억누를 때만 머리를 조아리면서 노예근성을 보이는 거니? 스스로 자신의 행동을 책임질 수는 없는 거야?"라고 말하면 아이들은 반성하듯 고개를 숙이면서 조용해졌다. 2주 정도 아이들이 차분해지고 수업에 잘 집중해 내 마음이 잘 전달되었다 싶어 약간의 안도를 느낄 때쯤 또다시 수업 분위기가 흐트러졌다.

나는 내가 꿈꾸는 교육, 즉 '서로 존중하며 자유로운 분위기에서 스스로의 행동을 책임지는' 교육의 허점을 제대로 들여다보지 못했다. 결국 '나는 아이들에게 좋은 교사인데 아이들은 왜 이럴까?'라고 아이들을 탓하며 동료 교사나 내가 만들어놓은 틀로 아이들을 바라보기 시작했다. 진정한 교육이 아닌 이기적인 자기애가 그곳에 꿈틀거리고 있었던 것이다.

나는 왜 그리도 아이들의 모습을 있는 그대로 받아들이지 못하고 인정받지 못하는 것을 서운해했을까? 아이들이 왜 떠드는지 알아채고 그것을 수업 소재로 쓸 수도 있었을 텐데. 교사로서의 자존감은 점점 바닥으로 내려갔고 자책하거나 아이들을 탓하기도 하며 교직 생활이 내가 꿈꿔왔던 것과 다름을 절감했다.

아이의 존재감은 꽃과 함께 피어났다

나는 12월에는 절망감에 파김치가 되어 있다가도 새 학기가 되면 마치 아무 일도 없었다는 듯 생기를 되찾았다. '내년엔 아이들에게 휘둘리지 않도록 독하게 대해야지' 하다가도 방학이 되면 다음 학기엔 아이들과 어떻게 만날지 기대했다. 3월이 되면 어느새 "얘들아, 보고 싶었어", "나는 너희와 눈빛으로 만나는 것을 좋아해"라고 말하니 우습기도 했다.

여자중학교 1학년 담임을 맡았던 1984년, 우리 반 급훈은 '다정하게 속삭이는 우리'였다. 정말 우리 교실에서는 속삭이는 소리만 들렸고 다소곳하면서도 밝은 우리 반은 선생님들에게 많은 사랑을 받았다. 소리를 높이지 않고 낮은 톤으로 수업을 할 수 있었으니 말이다. 그때에는 분도출판사에서 나온 동화를 아이들에게 자주 들려주었다.《이가 빠진 동그라미》,《꽃들에게 희망을》 등의 동화책을 읽어주면 아이들은 집중해서 듣곤 했다.

아이들은 〈꾸러기〉라는 노래의 가사를 거꾸로 부르는 것을 좋아해서 종례 시간에 함께 신나게 불렀다. 그때는 '마니또(비밀친구)' 놀이를 자주 했는데, 노래 부를 때마다 '누구라고 말할 수는 없어도' 부분에서 입가에 웃음을 띠며 아이들이 살그머니 자기 비밀 친구를 보고 웃었다. 누군지 밝히면 안 되니까 고개를 돌리며 다른 친구들에게도 웃음을 건넸던 그 놀이를 나와 아이들은 즐겼다.

우리 반 성숙이는 웃으며 노래를 부르던 다른 아이들과는 약간 달랐다. 그 아이는 아이들이 목청껏 노래를 부를 때나 환하게 웃을 때도 눈치를 보았다. 앞머리를 반듯하게 자른 짧은 단발에 유난히 머리칼이 검던 그 아이는 고개를 늘 숙이고 있었다. 고개를 들다가 우연히 내 눈과 마주치면 마치 무엇을 잘못하다가 들키기라도 한 것처럼 곧바로 고개를 숙였다.

어느 날 상담 중 환경 조사서를 보며 엄마가 중학생 나이에 성숙이를 낳았고 언니는 중2로 연년생이며, 아빠는 일용직 근로자라는 것을 알게 되었다. 그 아이는 집안이 가난하다는 것과 엄마 나이가 어리다는 것을 들킬까 봐 전전긍긍했다. 성적도 최하위라 아이들 사이에서 존재감이 전혀 없었다. 성숙이를 어떻게 도와줄지 어떻게 고개를 들게 할지 고민하다가 어느 날 성숙이에게 "우리 반 꽃 화분에 물 주는 일이 중요한데, 그걸 네가 해줬으면 좋겠구나"라고 했다. 아이는 그 말을 듣고서 살며시 웃었다. 꽃에 물을 줄 때 나와 눈이 마주치면 입가에 엷은 웃음이 번졌다.

성숙이는 정성껏 꽃을 돌보았고 우리 학급의 꽃은 피고 지고를 반복하면서 가을이 다 가도록 생생하게 살아 있었다. 학기 초에 전교 모든 교실에 긴 화분을 네 개씩 나눠주었던 교장 선생님은 교실을 돌아보다가, 우리 교실 꽃이 생생하게 살아 있는 것을 보더니 전교에서 꽃을 가장 잘 가꾼 반에게 상을 주겠다고 했다. 우리 반은 1등상을 받았고, 나와 아이들 모두가 꽃에 물을 준 성숙이에게 박수를 치며 감사를 전했다. 성숙이의 존재감은 그렇게 꽃과 함께 피어났다. 다른 선생님들이 "누가 이렇게 꽃을 잘 가꾸었니?"라고 물으면 아이들은 성숙이를 바라보며 "성숙이요"

하고 외쳤고 그 아이는 선생님들 사이에서도 꽃을 잘 가꾼 아이로 기억되었다.

가창 실기 평가 때는 선정한 몇 곡 중 자신이 원하는 한 곡을 선택해 부르게 했다. 선택적 자폐증과 학습 부진아로 학교에선 말 한 마디 안 하고 고개를 숙인 채 침묵으로 일관하던 진우의 차례가 되었다. 보나마나 안 부르고 넘어갈 것이라는 아이들의 예상을 깨고 진우는 한참 쭈뼛거리다가 〈라 스파뇨라〉를 원어로 외워 불렀다. 원어가 외우기 힘들어 도전하는 아이들이 없었는데 표정은 없지만 얼굴이 빨개지면서 고음은 물론 꾸밈음까지도 흉내 내며 끝까지 부르는 것이었다. 끝나자마자 우레와 같은 함성과 박수가 쏟아졌다.

그 이후 수업 시간에 진우에게 말을 걸면 그 아이는 빙그레 미소 지었다. 더 나아가 나와 대화를 주고받기도 했다. 어떤 상처로 마음이 닫혀버린 그 아이는 아무 말도 하지 않는 동안 속으로 얼마나 많은 말을 하고 또 했을까. 어쩌면 진우가 그 이전에 무언가 하려 하면 성급한 우리가 기다려주지 않아 자신을 드러내기도 전에 기회를 놓치곤 했을지도 모른다. 진우가 노래 부르려 애썼던 모습을 떠올리면 지금도 어딘가에서 자신이 할 수 있는 최선을 다해 자기 몫을 해내고 있으리라 생각된다.

수업 시간에 가끔 엉뚱한 얘기를 하는 현아라는 아이가 있었다. 수업을 방해받고 싶지 않아 "이제 수업하자"라고 하면 자기를 무시한다고 여겼는지 현아는 계속 딴전을 피웠다. 나는 현아의 태도가 못마땅했고 그 아이가 왜 그러는지 이해할 수 없었다. 그러다가 어느 날 '현아가 내 관심을 받고 싶어 했는데 내가 그 아이를 사랑해주지 못했구나'라는 생각이 언뜻 떠올랐다. 쉬는 시간 종소리가 울리자마자 현아를 만나러 교실에 올라가다가 복도에서 그 아이를 만났다.

"널 만나러 가는 중이었는데 여기서 만나네? 생각해보니 네 말을 투정으로만 받아들였고 널 사랑하지 못했던 것 같아. 널 안 아줘도 되겠니?"

뜬금없는 내 태도에 현아는 매우 어색해했다. 다음 수업 시간에 현아는 수업에 딴죽을 거는 대신 열심히 집중했다. 나와 그 아이는 학교 어디서든 눈이 마주치면 둘만이 아는 비밀을 공유하는 사람들처럼 서로 살며시 웃곤 했다.

중학교 2학년 학급에, 수업 시간에도 복도를 배회하고 혼내도 말을 듣지 않던 성재라는 아이가 있었다. 성재는 교과서를 스카치테이프로 단단히 말아서 무기처럼 사용했고, 수업 중에 모든 교실을 돌며 책으로 복도 쪽 문을 긁어서 "누구야?"하고 교사가 밖을 내다보면 도망가며 재미있어했다. 어느 날 성재가 음악실 문을 긁으며 갔고 그날 우연히 교무실 앞에서 그 아이를 만났을 때 "아까 왜 그랬어?"라고 웃으며 물으니 쭈뼛거리며 "다음부터 음악실은 안 할게요"라고 말했다. "네가 그랬지? 사실대로 말해"라고 다그치면서 자신을 몰아세우지 않고 부드럽게 말한 것이 통했던 것 같다. 성재는 이후 그 약속을 잘 지켰고 만날 때마다 서로 씨익 웃으며 말을 건네곤 했다.

나는 쉬는 시간이 되면 아이들에게 말을 걸고 싶어서 복도를 돌아다녔다. 그래서인지 나의 시선은 자주 아이들에게 머물렀고, 수업 중에도 아이들의 특징이 눈에 잘 들어왔다. "깁스 풀었구나. 팔은 좀 어때?", "머리 잘랐네. 더 잘 어울리는데?", "오늘 컨디션이 안 좋아? 아파 보여~" 등등의 말을 건넸다. 아이들이 뭔가 하고 있는 순간들이 잘 보이니 나도 모르게 이런 말이 나왔다. 수업 내내 딴짓하던 아이가 필기하고 있는 순간을 놓치지 않고 한 마디 건네면 그 아이는 다음부터 수업에 집중했다.

나는 이것을 '멍석 깔아주는 작업'이라고 말한다. 나는 '멍석 깔아주는 작업'을 좋아해서 A는 무엇을 잘하고 B는 무엇을 잘하는지 보이는 대로 말해주곤 했다. 축제 행사 무대에서건, 수업에서건, 합창 대회에서건 아이들의 설 자리를 마련해주는 일. 나는 마치 그 일을 하기 위해 이 땅에 온 사람인 것처럼 아이들의 특성을 발견하고 세우는 교사로 살고자 했다.

아이들의 눈빛이 바뀌는 순간

방학 때는 다음 학기 수업을 위해 각종 연수나 워크숍을 다니며 여러 수업 모형을 배우고 연구하며 새 학기를 준비했다. 음악 교육 잡지에 새로운 수업 모형이 소개되거나 아이들에게 도움이 될 만한 수업 방식이 떠오르면 망설이지 않고 바로 수업에 적용했다. 교사로서 사명감이 강했던 나는 가르치는 자는 배움을 멈추지 않아야 하며 무언가 새로운 시도를 해야 한다고 스스로에게 요구했다.

국어, 영어, 수학, 사회, 과학이 중요한 입시 중심의 교육에서 음악 교과는 기타 교과로 분류된다. 그럼에도 나는 음악 교과가 아이들에게 매우 중요한 교과라고 생각한다. 음악이 없는 영화나 드라마, 광고를 상상할 수 없듯이 음악은 일상에서 우리의 감정과 정서와 연결되어 있어 활력이 되기 때문이다.

도로시 레탈락^{Dorothy Retallack}은 템플뷰엘대학교 실험실에서 2년 동안 음악이 식물의 성장에 어떤 영향을 미치는지 집중 연구했다. 레탈락의《음악의 소리와 식물^{The Sound of Music and Plants}》에 따르면, 하루에 세 시간씩 시끄럽고 파괴적인 음악을 들려준 식물 가운데 옥수수는 한 달 만에 줄기가 휘어졌고, 빠르게 자라던 호박잎은 석 달 만에 꽃잎 특유의 색을 잃은 채 시들해졌다고 한다. 하루에 세 시간씩 클래식을 들려준 식물은 꽃과 잎이 스피커를 향했고 천천히 자라면서도 성성한 빛을 띠었으며 호박은 시끄러운 음악을 들은 호박보다 열매가 두 배 많이 열렸다고 한다.

나 또한 클래식이 인간 정서에 지대한 영향을 미친다고 확신했고 아이들에게 클래식을 많이 듣도록 했다. 방학 숙제로 클래식 FM 방송 듣고 감상 노트 쓰기, 음악회 다녀오고 감상문 쓰기를 내주곤 했다. 방학이 끝나고 학기 중에도 나와 감상 노트를 꾸준히 주고받은 아이들이 있었다. 감상 노트에 잘못 기록한 악기 이름, 곡명, 외국인 연주자 이름 등을 고쳐주고 아이의 감상 글에 공감하는 글을 적어주었다. 경제적으로 어려워서 음악회에 가는 것을 부담스러워 할 아이들을 고려해 무료 음악회를 안내해주었고 제출한 감상문은 전시해서 아이들이 음악회 경험을 많이 하도록 독려했다.

아이들은 클래식보다는 대중음악에 많이 노출되어 있고 클래식을 고리타분하게 여기기도 한다. 몇 해 동안은 전국음악교과 모임에서 시도한 '미디어 속의 클래식'을 주제로 수업을 했다. 먼저 모둠별로 영화, 애니메이션, 드라마, 광고, 게임 중 한 분야를 선택해 거기에 쓰인 클래식을 찾아 발표 자료를 만들게 하고, 발표할 때는 음악이 나오는 각 장면 영상을 다른 아이들에게 보여주며 퀴즈를 만들어보라고 했다. 그러면 아이들은 자기들이 선택한 분야에서 클래식이 흐르는 명장면을 신나게 찾아냈고 퀴즈를 통해 듣는 음악은 아이들의 귀를 더 쫑긋거리게 했다.

이런 활동을 통해 아이들이 클래식 선율을 자주 들을 수 있었고 점점 더 즐겁게 클래식에 젖어들었다. 드라마 〈베토벤 바이러스〉가 방영되었을 때는 서로 '드라마 속의 클래식'을 하겠다고 했고 영화 〈말할 수 없는 비밀〉 속의 쇼팽의 〈피아노 에튜드 흑건〉을 변형한 '흑건 – 백건' 배틀 장면은 각 반 발표 영상에 거의 들어가곤 했다.

　감상 수업 중에 베토벤 교향곡 제9번인 〈합창교향곡〉 4악장 '환희의 송가'를 감상할 때는 '오늘 느낌을 기록 노트에 한 쪽 이상 적어보기 도전'이라는 과제를 던졌다. 아이들은 막연해하다가도 음악에 점점 집중한다. 팀파니의 강렬함부터 바리톤의 힘찬 솔로, 단순한 주제가 점점 고조되며 소프라노 고음이 나올 때 아이들은 그 선율에 몰입한다. 그리고 그때그때의 특징을 놓치지 않고 묘사한다.

　중고등학교 시절 합창 대회 경험을 떠올려보면, 그 시절에 배운 노래들을 지금도 저절로 흥얼거리게 되고 음악 시간에 즐거웠던 경험이 생각난다. 그래서인지 나는 꼭 해야만 하는 의례처럼 해마다 교내 합창 대회를 열었다. 역사가 오래된 학교에서는 해마다 개최했고, 규모가 작거나 남학교라는 이유로 합창 대회를 하지 않아온 학교에서는 합창 대회를 만들었다. 처음에는 전 학년에서 진행했지만 규모가 작아져 한 학년만 하는 행사로 축소된 경우도 있었다. 합창 대회야말로 아이들에게 꼭 필요한 행사라는 생각에 전 학년, 두 개 또는 한 학년이라도 형편이 되는 대로 진행했다.

　아이들은 알토 파트를 따로 부를 땐 잘하다가도 두 파트로 함께 부를 땐 여지 없이 소프라노 선율을 따라가거나 전혀 어울리지 않는 소리를 내는 바람에 웃음이 터지곤 했다. 한편으로는 연습을 통해 조금씩 화음이 맞춰지는 묘미와 화음이 울려 퍼질 때의 일체감을 맛보기 시작했다. 드물지만 어느 반에서는 화음이 극도로 어울릴 때 오버톤, 즉 내지 않은 음이 저절로 생겨나 들리기도 했다. 대개 귀가 예민한 아이들이 오버톤을 들었고 다른 아이들은 다시 그 오버톤이 들리길 바라는 마음으로 점점 더 하모니에 귀 기울이기도 했다.

내가 학급별로 정한 노래를 반주하여 녹음한 테이프에 맞춰 반끼리 연습하기도 했다. 시간이 좀 지나면 슬슬 반끼리 경쟁 구도가 생기는 데 이때에 맞춰서 담임 선생님이나 교과 선생님에게 양해를 구해 두세 반을 음악실에서 서로 경쟁하듯이 교대로 무대에 세우며 연습시키기도 했다. 대개 이때부터 아이들 눈빛이 달라진다.

다른 반이 너무 잘한다며 기가 죽는 반, 오히려 오기가 생기는 반, 자기 반이 제일 잘한다고 으스대는 반이 생기고 반별로 아이들이 의기투합하여 이후부터는 다른 교과 시간에도 각 교실에서 노랫소리가 울려 퍼지곤 한다. 어느 반은 아이들이 학원 수업까지 빼먹으며 저녁까지 연습했고, 숙직 지킴이가 이제 그만 가라고 하면 인사하고 나오다가 반대 방향으로 돌아서 다시 모여 연습하는 극성반도 있었다. 이런 반은 자기들끼리 뭉쳐서 표현하기 힘든 셈여림까지 거의 한 부분도 놓치지 않고 표현하여 거의 상설 합창단 수준으로까지 올라가는 경우가 많다. 이런 반이 대개 1등을 하고 똘똘 뭉쳐서 무언가를 해냈다는 생각에 반 아이들의 자부심이 높아지며 자기들끼리 공감대가 생겨 학급 분위기가 좋아진다. 학년 말이 되면 우리 반 그대로 반을 올라가자고 말하기도 한다.

나는 조금 욕심을 내서 오페라 〈카발레리아 루스티카나〉의 '오렌지 향기는 바람에 날리고', 오페라 〈진주 조개잡이〉의 '귀에 익은 그대 음성', 영화 〈웨스트사이드 스토리〉, 〈러브스토리〉, 〈로미오와 줄리엣〉, 〈미녀와 야수〉, 〈국가 대표〉 등의 영화 주제가를 비롯해 한국 가곡 등 예술성이 있는 곡을 찾아 권했다. 노래에도 유행이 있어서 그때그때 선호하는 노래가 바뀌기도 했지만 가사의 의미와 곡에 표현된 아름다움을 늘 염두에 두었다.

나는 아이들이 합창 대회를 준비하면서 다른 반이 부르는 곡을 통해 배우고, 연습으로 다듬어진 곡을 자신들이 무대의 주인공이 되어 들려주는 것이야말로 참교육이라고 생각했다. 음악 교사로서 아름다움을 맛보는 것이 아이들에게 얼마나 소중한지, 그 경험이 우리를 얼마나 고양시키는지 확신했기 때문이다.

당시 고故 박인섭 음악 장학사는 교사일 때부터 합창에 열정이 넘치는 분이었는데, 그분이 장학사로 있던 때에는 그분의 주도 아래 충남 청소년 합창이 '합창의 르네상스'를 꽃피웠다. 나는 운이 좋게도 상설 합창부가 있었던 여자중학교로 옮겨 갔다.

합창부 아이들은 자부심이 매우 높았다. 해마다 합창부 선발 오디션을 할 때마다 많은 아이가 지원했고, 합창부원 중에는 성적이 상위권을 웃도는 아이들도 많았다. 합창 연습이 공부에 방해된다는 말이 나오지 않도록 학급 조회 뒤 10분 정도 발성 연습을 하고, 점심 식사 이후에 청소 시간을 활용해 짬 나는 대로 연습하고, 방과 후에 집중적으로 연습해야 하는 기간을 빼고는 되도록 모이지 않았다.

합창부마다 색깔이 다른데, 나는 부드러운 고음 발성과 긴 호흡으로 8마디까지 이어 노래하는 것을 중요하게 여겼다. 그래서인지 우리 합창부의 노래는 한 편의 서정적인 이야기 같았고 어느 합창부보다 가장 여린 부분(피아니시모)을 깊은 여운으로 잘 표현했다.

하모니 발성을 할 때도 의미와 재미를 살리고 싶어서 다양한 방법을 쓰곤 했다. 간단한 선율 '산산산산 산 산 푸르른 저 산 / 산산산산 산 산 아름다운 산'을 부를 때에는 말미에 "어느 산에 가볼까? 백두산?"하고 운을 띄운다. 그러면 파트별로 저음 파트부터 '도-미-솔-도'에 맞춰 '백두산-백두산-백두산-백두산'하며 하모니가 울려 퍼진다. 이때 화음에 귀를 더 기울이게 하기 위해 "어? 백두산이 아름답지 않나 봐. 그럼 한라산에 가볼까?", "와우! 한라산은 정말 아름다운데!"라고 말하면서 반음계씩 조를 높였다가 한계선에서 다시 반음계씩 내려오면서 세계의 산들을 한 번씩 훑으며 하모니를 놓치지 않고 발성을 했다.

지휘할 때 나는 아이들에게 즐겁게 웃으면서 부르라고 주문한다. 그런데 내가 내 감정에 몰입해서 저절로 눈을 감거나 다른 세계에 있는 듯한 심각한 표정을 짓곤 했다. 그런 때는 아이들도 나를 보며 심각한 표정으로 노래를 한다. 차분하게 지휘자의 역량을 발휘해보려 해도, 이를 고쳐보려 해도 잘되지 않았다. 코미디언이 미리 웃어버리면 관객을 웃길 수 없고 관객이 음악을 통해 느껴야 할 감정을 연주자가 다 써버리면 관객은 그 감정을 덜 느낄 터였다. 이때는 나의 감정에 더 기운 음악 교사로 살았던 것 같다.

보통은 합창부가 노래할 때 음정이 플랫ᵇ이 되는 경우가 많은데 우리 합창부는 오히려 반음 정도 샵#이 되어서 음높이를 내리느라 애먹기도 했다. 김동진의 〈저 구름 흘러가는 곳〉의 긴 프레이즈(한 단락에 자연스럽게 생기는 멜로디 라인)를 살리며 연습할 때는 운동장 주위 잔디밭에서 하늘의 흘러가는 구름을 보며 무반주로 부르기도 했다. 그럴 때 아이들의 표정과 소리에 자연스러움이 더 묻어났다.

아이들과 함께 합창에 몰입했던 10여 년의 시간은 지금 생각해도 더없는 축복의 시간이었다. 우리 합창부는 인근 음대 교수들 사이에서 유명해졌고, 합창 대회 때마다 심사 위원과 청중이 부드러운 고음을 통해 나오는 소리의 아름다움에 감탄하기도 했다. 남학교로 옮겨 갔을 때도 보이 소프라노만이 낼 수 있는 탄력 있는 미성을 구사하던 아이들과 합창부를 운영해 '남학교 합창부는 힘들다'는 편견과 한계를 뛰어넘었다.

나는 교사로서 간직하고픈 소중한 장면 중 하나를 합창을 통해 선물 받았다. 그것은 청소년 시절 한때, 합창에 열성이었던 선생님과 하모니의 아름다움에 빠져봤던 내 제자들에게도 오래도록 선물로 남아 있으리라 믿는다.

아이들은 이러한 음악 활동을 통해 자기표현을 잘하게 되었고 무엇보다 표정이 밝아지고 정서적으로 순화되었다. 파트 장을 맡은 선배들이 후배들을 돌봐주는 것을 통해 연대감과 소속감을 느끼고, 무대에 올라 자신이 무언가를 해내고 있다는 자부심과 함께 자신감이 생기는 한편 놀랍게도 대부분의 아이가 성적도 올랐다. 교내 합창 대회가 있을 때 합창부원은 각 반 합창을 가르치는 리더로 인정받았고 어느새 아이들은 스스로 빛을 발했다. 음악 교사로서 내가 할 일은 다 한 셈이다.

수행평가는 축제처럼 할 수는 없을까

나는 집에 돌아오면 바로 쓰러질 정도로 지쳐 있었는데도 불안을 다른 것으로 대신 채우려 하는 사람처럼 계속 움직였다. 중창 동아리를 시작으로 아카펠라 동아리, 핸드차임 동아리, 작곡

동아리, 탭댄스 동아리, 세로토닌 드럼 클럽, 뮤지컬 동아리 등 상황에 따라 상설 음악 활동을 유지하며 전국음악교과모임에서 시도하는 여러 수업 모형과 아이들이 주도하는 창작 수업에 몰두했다.

수업은 교사만 하는 것이 아님을, 호기심이나 동기를 불러일으켜주기만 해도 아이들은 이미 배워나가고 자기들 안에서 배운 것을 주고받을 때 자신들의 주도성을 펼쳐나간다는 것을 절감했다. 그러면서 자연스레 아이들이 수업의 주체가 되는 시간이 많아졌다.

실기 평가는 가창, 기악, 감상, 창작 등 해야 할 영역이 많다. 창작만 해도 작곡도 해봐야 하고 모둠별로 음악 상황극, 음악극, 광고 속의 클래식 찾기 등 할 것이 많은데 뭐든 멍석만 깔아주면 아이들은 기대 이상으로 판을 짜냈다. 거기에 그냥 편승하는 아이들도 있지만 그들조차도 활동 과정에서 반 친구들이 해내는 것을 보고 들으며 많이 배운다.

전국음악교과모임에서 보급한, 리듬을 중심을 엮어가는 '넌버벌 퍼포먼스' 자료 중에 '컵타 퍼포먼스'가 있다. 이는 컵과 양손을 이용해 동작을 만들고 박자 사이사이에 컵으로 책상과 손바닥 등을 두드리면서 다양한 리듬과 동작을 마음껏 만들어 보는 활동이다. 컵타 퍼포먼스 실기 평가 시간에는 모둠끼리 자기들이 선택한 배경음악에 맞춰 다양한 동작과 리듬을 만들어 발표했다.

실기 평가를 준비하면서는 자기들이 좋아하는 아이돌의 노래를 배경음악으로 고르는 즐거움이 더해 아이들의 기대감이 높아진다. 간단한 기본 동작을 함께 배운 뒤 모둠별로 그 동작을 확장하며 작품을 짜는데 아이들의 아이디어가 무궁무진하고 번뜩여서 놓치기 아까운 장면들이 연출되곤 했다.

실기 평가 일주일 전에 예행연습을 하는데 이때는 실기 평가를 공연 수준으로 올리기 위해 공연 분위기를 만든다. 사회자를 뽑고 인터뷰도 진행하라고 하면 다음 음악 수업은 수준이 높아지고 격이 성큼 올라가 있다. 수행평가는 어느덧 서로를 위한 공연으로 바뀌어 아이들은 마치 축제를 하듯 공연을 즐겼다. 그리고 칠판에 '0학년 0반 컵타 퍼포먼스 공연'을 알리는 글을 형형색색 분필로 적어놓거나 칼라 색상지로 출력한 글자들을 내걸어 분위기를 띄우곤 했다.

상황극 실기 평가를 할 때는 모둠별로 상황을 자유롭게 설정해 그것을 음악적 요소와 섞어 표현하는데, 모둠별로 자기들이 쓴 시나리오와 그에 맞는 배역도 있다. 학급에 따라 영상 작업으로 해오는 모둠도 있고 영상에 자막과 엔딩 음악을 넣어오는 모둠도 있었다. 음악가의 생애를 중심으로 한 음악극을 할 때는 내가 기본적인 오프닝넘버(연주회나 방송 음악 프로그램에서 처음으로 연주하는 곡목), 서곡, 간주곡, 엔딩 코러스 등 몇 가지 조건만 주면 모둠별로 몇몇 아이가 주도해 연출자, 감독, 배우, 음향, 소품

등 역할을 배분하여 음악극을 만들어냈다. 아이들이 이 수업을 통해 스스로 음악가가 되어보면서 우리는 어느새 음악 안에서 연결되어 있었다.

어떤 해에는 학습 준비물을 교과별로 구입할 수 있다고 해서 지휘봉 40개를 구입했다. 그러고는 교실 의자를 오케스트라 연주 대형으로 배치했다. 아이들은 자신이 선택한 악기 자리에 앉고, 한 명씩 돌아가며 지휘자가 되어 지휘봉을 움직였다. 음악은 스피커에서 나오지만 아이들은 마치 자신이 오케스트라를 지휘하듯 각 악기에 필요한 사인을 주거나 세고 여린 부분을 표현하면서 지휘자가 되어보았다. 내가 과장된 동작으로 시범을 보이면 "선생님, 닭살 돋아요", "오버하지 마세요"라고 말하는 아이들이 있는 반면, 나보다 더 열정적으로 클래식 영상에서 본 지휘자 카라얀이나 번스타인을 흉내 내는 아이들도 있었다.

모둠 활동에서는 누구와 같은 모둠이 되는지가 아이들의 관심사다. 리드를 잘하는 아이나 아이디어가 좋은 아이, 따뜻한 아이가 있는지 없는지에 따라 모둠 활동의 수준과 분위기가 달라지기 때문이다. 소극적인 아이들은 모둠원들이 자기를 환영하지 않을까 봐 긴장을 많이 한다.

컵타 퍼포먼스 창작 활동을 할 때였다. 어느 반에 자기 집과 학교밖에 모르는, 선택적 함구 자폐를 가진 아이가 있었다. 나는 아이들에게 "모둠 활동에서는 누구도 소외시키지 말고 힘든 친구가 있을 때 먼저 손을 내밀어 도와주자"는 말을 했다. 그 아이와 함께하게 된 모둠원들은 연습이 끝나면 그 아이를 집까지 데려다주었고 그 아이가 모든 동작을 따라 하지 못하는 것을 고려해 마디 첫 박자마다 컵을 바닥에 치며 박자만 맞추거나 쉬운 동작을 하도록 했다. 아이들은 "괜찮아, 잘했어"라는 말도 잊지 않았다. 하루 종일 말 한 마디 없이 자기 자리에 앉아만 있던 그 아이는 모둠원들의 살뜰한 보살핌을 받았고 어느 새 얼굴에 미소가 감돌았다. 그 아이는 이제 더 이상 혼자가 아니었다. 그 팀은 다른 어느 팀보다도 감동적인 모둠 발표를 해냈다. 이후 그 아이는 생전 처음 독창으로 하는 가창 실기에 도전했다.

음악 교육자 스즈키 신이치는 인간의 잠재 능력은 후천적인 교육을 통해 무한히 개발될 수 있다는 교육철학을 펼쳤다. 또한 그는 교육이 아동의 흥미에서 출발해야 한다고 주장했고, 학생들에게 놀이를 제공해주는 것만으로도 교육의 시작이라는, 진보주의 교육 이론을 바탕으로 바이올린 교육 방법을 확립했다. 그는 누구나 모국어를 말하듯 누구나 연습을 통해 연주자가 될 수 있다고 굳게 믿었다. 음악이야말로 제2차 세계대전 이후 전쟁으로 황폐해진 아이들의 정서를 회복시켜 준다고 확신하며 일본 아동 음악 교육에 온 힘을 기울였다.

내가 생각하는 수행평가도 이와 비슷했다. 가창 평가를 할 때는 여러 곡 중에서 자신이 부르고 싶은 곡을 선택하게 하고, 수행평가 점수를 공개할 때는 "현아는 목소리가 고운데 발성이 아쉬워", "찬우는 고음이 부드럽게 올라가네. 중간 부분 불안한 음정이 아쉬워" 등 긍정적인 피드백과 보완할 부분을 이야기해주었다. 누구에게든 재시험 기회와 실수를 만회할 기회를 주어 자신이 도달할 수 있는 최고 수준에 이르도록 도왔다.

또한 누구든 도전하도록 단계별 평가를 했다. 단소는 소리 내기가 매우 힘들어서 포기하는 아이들이 많다. 이런 경우 소리만 내도 C, 아리랑 2마디를 불면 B⁻, 4마디 불으면 B, 이렇게 점수를 주었다. 한 단계씩 도전하게 하면 소리조차 못 내던 아이가 소리를 내어 2마디를 불고 또 4마디를 불면서 점차 자신감을 갖고 도전했다. 최고점인 A⁺는 완성도 높은 수준으로 예술적으로 표현하는 아이에게 주었다. 그 수준으로 끌어올릴 때 아이들은 자신의 노력과 예술성을 인정받은 것 같은 마음에 뿌듯해했다. 게다가 노래나 연주를 더 즐기게 되고 자연스럽게 감정 표현까지 하는 단계에 이르는 아이들이 점차 많아졌다.

새 학기가 시작되면 아이들과 만나는 것과 가르치는 것의 소중함이 내 마음속에 새록새록 새겨진다. 1999년 합창부원에게 편지글을 쓴 것을 계기로 2000년부터 15년간 나는 첫 수업 시간에 내가 쓴 편지를 인쇄해서 아이들에게 나눠주었다. 내 소개, 오리엔테이션 내용이나 진행할 수업 방향, 1년의 청사진을 편지로 쓰니 아이들에게 하고 싶은 말을 진솔하게 전할 수 있었다. 해마다 편지에 쓴 내용은 다음과 같았다.

"나는 흐르는 물을 좋아하고 너희의 반짝이는 눈과 마주치는 걸 좋아한단다. 수업 시간에 용감하게 망가지렴(못 해도 용기 있게 표현하고 실수해도 즐기라는 뜻). 자신을 사랑하렴. 자신을 사랑하는 만큼 타인을 존중하렴. 자연 앞에 자주 서렴."

편지를 다 읽고 나면 아이들과 가슴으로 연결된 듯했다. 웃음 섞인 목소리로 나를 '흐르는 물'이라 부르는 아이들을 보면 아이들과 한층 가까워진 느낌이 들었다.

몇 해는 편지글과 함께 첫 수업에 이어 1~2주 동안 책상을 빼고 의자를 원(서클) 모양으로 배치해 수업을 진행했다. 다음 시간에 강의식 배치로 책상과 의자가 놓이면 아이들은 다시 서클 수업을 하자고 하기도 했다. 최근까지 주로 진행한 수업 틀은 다음과 같다.

- 마음 모아
  쉬는 시간에 미리 준비된 클래식이 흐르고 아이들은
  음악실에 오는 대로 음악을 들으며 오늘 날짜와 요일,
  각자 마음의 날씨를 노트에 쓴다. 시작 종이 울리면
  방금 들었던 음악을 다시 들으며 그 음악과 관련된 몇
  가지 질문으로 수업을 시작한다. "이 음악은 어떤 계절을
  표현한 음악 같나요?" 등과 같은 질문에 이어 아이들의

마음 상태를 묻기도 하고 그 음악과 관련된 간단한
이야기를 소개한다.

• 여는 노래

교과서에 실리지 않았지만 그냥 지나치기에는 아쉬운
다양한 노래를 부른다. 아이들은 고등학생이 되어 나를
우연히 만났을 때도 3월 첫 수업에 불렀던 노래인 〈예포이
타이타이〉를 이야기할 만큼 이때 불러본 노래를 오래
기억했다. 즐겁게 마음을 여는 곡이나 그때그때 사회
이슈와 관련된 노래들을 주로 부른다.

• 오늘은 무얼 배울까

지난주에 배운 교과서 노래를 다시 부르며 오늘
배울 교과서 내용으로 들어가는 시간이다. 앞뒤 수업
내용 순서를 놓치고 싶지 않아 이 시간을 충분히 쓰지
못할 때가 많다. 작정하고 이 시간을 길게 쓸 때면
아이들이 다음 수업 내용 순서를 놓치고 싶지 않아 빨리
마무리해달라고 재촉하기도 한다.

• 스타 스테이지: 나도 스타

누구든 앞에 서기를 원하는 아이를 위한 무대다. 이

시간을 통해 예상치 않은 스타가 탄생하기도 했다.
한번은 중2 남학생 반의 내성적이고 말수가 없는 한
남학생이 너무나 멋지게 발라드를 불렀다. 여학생 반
음악 시간에 교과 선생님에게 양해를 구하고 이 학생을
초대해 여학생들 앞에서 노래를 부르게 했는데, 이후 이
아이는 일약 스타가 되었다.

• 다양한 음악 세계

유튜브가 활성화되면서 수많은 자료를 다운받기
시작했다. 이 자료들을 음악의 세계가 얼마나 다양하고
폭넓은지 보여주는 활동의 주재료로 삼았다. 각종 넌버벌
퍼포먼스, 비틀스, 마이클 잭슨, 김광석, 〈명성황후〉의 한
장면, 세월호 희생자를 추모하는 노래, 천재 기타리스트
소년 정성하의 연주 등을 아이들과 함께 보고 느낌을
공유한다.

• 마치며

수업 시간을 돌아보며 소감을 간단히 메모하고
수업을 마무리한다. 첫 마음 모아 시간에 각자
도달하고 싶은 지점을 숫자로 설정하게 하고 마칠 때
그 지점에 도달했는지 적어보게 했다. 수업 내용의

뼈대는 교육과정을 바탕으로 하지만 수업을 어떻게
받아들일지는 자신이 선택하는 것임을 알려주고 싶었다.

나는 수업을 잘해야 한다는 강박증이 있었다. 수업이 늦게
시작되거나 수업 종이 울렸는데도 교무실에 앉아 있는 동료 교사
들을 보는 것이 힘들었다. 나는 음악실에서 미리 수업 준비를 하
고 있다가 시작 종이 울리면 바로 수업을 시작했다. 수업 시간을
온전히 쓰는 것이 내게 중요했기 때문이다. 어느 때는 수업을 하
다가 가끔 스스로 연기자가 된 듯 아이들도 이 감동을 나처럼 느
끼리라 기대하며 필기할 시간도 주지 못하고 끝낼 때가 종종 있
었다.

나는 배우는 자에게 생각할 시간, 몸에 새길 시간을 빼앗은
지극히 이기적인 교사이자 아이들 앞에서 나 자신이 무지개로 빛
나는 것에 집중한 교사였던 것 같다. 아이들의 노랫소리에 맞춰
피아노 반주를 할 때도 아이들이 주체가 되기보다 내가 주체가
되어 연주하고, 아이들이 내 분위기에 도취되어 흥을 더해가거나
좋아하면 마치 무대에 선 사람처럼 그것을 즐겼다. 그때는 아이
들과 함께 손잡고 배움의 기쁨을 만끽하는 것을, 진정한 가르침의
의미를 놓쳐버렸다는 것을 알아채지 못했다.

그때 그 아이를 포기하지 않았더라면

중학교 3학년 담임을 맡았을 때, 우리 반에 학교에서 문제아로 불리는 성호라는 아이가 있었다. 성호는 어른이 없는 집에 모여 술판을 벌이다가 잡히는가 하면 안 잡히려고 베란다에서 뛰어내려 깁스를 하고는 영웅이 된 듯 으스대며 다녔다. 자기 멋대로 선생님들에게 대들고 욕설에 침 뱉기를 서슴지 않고 했던 그 아이는 모두에게 눈엣가시 같은 존재였다. 아이들은 수업에 피해를 받으면서도 성호의 눈치를 보느라 아무 소리도 못 했다.

성호가 중학교 2학년 때는 담임 선생님에게 막무가내로 대들어서 권고 전학이라는 징계를 받았지만 다른 반 교사가 자신이 책임지겠다며 성호를 자신의 반으로 옮기는 것으로 일이 일단락되었다. 학교에서 성호는 언제 터질지 모르는 핵폭탄이었다.

다음 해에 성호가 우리 반에 배정되었고 동료들은 나를 안쓰럽게 바라보았다. 하지만 나는 성호를 기꺼이 품었다. 성호를 사랑으로 보듬어 사람으로 만들어보겠다는 오만함이었다. 3월 초에 성호는 반장 선거에 나가고 싶다고 했다. 나는 징계 때문에 출마할 수 없으니 반장은 아니더라도 우리 학급을 돕는 역할을 해달라고 했다.

1학기가 잘 마무리되고 있다 싶던 어느 날, 드디어 사건이 터졌다. 아이들의 흐트러진 태도를 못 보는 선배 교사가 성호에게 "태도가 그게 뭐야" 하며 태도를 바로 하라고 했고 그 말을 듣자

마자 그 아이는 바닥에 침을 뱉은 뒤 선생님을 째려보았다. 선생님이 훈계를 계속하자 나중에는 의자를 들어 선생님에게 던졌다. 나는 급히 달려온 반장에게 벌어진 일들을 전해 듣고는 우리 아이를 변호하기보다 일단 노발대발하는 선배 교사에게 담임으로서 사과를 했다.

사태를 수습하기 위해 교실에 갔고, 아이들 앞에서 그 아이를 훈계하다가 나도 모르게 "부모님 모시고 와"라고 말해버렸다. 아이들이 가장 싫어하는 그 말을. 선생님에게 자기가 행한 잘못보다 자기가 당한 것을 생각하며 한참이나 억울해했을 그 아이에게 말이다.

성호는 곧바로 성큼성큼 걸어 나와 자신이 당한 것을 내게 쏟아내며 담임도 똑같다며 날 때릴 기세로 대들었고 아이들은 적극적으로 성호를 말렸다. 일단 성호를 양호실로 보냈다. 두려움이 엄습했고, 내게 이런 일이 일어났다는 것이 믿기지가 않았다. 이 일로 내가 스승에게 상담을 청했을 때, 스승도 한계 수위가 넘었다고 느꼈는지 "어쩔 수 없는 아이도 있고 감당할 수 없는 것도 있단다. 끝까지 감당할 자신이 없으면 놓아야 해"라고 조언했다. 나는 며칠 밤잠을 설치면서 어찌해야 할지 고민했다.

성호 아버님은 나를 찾아와 한 번만 봐달라고, 전학을 시키지 말아달라고 사정했다. 하지만 나는 대안학교야말로 성호에게 필요한 사랑과 관심을 줄 수 있는 곳이고 그곳으로 가는 것이 성호에게 최선의 선택이라 여겼다. 이후 징계위원회에서 권고 전학으로 결정을 내렸다. 그때 내 딸들이 대안학교를 다니고 있었고, 내가 보고 느낀 것들이 있어서 대안학교에 믿음이 갔기 때문에 아버님이 사정해도 흔들리지 않았다. 그러나 개학 뒤 학교에 갔을 때는 성호가 결국 주소지를 옮겨 일반 학교로 전학 처리되었다는 소식을 듣고 마음이 개운치 않았다. 나는 2학기를 시작해야 했고 37명의 아이들을 챙기기 바빠서 잠시 그 일을 잊었다.

몇 년 뒤 성호가 어느 특성화고등학교에 입학했다가 거기서도 사건을 일으켜 자퇴하고 피자집에서 아르바이트를 한다는 소식을 전해 들었다. 깊은 회한이 몰려왔다. 만약 그때 성호를 불러 조용한 공간에서 천천히 숨을 고르게 한 뒤 "마음이 조금 가라앉았니?"라고 물었으면 어땠을까 생각해본다. 아마 성호에게는 스스로 자기 행동을 돌아볼 시간이 필요했을지도 모른다. "화가 많이 났구나"라는 교사의 한마디가 듣고 싶었을지도 모른다. 그리고 담임인 내가 성호를 책임지겠다고 말했다면 성호는 전학을 가지 않았을지도 모른다. 성호를 대안학교로 보내서 그 상황을 정리하려 했던 것을 떠올리면 지금도 가슴이 꽉 막힌다.

낯선 사람들 앞에서 나 자신을 드러내다

2008년에는 몸과 마음이 이상했다. 우울증과 불안증이 나

타나면서 마음이 피폐해졌다. 몸 여기저기 불편한 증상이 심해져 2학기 중간고사 기간에 가정의학과를 찾았고, 의사는 여러 증상을 듣더니 입원을 권했다. 입원을 해서 여러 검사를 했는데 다행히 큰 병은 아니었다.

교사 역할에 열정을 쏟아왔고, 주어진 일에 최선을 다하면서 아이들에게 도움이 되겠다 싶으면 뭐라도 하며 살아왔는데 내 몸은 무엇인지 모를 파열음에 고통스러워하고 있었다. 늘 하던 대로 동료들을 배려하려고 해도 그동안 동료들에게 솔직하게 표현하지 못했던 것들이 마음에 쌓이면서 동료들과의 관계가 불편해졌다. 신종플루를 시작으로 안면 근육이 수시로 씰룩이는 증상이 나타났다.

그 무렵 운전을 할 때면 내 차가 공중에서 산산이 부서져 파편처럼 날리는 이미지가 자주 떠올랐고 터널을 지날 때는 온몸이 쪼그라들면서 옴짝달싹 못하고 운전대를 힘주어 꽉 잡곤 했다. 퇴근하면서 차에 타 혼자가 되면 내 이름을 부르며 "사랑해!"라는 말을 끝없이 해댔다. 그러지 않으면 무슨 일이라도 날 듯 말이다. 눈물도 주르륵 흐르기 일쑤였다.

또한 견갑골이 너무 무거워 날갯짓을 그만하고 싶다는 말이 저절로 나왔고 남편에게도 사표를 내고 싶다는 말을 자주 했다. 아이들과 무엇을 할지 상상만 해도 즐거웠던 나는 이때 수업 시간에 아이들이 소곤거려도 그 아이들에게 주의를 줄 힘도 없었다. 그저 '내 수업이 재미없구나'라고 스스로 판단하고 이제야말로 학교를 떠날 때라고 되뇌고 있었다.

일주일 명상에 참여해도 복잡한 내 머리는 명상을 받아들이지 못했고 영성 관련 책들도 잘 읽히지 않았다. 기 수련원에도 가보았지만 그곳에서도 허우적거렸다. 미술치료 초급·중급 과정 연수를 받으면서도 내가 그린 그림 속에 나타난 나 자신의 상태와 마주하는 것을 피하고 싶어서 정직하게 그리지 않고 의도적으로 그리거나 그린 뒤에는 진단이 두려워 슬쩍 뒤집어놓기도 했다. 나는 깜깜한 어둠 속에서 끝없이 바닥으로 내려가고 있었고 숨조차 쉴 수 없었다. 무엇이 나를 이렇게 힘들게 하는지도 몰랐다.

하지만 죽으라는 법은 없었다. 그 무렵 AVP(Alternatives to Violence Project, 삶을 변혁시키는 평화 훈련) 워크숍에서 만난 친구에게 파머의 책《온전한 삶으로의 여행》을 선물받았다. 연이어 《가르칠 수 있는 용기》와《삶이 내게 말을 걸어올 때》를 읽었다. 교단에서의 두려움, 남에게 드러내고 싶지 않은 자신의 에고, 우울증을 겪은 이야기 등 파머의 진솔한 고백이 나를 무장해제시켰다. 내면의 목소리에 귀 기울이는 과정에서 자신에게 주어진 선물을 발견하고 자신의 정체성과 성실성의 소중함을 일깨우는 그의 글은 밑바닥에서 허우적거리던 나에게 한줄기 빛과 같았다.

《가르칠 수 있는 용기》에 쓰인 프레드릭 비크너[Frederic Buechner] 의 '직업(소명)은 내면의 기쁨과 세상의 허기가 만나는 것'이라는 문구가 줄곧 나를 사로잡았다. 또한 빛과 그림자는 모든 문제를 옳고 그름으로 구분하는 흑백논리처럼 어느 한쪽을 택해야 하는 대상이 아니라 역설로 늘 공존하며, 완전함이 아니라 있는 그대로를 받아들이는 온전함이 내가 원하는 것임을 알게 되었다. 나는 참 자아를 찾아가는 여정을 떠날 힘이 생겼고, 다음 해에 '마음의씨앗' 사계절 피정에 참여했다.

파머는 교수직을 사임하고 퀘이커 공동체인 팬들힐에 11년간 머물면서 경험한 것을 토대로 일선에서 힘들어하는 교사들을 대상으로 '가르칠 수 있는 용기 피정'을 시작했다. 한국에서도 2008년에 첫 피정이 열렸다. 이 피정은 종교와는 무관하며 쉼과 성찰의 뜻이 담긴 retreat을 '피정'이라는 우리말로 표현한 것이다.

'마음의씨앗' 사계절 피정은 계절별로 2박 3일간 네 번 진행되는데, 가을에는 '참 자아의 씨앗'을 겨울에는 '고독과 어둠', 봄에는 '새로워짐과 역설' 그리고 여름엔 '커뮤니티와 풍요'를 주제로 삼는다. 참가 신청서를 제출해놓고도 뭔지 모를 불편함에 참석 여부를 고민했고 나는 겨울 피정에 처음 참여했다.

첫 세션인 '안전한 공간을 형성하는 신뢰 서클의 주춧돌'에서 스무 명 남짓한 참여자가 둘러앉아 이야기를 나눴다. 종이에 쓰인 여덟 개 문장을, 읽기 원하는 사람이 하나씩 소리 내어 읽은 뒤 자신의 마음속에 다가오는 '주춧돌 문장'을 골라 다른 참여자들에게 이야기한다. '자신과 다른 사람의 존재에 참여하기. 기꺼이 맞아들이는 마음을 마련하고, 그 마음을 지속한다'라는 문장이 눈에 들어왔다. 다른 사람을 배려하는 데에 익숙했던 내게 '타인의 존재에 참여하는 것만이 아니라 내가 자신의 존재에 참여한다'는 말에 마음이 쏠렸고, 타인에게 맞추던 시선을 내게 맞춰야 함을 깨달았다. 둘러앉은 참여자들에게 떨리는 목소리로 말했다.

"나는 스스로를 괜찮은 인간이라고 여겼고, 교사가 천직이라 여기며 최선을 다해 교사 생활을 했는데, 언제부턴가 내 안에 기쁨이라는 감정이 메말라 있는 것 같아요. 그런 나 자신을 보는 게 고통스러워요."

낯선 사람들 앞에서 자신을 드러내기란 쉽지 않았다. 하지만 용기를 내어 말했고, 서클에 둘러앉은 사람들은 내 말을 그대로 들어주었다. 어떤 따스한 기운이 나를 감싸는 느낌이었다.

다른 사람들도 자신의 마음에 다가온 주춧돌 문장을 말했다. 어떤 사람은 '다른 사람의 말을 고치려고 하지 않기. 그 대신에 깊은 경청과 열린 질문으로 각자가 자신이 원하는 바가 명확해지도록 돕는다'라는 문장을 읽었다. 그 사람은 다른 사람을 도와주려는 마음에서 조언하고 충고하며 고쳐주려고 했는데, 그것이 다른 사람의 영역을 침해하며 힘들게 했음을 몰랐다는 고백도 했다. 각자 자신에게 다가오는 문장을 읽고 자신의 이야기를 꺼냄으로써 서로의 진실을 경청하고 존중하며 자신의 취약한 부분을 용기내어 말할 수 있는 안전한 공간이 형성된다. 2박 3일의 피정은 '가르칠 수 있는 용기'를 잃고 바닥까지 내려간 나에게, 내 안에 '내면의 교사'가 있음을 발견하게 해주었다.

교단에 선 자신을 사랑하는 교사

나는 달라져 있었다. 그해 3월 나는 내 안에서 흘러나오는 진실함으로 아이들을 만났다. 가르치려 애쓰는 마음에서 자유로워지면서 아이들이 하나하나 온전한 존재로 다가왔고 수업은 물 흐르듯 흘렀으며 아이들의 어떤 모습도 사랑 가득한 눈으로 바라보았다. '본래 모습!'이라고 하면 더 말하지 않아도 아이들이 자세를 추슬러서 모든 것을 받아들일 것 같았다. 떠들거나 흐트러지는 아이 곁에 가서 살그머니 귓속말로 "수업에 집중할 수 있겠니?"라고 속삭이면 아이들은 자신도 모르게 공손해지며 "예"라고 대답하곤 했다. 나는 수업과 음악 동아리, 담임을 맡으며 바쁘게 생활해나갔다.

하지만 나이가 들면서 아이들이 변하는 속도에 맞추기가 점점 더 버거웠다. 아이들이 즐겨 쓰는 신조어, 게임 용어, 아이돌 노래 가사는 내 귀에 전혀 들어오지 않았고, 아이들 문화를 이해하기 어려웠다. 그러면서 아이들과 점점 멀어지는 나를 발견했다. 어느 날 몇몇 동료와 이 문제를 이야기하면서 나도 모르게 "맞지 않는 옷을 입고 있어"라는 말이 튀어나왔다. 인정하고 싶지 않았지만 그것이 내 한계임을 인정하게 되었다. 이런저런 미련이 생기고 내가 아이들과 했던 수업과 음악 활동 등 발목을 잡는 것들이 많았지만 나는 떠날 때라고 생각했다. 교사가 된 지 35년 되던 해, 퇴직을 5년 반 남겨놓은 시점에 명예퇴직 서류를 냈다.

교감 선생님이 "최 부장, 이거 축하해야 되나 말아야 하나" 하며 명예퇴직 확정 공문을 전했을 때는 덜컹 가슴이 내려앉았다. 무엇이 그리 아쉬웠는지 며칠간 무기력과 우울감에 빠져서 스스로 선택한 길을 축하하지도 못했고, 해방감을 누리지도 못했다. 명예퇴직을 한 그해에는 학교와 아이들에 대한 그리움에 불쑥 학교에 가고 싶기도 했고. 아이들의 웃음소리가 떠오르면서 수업하던 장면 속으로 빠져들곤 했다. 버스나 지하철에서 중고등학생들을 볼 때면 '혹시 내가 가르치던 아이들일까?' 하며 나도 모르게 학생들 얼굴을 자세히 들여다보았다.

여전히 내리막길은 찾아오고 불면의 밤도 가끔 찾아온다. 하지만 내가 직면한 지점이 내리막길에 있는지, 오르막길에 있는지 알아차리고 불편한 상황도 감정에 휘둘리지 않고 바라보면 마음이 가라앉는다. 이후 나는 '마음의씨앗' 사계절 피정 진행자의 길을 걷고 있다. 마음이 피폐해진 교사들이 사계절 피정을 통해 교육 현장에서도 용기를 잃지 않고 자신을, 그리고 아이들을 지키도록 돕고 싶다.

은퇴한 교사인 내가 계속 교사이고 싶은 교사에게 전하고 싶은 말이 있다. 존 카밧진^{Jon Kabat-Zinn}이 말했듯 "온전히 자신의 존재를 알고 자신이 선생님으로 있는 것을 사랑하는 존재"가 되길 바란다. 교단에 왜 서 있는지, 교단에 선 자신은 어떤 모습인지 생각해보길, 궁극적으로 교단에 선 자신을 사랑하는 교사이길 바란다.

나는 오늘도 교사이고 싶다

첫판 1쇄 펴낸날 2018년 12월 10일
6쇄 펴낸날 2021년 3월 25일

엮은이 김찬호
기획 교육센터 마음의씨앗
발행인 김혜경
편집인 김수진
책임편집 조한나
편집기획 이은정 김교석 이지은 유예림 김수연 유승연 임지원
디자인 한승연 한은혜
경영지원국 안정숙
마케팅 문창운 정재연 박소현
회계 임옥희 양여진 김주연

펴낸곳 (주)도서출판 푸른숲
출판등록 2003년 12월 17일 제406-2003-000032호
주소 경기도 파주시 회동길 57-9, 우편번호 10881
전화 031)955-1400(마케팅부), 031)955-1410(편집부)
팩스 031)955-1406(마케팅부), 031)955-1424(편집부)
홈페이지 www.prunsoop.co.kr
페이스북 www.facebook.com/prunsoop   **인스타그램** prunsoop

ⓒ 교육센터 마음의씨앗, 2018
ISBN 979-11-5675-773-3(03370)